**A escola e
os desafios
contemporâneos**

Outras obras da autora:

Desato, Record, 2006 (poesia)
O homem que sabe, Civilização Brasileira, 2011
Nietzsche e a grande política da linguagem, Civilização Brasileira, 2005
Pensamento chão, Record, 2007 (poesia)
Toda palavra, Record, 2006 (poesia)

Participe das discussões sobre o tema do livro no blog **Sala de Aula:**
http://www.usinapensamento.com.br/saladeaula.php

Mais sobre o trabalho da autora em sua página no Facebook:
http://www.facebook.com/MoseViviane

Viviane Mosé

A escola e os desafios contemporâneos

2ª edição

CIVILIZAÇÃO BRASILEIRA

Rio de Janeiro
2013

Copyright @ Viviane Mosé, 2013

Colaboração: Lucas Veiga

CIP-BRASIL. CATALOGAÇÃO NA PUBLICAÇÃO
SINDICATO NACIONAL DOS EDITORES DE LIVROS, RJ

E73   A escola e os desafios contemporâneos / organização e
2ª ed. apresentação Viviane Mosé. – 2ª ed. – Rio de Janeiro:
Civilização Brasileira, 2013.
336 p. ; 21 cm.

Inclui bibliografia
ISBN 978-85-200-1208-6

1. Educação – Brasil. 2. Educação – Aspectos sociais.
3. Prática de ensino. 4. Professores e alunos.

13-03338	CDD: 372.981
	CDU: 373.3(81)

EDITORA AFILIADA

Todos os direitos reservados. Proibida a reprodução, armazenamento ou transmissão de partes deste livro, através de quaisquer meios, sem prévia autorização por escrito.

Texto revisado segundo o novo Acordo Ortográfico da Língua Portuguesa.

Direitos desta edição adquiridos pela EDITORA
CIVILIZAÇÃO BRASILEIRA
um selo da EDITORA JOSÉ OLYMPIO LTDA.
Rua Argentina, 171 – 20921-380 – Rio de Janeiro, RJ –
Tel.: 2585-2000

Seja um leitor preferencial Record. Cadastre-se e receba informações sobre nossos lançamentos e nossas promoções.

Atendimento e venda direta ao leitor:
mdireto@recor.com.br ou (21) 2585-2002.

Impresso no Brasil
2013

Sumário

Apresentação   13

Introdução
A escola e os desafios contemporâneos   19

    1. O valor e o poder do saber   21
    2. Das cavernas à razão — linguagem e exclusão   35
    3. A escola e a fragmentação da vida   47
    4. A escola das incertezas e o mundo do trabalho   53
    5. O vestibular e a revolução contemporânea da memória   59
    6. Gestão e complexidade   71
    7. Por mais vida na escola   79

Entrevistas   87

    1. Rubem Alves: a educação como um ato de amor à vida   89
    2. Moacir Gadotti e a escola-cidadã   123
    3. Cristovam Buarque: a escola e os desafios da inovação   161
    4. Celso Antunes e a formação do professor: é preciso muito mais do que conteúdo   181
    5. Maria do Pilar e a participação da comunidade na gestão da escola   219
    6. Madalena Freire: a educação como diálogo entre diferentes saberes   235

7. Tião Rocha e a experiência de Araçuaí:
aprender fazendo biscoitos 257
8. José Pacheco, a Escola da Ponte e o eixo autonomia/
responsabilidade 287
9. Rui Canário: a educação não formal e
os destinos da escola 311

"A aventura da hominização deu-se em meio à penúria e ao sofrimento. *Homo* é filho de Poros e de Pênia. Tudo o que vive deve regenerar-se incessantemente: o sol, o ser vivo, a biosfera, a sociedade, a cultura, o amor. É nossa constante desgraça e também é nossa graça e privilégio: tudo o que há de precioso na terra é frágil, raro e destinado a futuro incerto."

Edgard Morin, *A cabeça bem-feita*

"Cada um, no fundo, é gênio, na medida em que existe *uma vez* e lança um olhar inteiramente novo sobre as coisas. *Multiplica* a natureza, cria por este novo olhar. (...) *Salvem seu gênio*. É o que é preciso gritar para as pessoas. Liberem-no, façam o possível para libertá-lo."

F. Nietzsche, *Fragmentos póstumos*, 34(8) e 5(182)

Dedico este livro aos meus inspiradores e mestres, os professores Anísio Teixeira, Paulo Freire e Darcy Ribeiro, pela herança ousada, corajosa e bem-sucedida que deixaram para a educação e a cultura brasileiras.

E a todos os grandes professores que tive a chance de conhecer como aluna, especialmente a professora Mirtes e os professores Nelson Lucero e Roberto Machado, pelos excelentes exemplos.

Dedico este livro, ainda, a Davi, meu filho, hoje um aluno nos bancos escolares brasileiros.

E agradeço, de modo especial, ao meu marido, Daniel Duarte, pela valiosa leitura, crítica e minuciosa, e pelo carinho.

Agradeço aos educadores Rubem Alves, Moacir Gadotti, Madalena Freire, Celso Antunes, Maria do Pilar, Cristovam Buarque, Tião Rocha, José Pacheco e Rui Canário, por tudo o que fizeram e fazem pela educação brasileira, e por terem aceitado participar deste livro.

Agradeço a Haroldo Correia Rocha, ex-secretário de Educação do estado do Espírito Santo, e sua equipe, especialmente Adriana Sperandio, pela experiência compartilhada na reformulação curricular do estado.

Agradeço à Rede Globo, que abriu as portas das escolas e me permitiu conhecer e entrevistar os educadores aqui publicados.

Agradeço ao artista plástico e empresário Marcos Amaro, que acreditou e patrocinou pesquisas que foram fundamentais para a implementação do meu trabalho em educação.

Agradeço aos amigos das redes sociais, pela contribuição significativa que deram a alguns pontos tratados por mim neste livro.

Apresentação

Sempre gostei de estudar. Entrei na Universidade Federal do Espírito Santo na semana em que completei 17 anos; nesse ano, 1981, me tornei professora. Inicialmente, como monitora do Departamento de Filosofia da Universidade, o que fiz durante cinco anos. Logo depois comecei a dar aulas de psicologia em um instituto que preparava professores para a Educação Infantil. De lá para cá fiz especialização, mestrado e doutorado, dei aulas em universidades públicas e privadas, em cursos de graduação e de pós-graduação. Ensino e pesquisa são o que faço há trinta anos. Mas hoje já não chamaria assim, prefiro dizer que me dedico à pesquisa e ao estímulo à produção e ao compartilhamento de conteúdos. Ensinar não pode ser transmitir conhecimentos, mas, antes de tudo, provocar interesses e dúvidas, fazer com que brotem questões e desenvolver métodos de pesquisa, de filtragem e seleção de dados, de ordenação de conteúdos, de construção da argumentação. Só há conhecimento quando há interpretação. O contrário não é aprendizado.

Depois de ter sido convidada para escrever e apresentar uma série sobre filosofia, "Ser ou não ser?", exibida em 2005 e 2006 no programa *Fantástico*, propus à Rede Globo uma série sobre educação, que acabou sendo exibida no Canal Futura. Para esses episódios, que eram originalmente doze, convidamos nove educadores para darem seus depoimentos, que seriam inseridos no decorrer dos programas. O projeto, infelizmente, teve de ser reduzido e as entrevistas acabaram sendo muito pouco aproveitadas. Compartilhar essas entrevistas é o que buscamos aqui.

Durante as gravações, conheci escolas incríveis, todas públicas, nas diversas regiões brasileiras. Entrevistei educadores, gestores, professores, pais, alunos; aprendi muito nas longas conversas que tivemos; li muitos livros, virei muitas noites estudando, pensando. Quando vi, estava completamente tomada, envolvida por questões que muito me impulsionaram e ainda impulsionam bastante. Agradeço a todos por esse presente. Agradeço a generosidade desses educadores, que incansavelmente acreditam numa escola alegre e fecunda para todos e que trabalham por ela, cujas entrevistas estarão na segunda parte deste livro. São eles: Moacir Gadotti, Rubem Alves, Madalena Freire, Cristovam Buarque, Maria do Pilar, Tião Rocha e Celso Antunes, além dos portugueses José Pacheco e Rui Canário. As entrevistas entretecem-se de modo tão articulado que cada educador entrevistado, ao apresentar os pontos que considera fundamentais na educação, acabou por tecer com os outros, mesmo sem intenção, uma teia composta por algumas questões que parecem fundamentais e urgentes e que devem ser imediatamente tratadas.

Além das entrevistas, tive a possibilidade de viver essa nossa realidade educacional de dois modos: visitando escolas públicas no Brasil e uma na Europa, a Escola da Ponte, em Portugal. Agradeço imensamente por essa oportunidade à Rede Globo, que, com sua credibilidade e seu suporte, abriu muitas portas para mim. Não posso também deixar de lembrar a experiência que vivi na gestão da educação em meu estado, o Espírito Santo. Enquanto gravava esses quadros, e me envolvia cada vez mais com a questão da educação, fui convidada pelo então secretário de Educação do estado, Haroldo Correia Rocha, para ser consultora de sua equipe. Trabalhei durante três anos com uma equipe muito competente e comprometida, especialmente Adriana Sperandio, que muito me ensinou com sua bela e longa experiência na gestão da educação pública no Espírito Santo; meu trabalho começou no grupo que elaborou o planejamento estratégico da Secretaria e culminou com a reformulação curricular da rede, da qual fui consultora sênior. Foram dias intensos discutindo a realidade das escolas e suas questões específicas e compartilhando essas questões com os diversos grupos, que as levavam até as unidades escolares. Em função dessas experiências, fui convidada para falar em muitos seminários, o que culminou com a minha participação por duas vezes no encontro anual do Conselho Nacional de Secretários de Educação (Consed) e por duas vezes também no encontro anual da União dos Dirigentes Municipais de Educação (Undime). Esses encontros me levaram a muitos municípios brasileiros. Somente de outubro de 2011 a outubro de 2012 falei para mais de 20 mil professores, de norte a sul do país.

Essa experiência, de entrar em contato direto com tantos professores nos mais diversos cantos do Brasil, tem sido minha maior alegria. Em todos os municípios em que estive no último ano — do Ceará, aonde fui cinco vezes, ao RIO Grande do Sul, aonde fui quatro, além de diversas idas a São Paulo, Minas Gerais, também ao Espírito Santo, Paraná, Pernambuco, Tocantins, Bahia, Rio de Janeiro, Rondônia, em todos os lugares encontrei seminários lotados, com professores atentos e interessados. Encontrei secretários de Educação cada vez mais preparados. Em geral são antigos professores, ex-diretores, e não indicações políticas aleatórias, como era de costume. É claro que ainda há muito por fazer, mas a vontade política e a consciência da população em relação à educação já são outras. Creio que parte disso se deve aos índices de avaliação da educação básica, que, ao fornecer uma classificação por municípios e por escolas, criaram um parâmetro para as famílias, para as comunidades. Isso influenciou nas eleições municipais e fez com que os prefeitos ficassem mais atentos à educação. Os índices têm limites, não podem ser considerados ao pé da letra, e devem servir como estímulo e não como opressão, mas, mesmo com a manipulação que às vezes acarretam, são inegáveis os ganhos que os sistemas de avaliação, a médio e longo prazos, trazem, e esses benefícios já são visíveis.

Conheci municípios que têm algumas escolas incríveis, todas públicas, outras muito ruins; conheci outros municípios em que todas as escolas são razoáveis; em alguns poucos todas as escolas são muito boas, ou estão a caminho. Mas nunca fui a um lugar em que todos estivessem sem rumo; ao contrário, há sempre um grupo muito bom pensando, buscando. Algumas vezes o grupo é pequeno, noutras tomou grande parte da rede, mas estão sempre lá, os resistentes, os que, como eu, acreditam. Vejo nesse lado

APRESENTAÇÃO

afirmativo, ousado, corajoso da educação brasileira ecos de Anísio Teixeira, Paulo Freire, Darcy Ribeiro e tantos outros grandes educadores que o Brasil já teve. Nada foi em vão, aquelas sementes ainda brotam em nossas escolas. O que precisamos é apenas fortalecer esses profissionais, estimulá-los a continuar trabalhando, e, em breve, serão maioria. Sinto-me muito honrada por participar desse momento brasileiro e agradeço a vocês, professores, diretores, secretários, por isso.

A primeira parte do livro apresenta, em forma de ensaios, a discussão que tenho levado aos municípios. A segunda parte apresenta as entrevistas dos educadores. Optei por escrever, a título de introdução, um ensaio, um livre pensar sobre a relação educação/contemporaneidade. O objetivo é fazer pensar, provocar interesse. Então, me arrisco a puxar uma corda imaginária, feita de pausas e descontinuidades, até este hoje desconcertante que se desdobra ao nosso redor, este hoje que somos. Propositalmente, quase nunca faço citações. Optei por um texto mais direto; argumentativo, mas mais literário do que científico. É um empreendimento de alto risco falar do presente, que ainda não digerimos direito, mas esses erros podem nos abrir novas portas e podem nos trazer novas perguntas. E então vamos a eles.

INTRODUÇÃO A escola e os desafios contemporâneos

1. O valor e o poder do saber

Foi uma frase, "proletários de todo o mundo, uni-vos", que operou uma das maiores transformações sociais e econômicas que o século XX viveu. O saber, que sempre foi sinônimo de poder, mas que pertencia a poucos, agora, por meio da consciência de classe possibilitada pelo texto marxista, é dirigido às classes populares. O primeiro grande acesso ao conhecimento que as classes populares tiveram foi por meio de uma consciência política. Jornais, panfletos, manifestos incentivavam os operários a lerem sua condição de vida, suas relações de trabalho. A ousadia de fazer pensar foi a grande arma do marxismo, o acesso ao saber, por meio do estímulo ao pensamento argumentativo e à consciência crítica. O movimento revolucionário que surgiu dali, e que chegou a constituir-se como a segunda maior força política do mundo na Guerra Fria, alimentou-se de conceitos, de interpretações. O marxismo nos trouxe a consciência de que o saber pode ser uma arma mais poderosa do que as outras. Em certo sentido, o texto de Marx abriu as portas para essa nova sociedade, na qual o conhecimento, o conceito, tem cada vez mais valor, essa sociedade que nasceu da democratização do acesso ao saber, à informação e aos meios de comunicação.

Com a certeza de que o saber pode ser mais poderoso do que a força dos exércitos e das armas, o século XX foi atravessado pelo medo do pensamento crítico e pela supervalorização do conhecimento técnico. Os Estados capitalistas evitavam uma educação reflexiva e crítica, por medo do comunismo; o comunismo oferecia uma educação doutrinária pelas mesmas razões, tinha medo de retornar ao capitalismo. Além do mais, como a ciência moderna e suas promessas de futuro tinham pleno vigor, a educação do século XX esteve voltada para a tecnologia. A consequência disso é que chegamos ao século XXI com um imenso desenvolvimento tecnológico, mas, ao mesmo tempo, com uma cada vez mais alarmante imaturidade política e social.

Nunca fomos tão incapazes de conviver, tão incapazes de seguir um acordo, tão incapazes de viver. Odiamos as regras, buscamos um prazer cada vez mais descartável e imediatista, matamos o que não temos coragem de transformar. Fazemos altíssimo uso de drogas lícitas e ilícitas, de medicação psiquiátrica; acessamos a tecnologia contra o tempo, contra a morte, contra o sofrimento, mas desaprendemos a acessar a vida e estamos desaprendendo a reelaborar nossa dor em arte. Ao mesmo tempo, e de modo quase irônico, essa mesma tecnologia — que foi incentivada como um modo de nos alienar de nós mesmos, que nos prometeu um futuro sem sofrimentos e contradições e que se viu no século XXI diante do desgaste ambiental, do aumento da violência —, essa mesma tecnologia se viu, também, diante de uma nova revolução: ao fazer nascer a sociedade em rede, a revolução tecnológica permitiu a democratização do acesso à informação e ao conhecimento, em outras palavras, ao poder.

Essa sociedade, que nasceu como sociedade da informação e que, com as redes sociais, se tornou sociedade do conhecimento, porque produz conhecimento em tempo real, desfez as antigas estruturas de poder, ao mesmo tempo que deu à luz novas. Cada vez mais trocas conceituais são diretamente realizadas, novos acordos são feitos, alguns absolutamente inéditos. Não apenas pessoas antes isoladas puderam ganhar poder, mas, com o acesso cada vez mais democratizado à informação, uma geração de jovens, munidos de algum conhecimento e muita ousadia, produziu novos centros geradores de lucro e desfez antigos, ao mesmo tempo que criou novos modelos de negócios, novos modos de gestão, e inspirou novas lideranças.

Dadas a fragilidade e instabilidade dessa imensa rede, aqui pensada ao mesmo tempo como relações humanas e como o suporte tecnológico para essas relações, poderes se estruturam e se desfazem muito rapidamente, o que contribui para a instabilidade das grandes oligarquias, dos grandes grupos econômicos. As inovações tecnológicas colocaram em questão a estabilidade do mundo quando, ao lançar sempre novos produtos, tornam muito rapidamente os antigos obsoletos e fazem com que corporações antes estáveis deixem de existir de uma hora para outra. E com elas os nomes das grandes famílias.

Ao mesmo tempo, a mais comum das pessoas pode a qualquer momento ser o centro das atenções, vide o fenômeno viral do "para nossa alegria". Um jovem londrino de 17 anos vendeu sua empresa de tecnologia, que criara aos 15 anos, por 30 milhões de dólares. Ao mesmo tempo, o brasileiro que ocupava a oitava posição de homem mais rico do mundo caiu 100 posições em menos de seis meses e pode, se não reconquistar a credibilidade de sua empresa, ou seja, um conceito, continuar perdendo.

De um capitalismo de produtos, que se viu esgotado em seu mercado consumidor, surge um capitalismo de conceitos, que vende, agora, valores. Quando quase todos já possuem quase tudo, o atrativo para o consumo não é mais o produto, mas o que ele diz, os valores e conceitos que agrega. Quando o interesse estava centrado no produto, os grandes investimentos eram feitos em máquinas, mas hoje o maior investimento é feito no ser humano, porque inovar, resolver conflitos, é próprio do humano, de sua singularidade e diferença, de seu talento pessoal. De um modo inusitado, o ser humano ganhou valor no século XXI e passou a ser o centro do sistema e a razão dos maiores investimentos financeiros, que são destinados a pagar os altos salários e a custear a imprescindível formação continuada, ininterrupta, de pessoal que a instabilidade dos conteúdos e saberes impõe.

O ser humano no século XXI ganha, sim, valor, mas não qualquer ser humano; o que possui riqueza, bens, ao contrário de ganhar, tende a perder valor, a não ser que se alie aos criativos, aos que inventam, esses sim os novos geradores de lucro, a nova fonte de riqueza e poder. O valor, já faz tempo, não está no que é fixo, como terras, joias, bens materiais, mas nos fluxos de investimento, nos jogos financeiros, e, para isso, saber surfar em ondas gigantes ou navegar a vela em tempestades são competências valiosíssimas. Não é mais o executivo de meia-idade racional e frio, ou o líder cheio de títulos e diplomas a imagem do homem bem-sucedido, mas o jovem criativo, bem-formado e ousado, dotado de uma inteligência viva, que enxerga o todo, que relaciona muitos dados e faz inusitadas sínteses, que lê o presente, que sabe lidar com conflitos, que sabe trabalhar em grupo e que, principalmente, se sente estimulado e provocado diante de desafios. Além de a inovação ser o motor da economia, os impasses ambientais, sociais e econômicos exigem uma geração criativa e ousada, capaz de lidar com grandes problemas e solucioná-los. A inteligência viva, aplicada ao imediato, ao presente, tem hoje um alto valor, porque somente ela poderá reinventar o mundo antes que desabe, consequência de sua própria insanidade e exaustão. Mas faltam líderes no mercado, fenômeno que ficou conhecido como "apagão de talentos" e "crise de lideranças".

Quando meu filho, aos 5 anos, me disse que internet é onde todas as coisas estão, tive de concordar, é onde todas as coisas estão sem corpo. Em função de nossa excelente memória, acoplada ao corpo, sempre tivemos, nós humanos, uma rede de signos, de valores, de conceitos, por isso o ser humano é naturalmente virtual, especialmente porque sonha. A tecnologia nos permitiu reproduzir essa rede de conceitos, de imagens, não apenas nos ligando a nós mesmos, como faz nossa consciência, mas ligando todos a todos. De modo que, hoje, ninguém mais é dono dessa rede, com seus agenciamentos múltiplos, seus acordos inusitados, nem sempre éticos ou sustentáveis, mas sempre abertos à participação, à interferência. É com isso que temos agora de lidar, sem definir se é um bem ou um mal. Afinal, na lógica das múltiplas conexões e das redes, dos sistemas integrados, essas oposições não dizem mais nada.

Mas algumas coisas já sabemos desse novo modo de organização: se antes tudo tinha origem no Um (o rei, o presidente, o pai, o professor, o chefe), e se era exatamente a existência do Um que garantia a ordem, hoje não podemos encontrar esse centro na lógica da rede, nem mesmo podemos atribuir poder a pessoas; de tão provisório que é, hoje, o poder, ele está nas relações, nos acordos, nas múltiplas e móveis conexões. De uma relação que ia de um ponto, a programação de um canal de TV, a todos os oitenta ou cem milhões de espectadores, agora parte de uma infinidade de relações que se dão em torno de múltiplos centros, nos quais a fala é de um a um. Um ator de cinema atrai muitos milhões de seguidores, mas criam seguidores os antes excluídos, as minorias, e também os fundamentalistas, os neonazistas, os pedófilos, os terroristas...

A sociedade, em que todos estão ligados por inúmeros canais, em uma comunicação que acontece de modo espontâneo, provisório e pontual, em meio a uma multiplicidade de acessos e informações, termina por valorizar todo núcleo capaz de atrair pessoas. Na nova sociedade, tem poder quem agrega pessoas e faz isso quem tem alguma coisa a dizer, quem tem algum tipo de conteúdo e quem compartilha. É em torno do saber que as pessoas se colocam, especialmente em torno das pessoas que produzem saber. E um saber é um olhar, um conceito, uma interpretação. Diante do turbilhão de informações, diante da crise de valores que vivemos, as pessoas estão em busca de um modo de ver, de uma perspectiva.

Dessa dispersão dos centros de poder, que passam a se organizar em torno de uma infinidade de acordos, surgiu uma rede de poder horizontalizada, na qual as relações de mando e obediência permanecem, as hierarquias continuam existindo, mas respondem a jogos tão provisórios que nunca sabemos com quem, onde ou por quanto tempo se dará. Uma inovação tecnológica, um acidente ambiental, um ataque terrorista e antigos centros de poder tornam-se nada. Imediatamente novos acordos surgem, novos centros. O enriquecimento dos países emergentes, a crise econômica dos Estados Unidos e do continente europeu são apenas alguns exemplos da instabilidade nas relações de poder no mundo. Diante das grandes crises que vivemos, ambiental, econômica, social, tecnológica, somos todos iguais: são iguais professores e alunos, são iguais pais e filhos, são iguais chefes e empregados. Na verdade, nunca estivemos tão próximos, presidiários e homens livres, com o uso do celular e da internet; do mesmo modo os favelados e os ricos do asfalto, com as cópias chinesas. E todos nós, diante dos grandes desastres ambientais, somos invariavelmente iguais.

Desde a civilização egípcia arrastamos um modelo piramidal de poder, fundado na crença de que a ordem exige o Um; é sempre em torno do Um que tudo se estrutura, o olho do rei, de Deus, do pai, do mestre... No máximo da cultura egípcia, que foi quem criou esse primeiro modelo de gestão, o rei é também o Deus. Ao dominar os assuntos dos vivos e dos mortos, os faraós reinavam soberanos sobre a terra. Mas também no domínio intelectual, como herança não mais dos egípcios, mas dos gregos, temos a ideia da verdade como ser, como causa primeira, como princípio de tudo.

O modelo de raciocínio que o Ocidente criou não tem como alvo a contradição, como acontece com a ideia oriental de complementação dos opostos, no yin-yang. Ao contrário, buscamos a unidade, não buscamos o campo de forças que deu nascimento a alguma coisa, buscamos a causa primeira, originária, buscamos a verdade. Saímos da multiplicidade dos corpos, das sensações, das mudanças, ou seja, da base da pirâmide, em direção à unidade do pensamento e da alma, da ideia pura, da eternidade.

A Idade Média aliou a força da religião, do pensamento doutrinário, ao pensamento racional grego. Deus agora não é apenas uma evidência, dada pela certeza da fé, mas é também a conclusão de uma argumentação lógico-racional, dada pelos teólogos. O desgaste, a exaustão desse modelo trouxe a modernidade científica e filosófica, que começa com Descartes mas se consolida com Kant, que mostra os limites da razão e a pretensão humana de conhecer a verdade. O homem é limitado e finito, assim como sua capacidade de conhecer.

Esse golpe no narcisismo humano não deixa de ser um alívio para a humanidade, que agora se vê livre para criar, mais do que com a responsabilidade de conhecer. A manipulação da natureza ganha espaço, a ciência expande seus domínios, a ponto de produzir uma revolução científico-tecnológica que passou a prometer um futuro melhor. Se na Idade Média o futuro era a morte, que poderia trazer o inferno ou o paraíso, agora o futuro passa a ser investido de sentido, tendo em vista os progressos da ciência. Não mais Deus, como princípio, não mais a verdade, mas o futuro. É nesse sentido que Nietzsche anuncia a morte de Deus na modernidade; o homem mata Deus quando acha que não precisa mais dele; agora a ciência deve ocupar o lugar divino, e construir, aqui, o paraíso prometido para depois da morte.

A euforia científica dos séculos XVIII e XIX, que nasceu da liberdade do pensamento com relação à religião e à fé, revolucionou as relações humanas e sociais, transformou as cidades e o campo. Surge o capitalismo, que exigiu a segmentação do trabalho, a linha de montagem, a mais-valia, e gerou a classe de operários, o proletariado. A linha de montagem segmentou o trabalho entre os que cortam, os que costuram, os que vendem; enfim, segmentou a produção, e deu origem às corporações. A produção foi segmentada, setorizada, mas o poder continuou piramidal. Ao mesmo tempo, a linha de montagem, ao produzir a classe operária com suas imensas contradições, possibilitou o surgimento de um novo saber, o marxismo, que se configurou como uma nova arma, capaz de derrubar estruturas cristalizadas. O século XX viu Estados ruírem, viu outros surgirem, viu uma guerra fria marcada antes de tudo pela consciência política. Mas o poder piramidal permanecia; mesmo nos novos Estados, tudo se reduzia a um nome: Lênin, Stalin, Fidel...

Foi somente com o surgimento da sociedade em rede, nascida do imenso investimento em conhecimento técnico que um novo modo de gestão se impôs. O mais importante dessa nova sociedade, a sociedade do conhecimento, são as relações de poder que se esgarçam, enquanto novos agenciamentos surgem. Temos agora de elaborar novas questões para essa nova sociedade que emerge, ainda cambaleante, à nossa frente.

Quando a internet surgiu, os primeiros usuários foram as universidades, e naquela época acreditávamos que seria um tipo de ameaça, muito mais do que um ganho. Como não podíamos conceber uma ordenação sem centro, acreditávamos que a rede de computadores seria controlada por alguém, o que seria altamente perigoso. O que aconteceu é que não sabíamos conceituar ou descrever aquele cenário, não tínhamos, e ainda não temos, uma estrutura gramatical capaz de dizer essa complexidade, essa troca descentralizada, múltipla, móvel, que não se torna um caos. Ordenada a partir de múltiplos centros, imprevisíveis, instáveis, está a rede; ainda teremos muito trabalho até entendê-la. Na verdade, uma nova cognição é necessária para lidar com ela, um novo ser humano, e ele já está nascendo.

Se o poder piramidal se exerce por meio do medo, a amplitude da rede estimula a ousadia. Uma ousadia com a qual temos de aprender a lidar ou se transformará em falta de limite, falta de noção sobre si mesmo e sobre o mundo. Se o raciocínio antes acontecia em linha, opondo dois lados, o bem e o mal, o certo e o errado; hoje, na rede, lidamos com as infinitas possibilidades e os infinitos graus que existem entre uma coisa e outra. Além da instabilidade de valores com os quais temos de aprender a lidar, ou caímos em um relativismo moral nefasto. Se a contradição era um problema do discurso, agora essa contradição é assumida no discurso: os amigos virtuais são amigos, mas ao mesmo tempo não são. Se antes fazíamos uma coisa de cada vez, hoje sabemos que podemos abrir ao mesmo tempo muitas portas e alimentar todas, porque nossa cognição é capaz de lidar com a multiplicidade. Enfim, se antes recebíamos os valores prontos; hoje, com a crise de valores, temos de aprender a criá-los. Produzir, em vez de apenas memorizar conhecimento; criar, em vez de apenas reproduzir valores; abrir novos mercados, em vez de apenas se enquadrar no existente, são alguns dos pontos que definem o homem contemporâneo.

Vivemos, enfim, uma transformação que chegou muito rapidamente, que aproximou pessoas, mas não diminuiu de modo significativo as desigualdades econômicas, e isso gerou ainda mais caos social, mais violência. Uma boa metáfora para o que estamos vivendo é a troca de casca do caranguejo. Quando um caranguejo cresce, quando se torna maior, perde sua casca e sobre a pele já se desenha uma nova, mas é apenas um desenho. Enquanto essa nova casca não endurece, criando o escudo protetor próprio dos crustáceos, o caranguejo deve se proteger dos ataques de outros animais. Nossa sociedade está trocando de casca. Uma nova casca já se configura, já podemos vê-la, mas ela ainda não tem consistência suficiente. Vivemos uma transição, temos um pé no futuro e outro na barbárie.

Mas o caos contemporâneo, cheio de crises e conflitos, anuncia uma nova ordem, que já está, de algum modo, configurada. Uma ordem na qual a exclusão não será mais fundamentalmente econômica, mas intelectual e cultural. As desigualdades econômicas ainda são muitas, mas, não podemos negar, em um mundo que vive uma séria crise de consumo, tirar as pessoas da miséria é o mesmo que abrir um novo e fértil mercado consumidor, o que significa fortalecer a indústria, diminuir o desemprego; de tal modo que, se cada pobre é um consumidor em potencial, a pobreza parece ter os dias contados. Não é à toa que a abertura de mercados consumidores, como aconteceu no Brasil, foi o fator de aceleração das economias emergentes. Mas, neste mesmo mundo onde o poder não é mais o número de carros ou de sapatos, mas a capacidade de produzir conceitos, a desigualdade econômica deixa de ser o maior fator de exclusão social. Esse fator agora é a desigualdade de formação intelectual e cultural. A educação é o que de fato vai definir a exclusão ou a inclusão de pessoas no processo social no século XXI; essa desigualdade é o que ainda segrega os países emergentes, segrega as classes populares, segrega os diferentes. Mas não se trata de qualquer tipo de educação, ou de escola. Precisamos enfrentar este fértil e difícil problema: o que é educar no século XXI? O que é realmente importante aprender?

INTRODUÇÃO

Vou terminar citando a última página do meu livro *O homem que sabe — Do Homo sapiens à crise da razão*. Este livro na verdade começa onde aquele termina:

> As tumultuadas transformações que vivemos nos exigem competências que estão distantes de nossos modelos escolares. Enquanto aprendemos a pensar linearmente, os problemas que nos chegam se organizam em rede, e nos afetam de forma múltipla. Como afirma Edgard Morin: "Há uma inadequação cada vez mais ampla, profunda e grave entre os saberes separados, fragmentados, compartimentados entre disciplinas, e, por outro lado, realidades e problemas cada vez mais polidisciplinares transversais, multidimensionais, transnacionais, globais, planetários."*
>
> O mundo contemporâneo nos impõe questões cada vez mais complexas, vivemos em rede, a palavra mais pronunciada é, provavelmente, conexão. Mas professores e alunos continuam apertando botões na linha de montagem de uma fábrica em extinção. É sem precedente falar sobre esse universo que nasce e tentar imaginar qual será a estrutura gramatical capaz de dar conta desses infinitos discursos. Sem grandes valores ou poderes fixos, se compõem como uma imensa rede móvel e sem centro, feita de múltiplas conexões, compostas por uma infinidade de jogos e saberes, que se aglutinam e se afastam, se estendem. Lidar com essa nova composição exige modelos conceituais mais amplos e complexos do que aqueles que ainda utilizamos.

---
*Edgard Morin, *A cabeça bem-feita*.

Pensar o múltiplo e o móvel é o desafio, ser capaz de lidar ao mesmo tempo com diversas interpretações e perspectivas. Não mais pensar de modo sucessivo, mas simultâneo, compor em vez de excluir, e retomar a difícil complexidade que é viver, pensar, criar, conhecer, querer, sentir... Todas as coisas se relacionam, não há nada realmente isolado, todo gesto produz desdobramentos incalculáveis; um saber, uma escola, uma pessoa não existem sem um contexto: talvez esse seja o aprendizado social, a maturidade política de que precisamos.

2. Das cavernas à razão — linguagem e exclusão

> "A natureza não trata melhor o homem do que as suas demais obras: age em seu lugar onde ele ainda não pode agir por si próprio como inteligência livre. O que o faz homem, porém, é justamente não se bastar com o que dele a natureza fez, mas ser capaz de refazer com a razão e, progressivamente, os passos que ela nele antecipa, transformar a obra da necessidade em obra de sua livre escolha e elevar a determinação física à determinação moral."
>
> Schiller, *Cartas para a educação estética da humanidade*, Carta III

A humanidade, todos sabemos, é uma aquisição que se completa na cultura; menos presos aos instintos do que os outros animais, os seres humanos nascem inconclusos, portanto mais abertos à exterioridade. Como no humano a possibilidade de mudança de comportamento está sempre presente, falamos mais em propensão do que em instinto, ou em pulsão, como diz a psicanálise. Mas o fato é que o mundo, cultural e natural, completa o humano, que nasce poroso, vazado à presença do clima, da alimentação, da vegetação e, especialmente, do outro ser humano, dos valores que estabelece, dos saberes que possui. E é nessa troca com a cultura que ele se torna pronto como um ser autônomo, é somente aí que se humaniza.

A cultura é uma rede de gestos e rastros, de signos que se compõem como camadas sobrepostas de sentidos, de valores, de saberes acumulados na história. E o homem, que se configura através de uma retroalimentação entre suas experiências corporais e o conjunto de signos que acumula como consciência, precisa saber que tipo de signos produz, precisa ter clareza em relação ao que afirma ou nega. O homem não é uma essência imutável, ele é um processo. Como um ser inconcluso, ele está aberto ao mundo, completa-se nos signos, no outro, na troca com a exterioridade, que não é mais natureza, senão cosmos, natureza interpretada, mundo.

A consciência, pensa Nietzsche, está associada ao nascimento da linguagem articulada; quando se torna capaz de se referir às coisas por meio de sinais, de palavras, o ser humano começa também a produzir valores. Nomear é honrar, diferenciar e, necessariamente, avaliar. O ser humano não apenas avalia, mas guarda esses valores, os acumula na memória e os reproduz. Quando, há cerca de cem mil anos, os humanos começaram a ritualizar a morte, parece acontecer algo que se dá, inicialmente, como espelhamento, como percepção de si, mas que também acontece como consciência da vida em sua provisoriedade, como exceção, como raridade. A certeza da morte, eu penso, impõe a vida como um valor. O que a consciência inicialmente traz é a vida, que passa a ser um bem. E outros valores vão surgindo à medida que se desenvolve a linguagem, de modo que a consciência termina por se configurar como um banco de dados, de avaliações, de valores, que vão sustentar o fértil diálogo que o homem passa a ter consigo mesmo. A experiência corporal, atual, conversa imediatamente com o conjunto de avaliações, de signos da consciência, uma instância virtual. Atual e virtual são duas instâncias naturais no ser humano, se consideramos que o humano caracteriza-se, como espécie natural, por esta instância moral que chamamos consciência. O sonho é um bom exemplo, pois reproduz as experiências que foram vividas de modo atual, reintroduzindo-as no psiquismo humano agora como imagens e sons. Mas essa reinserção será ativamente reinterpretada e uma nova experiência acontece durante o sonho.

O que Nietzsche vai chamar atenção em sua filosofia, que acima de tudo coloca em questão os valores morais, é a transformação da consciência em má consciência, que deixou de ser uma instância viva de interpretação e reinterpretação constantes de si mesmo e da vida, da cultura, para se tornar o depósito de valores fixos, preestabelecidos. Se, como vimos, a civilização se sustentou no poder do Um, do rei, de Deus, da verdade, da causa, a potência moral, que é uma potência criativa, de sempre produzir novos valores, ficou submetida à reprodução dos valores estabelecidos, e não a sua criação. Platonismo e cristianismo, diz Nietzsche, são os responsáveis pelos valores morais que ainda carregamos, cegos, como valores eternos, como o bem. Mas cristianismo e platonismo não têm a vida como um valor; ao contrário, em ambos a vida é sinônimo de erro, de pecado. Se a consciência da morte trouxe aos homens a vida como um valor, no platonismo e no cristianismo a vida é aquilo que deve ser rejeitado, em nome de outra vida, que viria, nesses dois casos, com a morte. A isso ele chamou de niilismo, a negação da vida em nome de outra vida, uma vida idealizada, ficcional e fantasiosa. A modernidade vai rejeitar o cristianismo quando quer construir aqui o paraíso celeste, a verdade, o bem, mas vai manter a negação da vida, criando um novo alvo para a vida, um novo desvio, o futuro. Rever nossos valores morais é o caminho que Nietzsche aponta, transvalorar os valores, torná-los móveis, reinserir sua capacidade criativa.

O surgimento das pinturas rupestres, há cerca de trinta mil anos, inaugura um novo e fértil momento desta trajetória humana no mundo. O desenho, por meio da imposição do traço na superfície de pedra, pelo domínio da mão, corta o plano, define espaços, domínios, territórios. Ao se referir à exterioridade por meio de signos, não apenas falados, mas escritos, os humanos vão reforçar a necessidade de manutenção e transmissão dos valores, dos saberes criados, como um grande livro a ser escrito pela humanidade e que deverá ser portado por cada um de nós. Nasce o fundamento da escrita com as pinturas rupestres,* mas manifestam-se também de modo inegável o senso estético, o lúdico, o sagrado. Mais do que isso, o senso estético parece ter sido o propulsor da escrita, essa conquista que se mostra tão fundamental quanto o uso

---

*Esta tese é defendida pelo paleantropólogo André Leory-Gourhan em seu livro *O gesto e a palavra*, vols. 1 e 2, Lisboa, Edições 70, 1990.

da roda. Aqui, o senso estético, a moral e o pensamento conceitual não estão ainda separados.

Com a agricultura temos a vida sedentária, em grupo, que vai exigir o desenvolvimento moral, por meio da linguagem, de sua sofisticação, mas também da construção de regras, cada vez mais claras, e de punições, ou seja, de uma hierarquização de valores, de poderes. O senso moral vai ser cada vez mais estimulado, especialmente a partir da religião e da fé. Nasce o Egito, uma civilização agrária, e com ele, como vimos, o poder piramidal; mesmo com as grandes transformações que abrigará, o Ocidente permanecerá por muito tempo abraçado à crença de que a ordem exige o Um. Já a civilização grega, outro momento fundamental na construção da humanidade que hoje somos, se deu de um modo diferente; com uma cidade de vocação democrática, onde as pessoas estavam acostumadas a falar, a argumentar, para vencer as discussões que definiam o rumo dos acontecimentos, os gregos passaram a se dedicar especialmente ao pensamento e criaram o primeiro modelo argumentativo que temos, a razão. A razão é um modo de articular o pensamento que parte da multiplicidade e da provisoriedade dos corpos em direção à verdade, à causa primeira, à unidade. Se os egípcios nos deram a pirâmide como modelo de poder e de gestão política, a Grécia nos deu uma pirâmide, mas no domínio do conceito, da gestão do pensamento.

Por um lado, chamamos de razão a capacidade que os seres humanos têm de falar, de usar signos, de construir linguagem, de pensar. Então, a palavra razão quer dizer, em sua origem, separar, dividir, ordenar, distinguir, julgar.

Mas essa capacidade nos levou a construir um modelo de pensamento que também chamamos de razão. Nesse segundo sentido razão é um conjunto de regras que foram criadas para que o pensamento se afastasse das mudanças e atingisse a verdade. A primeira delas é a identidade, que diz que por trás de toda mudança existe uma essência, uma verdade, não duas ou três, mas uma essência imutável, fixa, eterna. A verdade é o que é, não pode deixar de ser ou vir a ser, ela é. A segunda nos diz que toda contradição deve ser excluída, não podemos afirmar uma coisa e depois, nas mesmas condições, afirmar o contrário. A terceira nos impõe que, ao afirmarmos uma coisa, possamos dizer, por exemplo: isto é um azul, ou dizer isto não é um azul, mas não podemos jamais dizer que isto é e ao mesmo tempo não é um azul. E a última afirma que tudo tem uma causa, a causa primeira, o princípio originário, e sempre devemos buscá-la. A razão se caracteriza também por se opor às emoções; um pensamento racional é aquele que acontece afastado dos afetos e das paixões.

Desses princípios o mais danoso foi, possivelmente, o que nos impediu a contradição. Ao excluir as contradições, necessariamente temos que tomar um partido, ou seja, ao afirmar uma coisa como um bem, temos de negar seu oposto, que é o mal. Mas será que o mal se opõe mesmo ao bem, o belo se opõe ao feio, o certo se opõe ao errado? A estrutura lógico-gramatical do discurso, ao afirmar algo, necessariamente nega seu oposto. De modo que falar, pensar, escrever não é apenas afirmar alguma coisa, mas é também excluir outras. Mas será que não haveria na vida uma gradação entre todas essas coisas? Esses graus são negados em nome do que costumo chamar, influenciada por Nietzsche, de lógica da exclusão, de modo que pensar racionalmente a partir de Platão, mais especificamente de Aristóteles, é excluir. Como os princípios lógico-racionais foram considerados princípios gramaticais, o simples uso da linguagem compõe-se como exclusão. A exclusão é, portanto, um gesto que se mantém presente no decorrer de toda a história da humanidade e que adquire contornos cada vez mais evidentes e explícitos.

Em toda sociedade, sabemos, existe uma grande quantidade de coisas que não se podem fazer, não se podem dizer. Existem pessoas com quem não se deve conviver, roupas que não se podem vestir, gestos que não se podem efetuar. Toda sociedade cria seus limites e suas proibições. Escolhe algumas formas de viver e rejeita outras. Mas como cada sociedade se relaciona com aquilo que rejeita? Para o filósofo francês Michel Foucault,* nossa sociedade, à medida que foi se estruturando, construiu uma forma muito própria de se relacionar com aquilo que não aceita, não concorda: ela interna. Internar quer dizer, antes de tudo, isolar, em um espaço fechado, controlado, afastado das cidades, pessoas consideradas indesejáveis, intratáveis, perversas, perigosas. Esses locais, que nasceram com a justificativa de corrigir ou de curar, terminaram se tornando um lugar de moradia. Manicômios e prisões são os maiores representantes desse tipo de prática nos dias de hoje.

---

*Michel Foucault, *História da loucura*, São Paulo, Perspectiva, 1996.

Uma das primeiras experiências de internação que nossa sociedade produziu foi com a construção de leprosários. A partir do século IV da era cristã e até o fim das Cruzadas eles surgiram e se multiplicaram por toda a Europa. Só Paris chegou a ter 43 leprosários. O leproso representava uma ameaça pública. A comunidade, com a justificativa de proteger seus membros sadios, o expulsava. Os leprosários foram construídos como espaços fora da cidade para afastar aquilo que a sociedade não sabia como tratar. A lepra não era vista somente como mais uma doença, que precisava ser erradicada; o leproso era tratado como alguém que sofrera a manifestação do poder sagrado de Deus, sua bondade e, principalmente, sua cólera.

Depois de um tempo a epidemia da lepra desaparece, mas não desaparece o hábito de excluir, de afastar o que nos incomoda, o que chamamos de mal, o que não entendemos muito bem, o que nos provoca medo. A herança social do leprosário é uma forma de pensar que sempre exclui, elimina. Por muito mais tempo do que a lepra vão permanecer os valores e as imagens que tinham sido vinculados à figura do leproso. Nos mesmos locais que antes abrigavam leprosos, a prática da exclusão se perpetua: pobres, vagabundos, homossexuais, falsários e cabeças alienadas serão isolados onde antes viviam os lazarentos. Nesses mesmos lugares, a psiquiatria vai identificar e hospitalizar os loucos; e é também nesses mesmos moldes que nasce a prisão. Como se excluir fosse uma forma de curar.

Em função do hábito de afastar os indesejáveis, o Ocidente incorporou o lugar da exclusão, que fica sempre aberto a novos moradores: como se cada um de nós conservasse seu próprio leprosário, capaz de excluir o que incomoda, o que não queremos ver. Mesmo sem perceber, estamos sempre excluindo alguém ou alguma coisa; é possível que não exista alguém completamente incluído ou completamente excluído; dependendo da situação, alguns são enquadrados e outros não. De alguma forma, todos nos tornamos excluídos, inclusive de nós mesmos. E foram tantos os excluídos, nos diversos modos que a sociedade tem de julgar, que os espaços de marginalidade, como as prisões, as favelas, os guetos, foram ficando apertados e todos acabamos nos encontrando, nos tocando. A linha divisória que demarcava a fronteira entre "nós" e "eles" se desfez. Se os presídios, os hospitais psiquiátricos, as casas de correção para menores e as periferias ficavam longe das cidades, hoje, com o crescimento e a expansão imobiliária, se localizam no coração delas. Em outras palavras, o crescimento das cidades incluiu geograficamente os excluídos, da mesma maneira como o fez a tecnologia.

Por isso, é hoje uma urgência da sociedade encontrar mecanismos capazes de diminuir os abismos entre as classes, entre os povos, sob o risco de ser extinta a vida humana no planeta. Da mesma forma devem ser reduzidas as distâncias entre nossas avaliações morais. O bem não é tão bem que não traga uma parcela de mal, e vice-versa; o belo também não se opõe ao feio; somos um misto de tudo isso, somos um complexo mais do que uma identidade, somos uma tentativa mais do que um acerto.

A escola foi e ainda é, em nossas vidas, um dos primeiros momentos em que esse mecanismo de exclusão é aplicado. Primeiro porque a escola é uma instituição isolada da comunidade, da cidade. Segundo porque o sistema de reprovação é um dos primeiros processos de exclusão que atinge as crianças, com enorme prejuízo para seu desenvolvimento: a escola não se responsabiliza pelo desempenho insuficiente do aluno; ao contrário, quando reprova transfere para o aluno todo o fracasso. Em algumas escolas municipais do Brasil 60% das crianças são reprovadas no primeiro ano do ensino fundamental. Os que se adaptam ao sistema educacional são promovidos ao ano seguinte, os de boa memória, os simpáticos, os bem-comportados; e os irrequietos, curiosos, criativos, diferentes são deixados de lado; mas também são excluídos os gordos, os muito magros, os muito ricos, os de orelhas grandes... Quando um aluno não aprende, especialmente nos primeiros anos, quem deve ser reprovado é a escola, a família, o Estado, não uma criança de 6 ou 7 anos; mas é somente ela quem assume hoje esse ônus. O alto índice de reprovação, essa transferência de responsabilidades, na verdade é o maior causador da evasão escolar, ou seja, do afastamento de jovens e crianças da escola.

A universidade, que surgiu como uma herança dos conventos, em sua grandiosidade, também esteve isolada em seus grandes muros conceituais. O saber, que sempre foi signo do poder, esteve isolado do homem comum, dos saberes das comunidades, das culturas, e configurou-se explicitamente como a reprodução de um poder de poucos. Do alto de sua pirâmide, o intelectual, o professor, em seu isolamento canônico, orgulhava-se de sua condição de mestre. Séculos se passaram, mas as universidades, isoladas, não perceberam as mudanças, as transformações da sociedade e da cultura e permanecem repetindo suas fórmulas gastas, seu discurso cifrado, e reproduzindo esses cruéis mecanismos de exclusão. Hoje, com a democratização dos acessos ao conhecimento, a universidade, em vez de abrir-se, revela-se cada dia mais corporativista, defendendo seus próprios interesses, o que a torna a cada dia mais obsoleta e desnecessária.

Quando um pai diz que quer que seu filho entre em uma universidade para ser alguém na vida, o que ele está, sem querer, dizendo é que quem não estuda não é ninguém, não existe. Ousaria mesmo dizer que a exclusão do saber, do conhecimento, é a raiz de toda exclusão. É especialmente em função disso que precisamos de uma nova escola. Precisamos, na verdade, nos recusar a ser o que somos e repensar o tipo de individualidade que nos foi imposto durante tantos séculos, a subjetividade do sim ou do não, do certo e do errado, do bonito e do feio. E promover novas formas de lidar com a vida.

3. A escola e a fragmentação da vida

Por que a escola prepara para a vida, em vez de ser a vida exercida no presente? E por que o presente das crianças na escola não é também um exercício de cidadania, de respeito a si mesmas, à vida e ao outro? Por que a escola não é um espaço democrático, de produção de conhecimentos, de debates, de criação? Em vez disso, tem sido um presídio de alunos, um depósito de conteúdos impostos sem muito sentido, um desrespeito aos saberes que os alunos já trazem, um lugar onde as crianças não têm direito a voz.

Na primeira metade do século XX, no Brasil, assim como em todo o mundo, predominou a escola das certezas, dedicada às elites, com professores muito bem-formados e que ofereciam uma educação clássica, voltada para os grandes temas da humanidade. Estudavam o que havia de mais erudito: latim, francês, história da arte, literatura, filosofia, estética etc., em espaços amplos, com grandes teatros e jardins. A educação era pública, mas pouco acessível, poucos completavam o ginásio (hoje segundo segmento do Ensino Fundamental), mas quem conseguia completar possuía uma formação básica muito consistente.

Depois da Segunda Guerra, com a corrida desenvolvimentista, nasce a escola das promessas, a escola para todos, que se afirmava como o meio de ascender socialmente. Seguindo essa ideia, a segunda metade do século XX foi marcada pela certeza de que a escola era o melhor lugar para as crianças. Essa certeza se sustentava na ideia iluminista de progresso, que prometia um mundo melhor, dado pelas conquistas das ciências. Era por meio do desenvolvimento científico que todas as mazelas seriam curadas: no domínio do corpo, o fim da dor e da morte; na sociedade, o fim da exploração e da violência; na natureza, o fim dos desastres ambientais etc. E o acesso ao conjunto de bens viria através da educação. Esse modelo técnico de escola se aliou à necessidade de uma educação sem reflexão crítica, em função do medo da consciência política e dos seus reflexos. Resultou que as promessas da modernidade não se cumpriram. Instabilidade climática, escassez de recursos naturais, superpopulação, crise econômica, desemprego, violência.

Como o ensino básico dirigido às massas praticamente não existia antes do século XIX, e surgiu para atender às necessidades de mão de obra para a sociedade industrial, a educação das massas no mundo se confundiu com uma educação fragmentada, dividida, sem contexto. Se essa escola na Europa chegou ainda no século XIX, foi somente no século XX que chegou ao Brasil. Inspirada na linha de montagem, que fragmentou o trabalho humano tendo em vista o aumento da produtividade, essa escola, sem a formação humanista presente na escola das elites, se caracterizou pela fragmentação, pela segmentação como modo de ação, como método. Por ser uma escola feita para as massas, nasceu não para se dedicar aos grandes temas da humanidade, mas para oferecer uma formação instrumental, voltada para o mercado; portanto, trata-se de uma escola que não está voltada para o desenvolvimento humano, mas para o desenvolvimento da indústria. O mais irônico é que mesmo as escolas privadas que formam as elites terminaram adotando esse mesmo modelo.

A vida escolar, ainda hoje, organiza-se em séries, e os saberes se dividem em diversos conteúdos isolados, sem conexão uns com os outros, em aulas de cinquenta minutos, que ainda se anunciam por um sinal sonoro que lembra o apito das fábricas. Gramática, literatura, álgebra, geometria, genética, citologia, ótica, mecânica, saberes que são ministrados isoladamente, cada um retratando um fragmento do saber que nunca se relaciona com os outros e com a vida, que, em si mesma, é extremamente articulada e complexa. Os conteúdos ficam tão fragmentados que levam os alunos a acreditar que estudam para os professores, para os pais, e não para si mesmos, para suas vidas. Sem os grandes pátios e os teatros que as escolas antigas possuíam, a escola de massas é dividida em inúmeras salas e corredores, com pouco espaço de convivência, com pouca circulação, um espaço que mais lembra um reformatório. Mas também uma fábrica, com uma imensa linha de montagem, uma absurda fábrica de pessoas.

Não bastasse tudo isso, outro fator vai se somar a esse: o regime militar que passa a vigorar no Brasil a partir de 1964 e que, especialmente a partir de 1968, se configurará como um regime de exceção, marcado pela perseguição política, pela censura, especialmente tendo como alvo professores, intelectuais, estudantes, artistas. Com essa herança a educação brasileira tornou-se refém de um sistema disciplinar que eliminou a filosofia e os saberes reflexivos e críticos e que teve na passividade, na submissão, na repetição, no medo, o seu modelo de conduta. Não a criatividade, a inteligência viva, mas o bom comportamento, a disciplina, a ordem. Sem contar as sequelas deixadas na sociedade, em consequência especialmente do medo de pensar, de se posicionar criticamente, instaurado por um regime que perseguiu pessoas conscientes e cultas, proibiu livros, restringiu condutas. Os professores, os estudantes universitários e secundaristas, os artistas, os intelectuais foram o grande alvo desse regime, e a formação dos jovens e crianças foi a grande prejudicada. Durante vinte anos foi proibido pensar na sociedade brasileira, especialmente na escola, foco de resistência ao regime.

Com tudo isso, a escola acabou tornando-se um espaço explicitamente afastado das questões que movem a vida das pessoas e ainda mais distante dos desafios da sociedade. Os jovens e as crianças, afastados das questões humanas e sociais, das questões políticas, vão sendo treinados a ver o mundo apenas a partir de si mesmos, de sua condição, que pode ser de "vencedor" ou de "perdedor", de arrogância ou de revolta. Mas raramente são estimulados a ler o mundo, a pensar essa sociedade, com sua complexidade, com os seus jogos e suas contradições, e quase nunca são convidados a ser atores nessa sociedade. O que faz com que ou se alienem de tudo e busquem a qualquer preço um lugar na lógica estabelecida pelo mercado ou se revoltem contra essa lógica e destruam aquilo que não sentem ter coragem ou capacidade para transformar. Talvez por isso existam tão poucas pessoas dispostas a ler e a interferir, a transformar a sociedade.

Essa falta de conexão da escola, tanto com a sociedade quanto consigo mesma, não é apenas prejudicial para o desenvolvimento cognitivo dos alunos, que se dá pela capacidade de fazer relações cada vez mais amplas e complexas, mas prejudica também as relações humanas, a prática da justiça social, o exercício da cidadania, implica diretamente o aumento do grau de angústia e solidão e impulsiona cada vez mais ao consumo de produtos, de pessoas, de drogas lícitas e ilícitas. Participar da sociedade, interferir em suas instâncias, construí-la, nos dá uma sensação de pertencimento que nos fortalece e fortalece os acordos. Mas a escola foi se afastando dessa continuidade e se baseando em um conhecimento dividido e abstrato.

Não formamos pessoas, mas fragmentos desconectados. E nos tornamos especialistas cada vez mais fragmentados, desvinculados das grandes questões humanas, sociais, planetárias. Vamos vivendo acoplados a uma parcela tão pequena da realidade que chegamos a esquecer quem somos, o que buscamos, e acabamos guiados pelos desejos dos outros, dos mais espertos, dos que falam mais alto... Aprendemos, quando muito, o específico, mas ignoramos o todo, as múltiplas relações que cada coisa estabelece com todas as outras, ignoramos o contexto. Isso gerou um modelo de raciocínio que não consegue conceber uma ação articulada, envolvendo várias outras ações; que se satisfaz em opor o bem e o mal, o certo e o errado, mas que não elabora, não raciocina; cuida do urgente e ignora o essencial, porque não vê senão partes isoladas, desconectadas. Como esse modelo escolar está presente não apenas nas escolas públicas, mas também nas particulares, esse raciocínio descontextualizado predomina em todas as classes sociais, tanto nas periferias quanto nos bairros nobres. Predomina nas análises dos fatos feitas por parte da imprensa, predomina nos posicionamentos da grande maioria de nossos líderes políticos, predomina em muitas universidades.

A fragmentação do pensamento e do saber é o modo mais eficiente de controle social, quer dizer, da submissão de pessoas a um modelo excludente de sociedade. Sem a capacidade de relacionar a experiência particular com o todo da vida, sem a capacidade de articular o todo da vida com um projeto social mais amplo, sem a capacidade de relacionar esse projeto social com o planeta e a vida, jovens e crianças terminam submetidos a processos e engrenagens que os tornam tão pequenos e insignificantes que não se sentem potentes para transformar aquilo que os oprime. Temos direito a um raciocínio complexo, tanto quanto temos direito à saúde, à alimentação, à moradia etc. É por meio desse pensamento complexo que articulo minha vida social, profissional, afetiva etc. e, como parte do processo social, pessoal, humano, construo uma vida sustentável para mim, para minha família e meus amigos, para a cidade, para o planeta.

4. A escola das incertezas e o mundo do trabalho

Um dos grandes ganhos da contemporaneidade foi uma revolução no modo como julgamos as coisas. Se antes o parâmetro era a verdade, hoje a regra é saber lidar com a instabilidade, com as incertezas. Se nos orgulhávamos de nossos princípios inquebrantáveis, hoje nos vemos, cada vez mais, enredados em perspectivas que cada vez se multiplicam, em novas portas que se abrem. Vivemos, nas últimas duas décadas, uma desintegração dos valores: ninguém sabe mais o que é certo, bom, amigo, masculino, feminino, criança, futuro, corpo, presente, saúde etc. Tudo é sempre provisório, as interpretações multiplicam-se, como camadas. Vivemos uma mudança de meios, uma enxurrada de informações, o mundo vive um processo de instabilidade e incerteza econômica, social, climática, e o modelo educacional vigente nas escolas públicas e privadas, fundado em verdades, em saberes acumulados, sem espaço para a invenção e para a dúvida, não foi preparado para isso. Os altos índices de evasão escolar, o baixo rendimento dos alunos, o desinteresse e a falta de estímulo que atingem a quase todos, o aumento da violência no espaço escolar manifestam a exaustão de estruturas muito antigas e a necessidade de reconstrução. Sem perspectivas diante dos inúmeros desafios do mundo atual, a escola já não satisfaz ninguém: nem alunos, nem professores, nem gestores, nem as cidades, nem o mercado.

A atual escola, a escola das incertezas, nasce especialmente da instabilidade do trabalho e da desvalorização da formação profissional, dadas as inovações tecnológicas que criam sempre novas demandas. Mas ela resulta também de um quadro de instabilidades: climática, econômica, tecnológica, de valores, de meios, de sentidos etc. Especialmente no campo da formação profissional, diz Rui Canário,* passamos de uma relação de estabilidade para uma relação de incertezas. Havia previsibilidade quando o que era oferecido na formação profissional se adequava ao mercado de trabalho. Essa estabilidade, que de modo absoluto nunca existiu, deu lugar a uma relação de incertezas. Hoje as mudanças tecnológicas inserem inovações que exigem sempre novos saberes, novas habilidades. O que faz com que durante a vida seja preciso mudar algumas vezes de qualificação e construir novas competências. Além de o imenso volume de conteúdos e conhecimentos disponíveis causar a rápida e inevitável desvalorização dos antigos conteúdos adquiridos e tornar rapidamente obsoleta uma formação universitária, por exemplo.

Outro fenômeno que vem se somar a esse, neste cenário de incertezas, consiste na mudança das organizações de trabalho, que estão saindo de um modelo típico da

---

*Rui Canário, *A escola tem futuro?*

produção em massa e sustentado na linha de montagem para organizações mais flexíveis, mais ágeis, menos segmentadas, que privilegiam a organização em rede e assumem um modelo de gestão inspirado nos atuais sistemas integrados. Passamos, assim, de uma cultura da dependência e da execução de tarefas para uma cultura da interação e da resolução de problemas. Por isso passa, então, a ganhar valor a capacidade de equacionar problemas marcados pela complexidade e pela incerteza, e não a mera capacidade de mobilizar no momento certo as respostas certas. As respostas já não existem, vivemos novos conflitos, as respostas devem ser construídas. Diante das novas ferramentas, é esta a demanda que nos espera: não apenas repetir, mas expressar, interpretar, pensar e, também, compartilhar.

A escola precisa entender, enfim, que todo conhecimento, toda afirmação, está sujeito a mudanças, que todo saber é provisório. Essa instabilidade no domínio do conhecimento, que antes era marcado por um conjunto de verdades, nos estimula a uma mudança nas relações de poder na escola: se todo saber é provisório, professores e alunos, juntos, devem se dedicar à produção de conhecimento, em vez da relação hierarquizada, na qual o professor detém um corpo de saberes que devem ser transmitidos aos alunos.

Assim como o saber do aluno passa a ser considerado, nessas novas relações a exigência com relação ao conteúdo acumulado do professor também é reduzida: o professor não é aquele que sabe tudo, mas aquele que se interessa por tudo, que se dispõe a conhecer junto com os alunos.

Não mais uma escola que ensina — hoje sabemos que ninguém aprende o que de algum modo já não sabia, intuía, percebia —, mas uma escola que aprende e se dedica a criar sempre novas situações de aprendizagem.

O que precisamos de fato encarar é que ou a escola passa a ser um espaço vivo de produção de saberes, de valorização da curiosidade, da pesquisa, da arte e da cultura, da criatividade, da reflexão — um espaço de convivência ética e democrática no qual se exercita a cidadania, um espaço vinculado à comunidade a que pertence, bem como à cidade, ao país, ao mundo — ou se tornará obsoleta e estará fadada ao desaparecimento. Por tudo isso, é preciso que a escola seja um lugar onde se aprende por meio da ação, e não da passividade, onde os conteúdos se relacionem, sempre que possível, com situações vividas pelos jovens e pelas crianças, e a aprendizagem aconteça em situações em que eles se reconheçam. É também preciso que a escola seja um lugar voltado para desenvolver e estimular o gosto por aprender e a alegria de produzir conhecimentos, sempre com o objetivo de ler e intervir no mundo. É preciso valorizar os conteúdos que os alunos já têm, o saber que trazem, e reconhecer que as coisas mais importantes que aprendemos na vida não necessariamente foram aprendidas na escola. Por isso, a educação não formal e as experiências de aprendizagem fora do espaço escolar devem ser valorizadas e articuladas com o currículo escolar. E é fundamental ainda que as transformações da educação, e em particular da escola, possam ser resultado de movimentos mais amplos, que articulem um projeto de escola com um projeto de homem, de sociedade, de mundo. Por isso é bom que na escola se adquira o gosto pela política, não por meio de aulas expositivas, mas vivendo em um ambiente democrático, aprendendo a ser intolerante com as injustiças e exercendo sempre o direito à palavra.

Mas precisamos, acima de tudo, estimular o gosto por aprender, o que significa entender que a fome de saber, a vontade de conhecer é mais eficiente para o processo de aprendizagem do que a manutenção dos deveres cumpridos. Para isso precisamos transformar as tarefas escolares, hoje repetitivas e desinteressantes, e vincular o aprendizado à ação, o que significa que a aprendizagem deve ser importante no presente pelo seu valor de uso, não pelos benefícios prometidos para o futuro.

5. O vestibular e a revolução contemporânea da memória

Depois da invasão virtual e das memórias de bolso, a tarefa passiva de organizar e armazenar dados já não precisa ser trabalho nosso, mas do HD externo que a tecnologia nos foi dando de presente. As superpotentes memórias portáteis, hoje, colocam em questão a função até então dada à nossa própria memória, e isso traz consequências muito sérias para a educação. Haverá o dia em que nos lembraremos com ironia do tempo em que era necessário saber "de cor" uma infinidade de conteúdos. Um tempo parecido com o dos gregos antigos, que decoravam toda a *Ilíada* e a *Odisseia*, entre outras razões, por falta de livros impressos. Mas, mesmo depois de Gutenberg e da invenção da imprensa, o problema permanecia: como carregar tantos livros? Era preciso memorizar.

Em meio à imensidão de saberes que a humanidade foi construindo, era preciso um número de conteúdos que cada um devesse saber, de acordo com o papel que desempenhasse na sociedade. O saber é o fundamento do poder, já sabemos. Mas hoje, que temos acesso em tempo real a todo esse conteúdo acumulado, a toda essa biblioteca, além de tudo que está sendo produzido em tempo real, por meio de um celular; hoje, que a velocidade da informação faz com que os conteúdos se tornem obsoletos a qualquer instante, permanece a pergunta: o que deve ser ensinado? O que é fundamental saber? Com certeza não mais os afluentes das margens direita e esquerda do rio Amazonas, ou todos os elementos da tabela periódica. Mas é, ainda, esse tipo de conteúdo que a maioria dos nossos currículos escolares, tanto em instituições públicas quanto privadas, privilegia.

Uma das razões, com a qual quase todos concordamos, para o mau desempenho dos estudantes brasileiros não apenas nos índices do governo, mas no mundo do trabalho e na vida diária, é o fenômeno do vestibular. Criado oficialmente em 1911, esse exame surgiu como um mecanismo de seleção para as faculdades, tendo em vista o número de candidatos superior ao de vagas oferecidas. Inicialmente com questões discursivas, o vestibular acabou se tornando essencialmente de múltipla escolha. Como a qualidade da formação do Ensino Médio deixava a desejar, conquistar uma vaga em uma universidade tornou-se o grande alvo das famílias brasileiras. Preparar para o vestibular tornou-se, pouco a pouco, não apenas o objetivo do Ensino Médio e dos cursinhos preparatórios, mas o objetivo do Ensino Fundamental e até da Educação Infantil. A universidade tornou-se o único sentido para os estudantes, o que terminou por desvalorizar totalmente o Ensino Médio, que passou a ser um meio, quase nunca um fim.

A corrida pelo vestibular trouxe como grande sequela o sucateamento dos Ensinos Fundamental e Médio brasileiros, que foram abandonando seus antigos projetos pedagógicos para se dedicar a administrar o maior número possível de conteúdos e aumentar a chance dos alunos no vestibular. Como a educação particular, subsidiada pelo governo, foi ganhando espaço, o apelo aos pais para matricularem seus filhos, já na Educação Infantil, tornou-se a aprovação no vestibular. Se considerarmos que os vestibulares foram ficando cada vez mais concorridos, podemos imaginar que consequências isso teve na educação brasileira. Em vez de dedicar-se ao objetivo maior da educação, a ampla formação do ser humano em seus diversos aspectos, a escola brasileira passou a ter de atender às exigências do exame e a se dedicar especialmente à formação de um banco de dados na memória dos estudantes. A capacidade de saber um conteúdo que poucos sabem, por exemplo, a hidrografia da Islândia, passou a ser um grande trunfo em relação aos outros concorrentes, o que terminou por produzir gerações especializadas em conteúdos com uma irrelevante capacidade de uso e de troca, em outras palavras, conteúdos inúteis. Ao mesmo tempo conteúdos essenciais, como a leitura, a interpretação, a escrita, a capacidade de trabalhar em grupo e, mesmo, a de liderar ou de criar novos conteúdos, foram ficando abandonados.

Paulo Freire, em um de seus muitos momentos iluminados, chama esse modelo de educação bancária, uma educação que, sustentada na aquisição passiva de conteúdos pela memória, ignora a formação humana em sua totalidade, ignora a ação, a escolha, e se sustenta na passividade e na obediência. Paulo Freire afirma uma educação cidadã, aquela que nos instrumentaliza e educa para viver em sociedade, não apenas nos inserindo nos limites e acordos sociais, nos formando para os jogos civilizatórios, mas incentivando nossa capacidade de mudar essa sociedade, tornando-a mais ética e mais justa, mais ampla, mais acolhedora e alegre. Ao contrário de uma educação cidadã, nosso modelo conteudista administra regularmente os dados que devem ser depositados na cabeça dos alunos.

O vestibular não apenas incentivou o acúmulo de conteúdos, mas fez com que esses conteúdos fossem ministrados de forma abstrata e distante. Aquele enorme tempo investido não pôde ser aproveitado, por exemplo, para desenvolver nossa inteligência crítica, nossa potência criativa, nossa sensibilidade estética, nossa capacidade de nos transformar e de transformar a sociedade. E culpamos as pessoas por seu desinteresse por política, por seu não engajamento social, por seu desinteresse por leitura, literatura, informação, arte, cultura. Se a escola está afastada da sociedade, se suas questões, seus impasses, não fazem parte da formação de jovens e crianças, se nossa escola é fundamentalmente abstrata, passiva e reproduz conteúdos inúteis, como esperar algo diferente de consumismo, violência, drogas e alienação social?

Mas as mudanças ocorridas nos últimos vinte anos, resultantes do conjunto de impasses instaurados pela modernidade e sua obsessão científica, trouxeram consigo desintegrações e crises que muito bem podem fazer à escola. O que precisamos, antes de tudo, considerar é que a grande revolução tecnológica diz respeito à memória; em suportes cada vez mais móveis e virtuais, armazenamos um número inconcebível de dados e libertamos nossa inteligência para o pensamento, a criatividade, a invenção. Diante da democratização desses suportes — temos 1,5 celular por habitante no Brasil e cada vez mais acesso gratuito à rede nos espaços públicos — e de sua utilização na vida diária das populações, o modelo escolar fundado na memória se vê cada vez mais obsoleto. Lutando contra esse processo inevitável, professores se veem forçados a impedir o uso dessas mídias em sala — o que provoca a indignação dos alunos e o desinteresse por uma aula sustentada por uma lousa e um giz —, em vez de não apenas inseri-las nos processos educacionais, mas de repensar urgentemente todo o modelo, antes sustentado na memória.

Precisamos admitir quão inevitável é essa mudança de mídias e ter clareza de que em alguns anos o acesso à informação por meio da rede será absolutamente democratizado e que esses conteúdos que hoje são cobrados dos alunos nos bancos escolares estarão totalmente acessíveis a qualquer pessoa, em quaisquer tempo e lugar. Com os novos suportes, como o Google Glass, se tornará cada vez mais difícil controlar o acesso à rede, então os exames dos grandes concursos terão de incluir esse acesso: não poderemos mais considerar o conteúdo como quantidade, mas como análise, como interpretação.

Em função de tudo isso que nos espera, precisamos inverter a direção de nossos esforços na escola: de um espaço de reprodução, de transmissão, para um espaço de produção de conteúdos, de invenção. Não apenas receber e armazenar, mas produzir conhecimentos é, e sempre foi, uma das exigências daquilo que, em nós, chamamos humanidade, além de ser, hoje, uma das exigências do mundo contemporâneo, condenado a criar novos modos de viver, sob o risco de ver finda a espécie. Ou criamos novas relações de produção e consumo e reaprendemos a conviver em grupo, ou a vida da espécie estará condenada, o que significa que a consciência dos desafios da sociedade, um determinado posicionamento ético, também passará a ser um valor, que substituirá a quantidade de dados e conteúdos. Estimular a curiosidade, valorizar a dúvida, promover o acesso aos conteúdos, oferecer métodos de filtragem dos dados, incentivar a pesquisa, a criação e a síntese, a capacidade de produzir interpretações, bem como incentivar o desenvolvimento da autonomia e da responsabilidade, acoplados à capacidade de viver em grupo, são algumas das necessidades prementes em nosso mundo.

Falamos muito dos perigos do excesso de informação, mas nos esquecemos dos horrores que vivemos em função da carência dela. Se hoje as relações de poder esgarçam-se em uma horizontalidade inédita e ainda muito desajeitada, isso acontece em função da democratização do saber, por meio do acesso à informação. Hoje encontramos tudo na rede, em excesso, em um transbordamento desconcertante, mas ainda não sabemos como lidar com isso.

Um astrônomo do Observatório Nacional me disse que para observar o céu no telescópio, para ver o universo, era preciso criar uma direção, um modelo, senão nos perderíamos na imensidão e no nada. Penso que isso serve para uma pequena biblioteca, mas serve ainda mais para a democracia da informação, que parece se sustentar em uma absorção desordenada de dados que não leva à reflexão, condição inerente a toda pergunta, e termina por se perder no vazio. No bombardeio de informações que caracteriza nosso tempo, é urgente saber selecionar, saber pesquisar, e para isso é preciso definir direções, estabelecer metas, ou seremos engolidos pelo excesso de dados que todos os dias nos chegam.

Um jovem que viveu ou vive a realidade escolar brasileira, na qual o aluno recebe passivamente os dados do professor, na qual o que vale não é o que o aluno aprende, mas o que o professor ensina, esse aluno é vítima das novas mídias, porque foi treinado para reproduzir, e não para pensar, e será arrastado pelos apelos de sua multiplicidade e de seu excesso. Para instrumentalizar nossos jovens e nossas crianças no uso da rede de computadores, precisamos de uma educação centrada na aprendizagem, quer dizer, na pesquisa, que implica a ação do aluno, não sua passividade. A educação deve permitir aos jovens e às crianças construírem para si mesmos um destino, e isso envolve permitir que exerçam seu protagonismo, atuem em sua própria vida e na vida da sociedade. Formar pesquisadores, pensadores, autônomos e responsáveis, esse é o alvo da educação contemporânea e sua urgência.

Sabemos quanto tudo isso é difícil, quanto é raro, já que uma estrutura muito antiga nos impõe a permanência de um modelo, mas precisamos acreditar na escola e caminhar na direção de construí-la. Ou por trás de muros cada vez mais altos permanecerão crianças e adolescentes afastados do mundo, se preparando para uma vida que só começa quando a escola termina. Uma vida que de fato nunca chega.

O ensino básico no Brasil tem sido, como vimos, dominado pela ideia de que a formação deve estar centrada no acúmulo de conhecimentos, sem se preocupar com a aplicação desses conteúdos em situações determinadas. Na formação escolar oferecida pela maioria das escolas públicas e privadas, o estudante sai sem competências para a vida pessoal, existencial, profissional, social etc. Mas, em consequência do desgaste desse modelo escolar — que se traduz nos inúmeros impasses que a escola enfrenta, especialmente a violência, o desinteresse e a evasão —, aliado ao impacto das novas linguagens e relações, outras perspectivas começaram a surgir.

Repensar o modelo escolar, o que já vem sendo feito desde o início do século XX e que hoje faz parte dos sistemas de avaliação internacionais, como o Pisa (programa internacional de avaliação de estudantes), quer dizer, entre outras coisas: superar a ênfase na instrução e privilegiar a educação em um sentido mais amplo; superar as aprendizagens mecânicas e repetitivas; rever o ensino disciplinar, fundado na passividade, no adestramento; colocar o aluno no centro do processo educativo, como sujeito ativo, e não como receptor e transmissor de dados; aproximar a educação da cultura, do pensamento e da vida; reduzir de maneira drástica a quantidade de conhecimentos ensinados e exigidos, a maioria inútil para a vida prática, e passar a incentivar, no âmbito escolar, a ação do aluno como sujeito do conhecimento e como cidadão. Em outras palavras, é preciso passar de uma educação centrada na administração de conteúdos — portanto, no ensino — para uma educação sustentada no desenvolvimento, pelo aluno, de competências e habilidades — portanto centrada na aprendizagem.

INTRODUÇÃO

As escolas em geral não se preocupam com o que o aluno aprendeu, mas com o que foi "ensinado" pelos professores, pouco ou nada sabem do aluno, muitas vezes o reconhecem como um número na chamada, não o acompanham em sua singularidade e usam a reprovação como um modo de responsabilizá-lo, isentando-se do fracasso, que na verdade envolve todos os implicados no processo. A infantilização dos alunos, mesmo no Ensino Médio, resulta da passividade em que são colocados, como meros reprodutores de conteúdos com os quais na maioria das vezes não têm nenhum tipo de relação.

Uma educação padronizada, estruturada por um currículo denso, inflado de conteúdos descontextualizados, que não se relacionam entre si e que não dizem respeito à vida dos alunos, administrados em escolas hierarquizadas e excludentes, que não dão voz ao aluno e não se relacionam de forma transparente e ética consigo mesmas, não tem mais espaço no mundo de hoje.

Perrenoud* é um dos responsáveis pela construção de uma nova perspectiva que questiona o papel da escola como espaço isolado e distante da vida prática tendo em vista o desenvolvimento de competências. A questão das competências e da relação conhecimentos/competências está no centro de reformas curriculares em muitos países, inclusive no Brasil. O meio acadêmico brasileiro, no entanto, tem sido muito resistente a isso, por considerar que uma avaliação por competências e habilidades valoriza apenas uma formação para o mercado, do que discordo. O que ocorre, segundo

---

*Philippe Perrenoud, *Construir as competências desde a escola*.

me parece, é um preconceito das universidades com tudo que não saia delas, que não tenha sido produzido por elas. Como a noção de competências e habilidades surgiu de uma demanda do mundo do trabalho, é desconsiderada. Mas, devo afirmar, encontro hoje no mundo corporativo muitos intelectuais competentes e capazes, o que nem sempre acontece nas universidades, sempre a repetir as velhas noções que dividem o mundo em dois e ainda acreditando que são o espaço do saber e da liberdade, enquanto o mundo corporativo representa a exploração e a alienação. Mas não é bem assim, e se as universidades abrissem os olhos já teriam percebido quanta alienação reproduzem, quanto fanatismo intelectual, quanta exclusão.

Definir que a avaliação seja por competências, e não por conteúdos, é uma necessidade, um modo de enfrentar o ensino conteudista, fragmentado, isolado do contexto, e de se abrir para uma educação centrada na inteligência, na criatividade, na ação, e não na passividade, na repetição de dados facilmente disponíveis com as novas tecnologias. O Instituto Nacional de Pesquisas e Estudos Educacionais (Inep), autarquia do Ministério da Educação, produziu um modelo de avaliação por competências, o Exame Nacional do Ensino Médio (Enem).* O novo modelo buscava incentivar uma educação que fosse importante para a vida daquelas crianças e jovens; ao contrário do que faz o vestibular, que se sustenta no acúmulo de conhecimentos e na memória,

---

*O Enem foi aplicado pela primeira vez em 1998, e aperfeiçoado nos anos sucessivos, como um exame individual, de caráter voluntário, com o objetivo principal de possibilitar uma referência para autoavaliação, tendo como substrato as competências e habilidades que compõem a matriz que estruturara o exame.

o Enem não avalia a quantidade de conteúdos, de dados armazenados, o que faz é identificar os modelos mentais usados, as formas de raciocínio, a capacidade de análise e síntese etc. No Enem, não vale decorar, o aluno precisa pensar.

Quando um currículo se organiza não mais por conteúdos, mas por competências, ele está valorizando não um determinado conteúdo que no mundo contemporâneo rapidamente se torna obsoleto, mas uma aquisição anterior, ou seja, a capacidade de enfrentar uma situação problema que está, de certa forma, atrelada à cognição do sujeito, à sua capacidade de pensar.

Competências são as modalidades estruturais da inteligência, ou melhor, ações e operações que usamos para estabelecer relações com e entre objetos, situações, fenômenos e pessoas que desejamos conhecer. As habilidades decorrem das competências adquiridas e referem-se ao plano imediato do "saber fazer". Ser competente não é apenas responder a um estímulo e realizar uma série de comportamentos, mas, sobretudo, ser capaz de, voluntariamente, selecionar as informações necessárias para regular sua ação ou mesmo inibir as reações inadequadas. A competência diz respeito à construção endógena das estruturas lógicas do pensamento, que, à medida que se estabelecem, modificam o padrão da ação ou da adaptação ao meio.

A ênfase do Enem, portanto, não está mais na memória, que é valiosa na constituição das estruturas mentais, mas que, sozinha, não é suficiente para produzir conhecimento; o foco agora é a resolução de problemas, a capacidade de selecionar e articular dados e produzir interpretações, o raciocínio argumentativo, o gosto estético, a capacidade de ler o mundo. O Enem tem sofrido uma campanha de difamação, e isso apenas mostra quanto incomoda. As graduações, os mestrados e doutorados das universidades do Brasil continuam fundados no acúmulo de dados, na repetição, e não entendem o que significa educar para a vida; confundem a vida com o mercado. Por isso desconfiam do Enem. Os cursinhos pré-vestibulares também não se interessam pelo Enem, porque não existe um cursinho para ensinar a pensar, fator preponderante no Enem, então os grupos econômicos que controlam os pré-vestibulares querem desqualificá-lo e reivindicam seu fim. Muitos problemas ainda precisam ser enfrentados para que o Enem atinja seus objetivos, o que quer dizer que ainda há muitos erros a serem corrigidos, mas precisamos defendê-lo, precisamos brigar pelo seu aperfeiçoamento.

Para efetuar essas transformações que hoje se impõem, na direção de uma sociedade menos desigual e mais justa, precisamos, acima de tudo, de uma mudança conceitual, de uma nova forma de ver, de viver, de pensar. Ao contrário da capacidade de fragmentar, que aprendemos na escola, precisamos desenvolver hoje a difícil complexidade que é ver, sentir, querer, conviver, conhecer etc., ou seja, precisamos nos relacionar com a multiplicidade de fatores que atuam toda vez que pensamos, conhecemos, criamos. Não se trata mais de escolher entre o sim e o não, mas de aprender a conviver com essas oposições que estão, necessariamente, em algum grau, presentes em nossas vidas. Do contrário, mesmo falando em ética, cidadania, meio ambiente, estaremos mantendo a lógica excludente que nos lançou nesse abismo social e ambiental, nesse abismo humano.

6. Gestão e complexidade

A educação, especialmente a pública, é um processo extremamente complexo e contínuo, que envolve desde a elaboração e implementação de políticas, em níveis federal, estadual e municipal, até a gestão da sala de aula pelo professor em cada município. O que implica desde a gestão da educação pela federação, pelos estados e municípios, com suas determinações, suas leis, seus projetos e seus investimentos financeiros, até a gestão escolar, envolvendo diretores, pedagogos, professores, técnicos, fornecedores, faxineiros, merendeiros e porteiros, além das famílias, da comunidade e, por fim, a razão de tudo isso: os alunos. Esses profissionais da educação devem estar bem-formados, estimulados, as famílias bem-informadas, presentes, os alunos motivados e dispostos a aprender. Mas a gestão escolar não lida apenas com a gestão de pessoas, ela tem ainda de dar conta dos seus espaços, que devem estar limpos, preparados, bem-cuidados para receber os alunos, que precisam de alimentação, transporte, livros, uniformes, atendimento médico, especialmente de emergência, etc. E, por fim, somente agora, a gestão de sala de aula pelo professor, que deve lidar com as aptidões e dificuldades de cada um dos seus alunos, além de administrar as relações entre eles, os encontros, conflitos, a relação com os pais, de modo a permitir que a aprendizagem aconteça.

Acompanhar e estimular o desenvolvimento de pessoas, respeitando suas diferenças, seus anseios individuais, suas competências e habilidades, ao mesmo tempo levando em conta as relações humanas, a vida em grupo, a coletividade, a cidade, é uma tarefa hercúlea e que ainda está muito longe de ser bem-feita, não apenas no Brasil, mas no mundo. Educar é um processo que somente pode ser pensado como um conjunto complexo de relações, uma rede de fatores, gestos, ações, conceitos, valores. As pessoas são complexas, a vida é complexa, o raciocínio não pode ser linear, opondo certo e errado, bonito e feio. Mas é exatamente aí que nosso problema começa: não aprendemos a complexidade, pensamos e agimos por fragmento e estamos sempre perdendo a noção do todo. As ações tendo em vista a melhoria da educação quase sempre acontecem de modo fragmentado, privilegiando esse ou aquele aspecto, o que termina por se configurar como uma gota d'água no oceano; as ações se perdem, não chegam a resultar em uma mudança efetiva. Não adianta apenas aumentar os salários dos professores, não resolve ter escolas bem-montadas com quadros digitais, na verdade nada resolve que não seja uma articulação de todos os aspectos e todas as necessidades, de modo que formem um corpo vigoroso e bem-alimentado, um corpo vivo, aberto a mudanças, capaz de se relacionar com o entorno, a comunidade, a cidade, enfim, com o mundo.

INTRODUÇÃO

Para isso, precisamos de um plano articulado de ações que considere a importância do professor, que o valorize e estimule, mas que também reconheça e inclua o trabalho do porteiro, como um educador que recebe e conhece os alunos, porque os percebe fora da sala de aula. Assim como a direção e o corpo técnico devem ser valorizados e ouvidos, também o aluno deve ser respeitado, não apenas cobrado; deve ser ouvido e atendido em suas necessidades. Têm muito valor também o espaço físico, as áreas verdes, os pátios, que são essenciais para uma boa convivência, que deve ser democrática e contemplar a vontade de todos; a comunicação entre professores e alunos, entre professores e a direção da escola, entre as escolas e as secretarias, a comunicação das escolas entre si, tudo isso também é importante para o processo ser bem-sucedido. Sem deixar de lado o mais fundamental, o posicionamento pedagógico, o que a escola busca como resultado, que tipo de pessoas busca formar, o que valoriza, como se relaciona com as famílias, de que modo insere a comunidade, qual o seu projeto de mundo. Essas e muitas outras questões devem estar respondidas e articuladas, de modo que nada fique de fora.

Se, em relação à gestão escolar, essas articulações devem ser feitas, o mesmo serve para a gestão municipal, que cuida da Educação Infantil e do Ensino Fundamental, e para a gestão estadual, que cuida do Ensino Médio. As secretarias municipais e estaduais deveriam articular ao máximo suas ações. Os alunos não podem, ao sair de uma escola municipal para uma estadual, encontrar um hiato, de modo que tenham de voltar ao princípio. Essa descontinuidade é muito nefasta para a formação dos jovens e das crianças. Mas a educação não pode também estar desvinculada da cultura, do meio ambiente, da saúde, do combate à fome, do bem-estar social, da segurança etc. Enfim, pensar o corpo do processo em sua complexidade é a tarefa, mas como fazer isso se somos formados no fragmento, se tudo que aprendemos em nossos anos de escola foi a dividir, separar a vida em disciplinas isoladas que nunca se relacionam, nem entre si nem com a vida cotidiana?

A dificuldade de pensar a educação com a complexidade que a caracteriza parece não ser mérito ou demérito apenas da educação; a gestão pública no Brasil carece de projetos articulados, que se somem, se alimentem, de modo a constituir uma engrenagem autossustentável. Desse modo, articulando ações, poderíamos construir uma engrenagem que se retroalimenta e que caminha sozinha; o contrário disso é uma máquina estatal que escreve com a mão direita e apaga com a esquerda, quer dizer, cujas ações acabam se anulando umas às outras. Pensar um novo modo de gestão é necessário, mas esse diagnóstico parece nos encaminhar para um problema ainda maior.

Essa percepção do processo como um todo, das inter-relações, é condição para uma gestão educacional eficiente. A gestão educacional, diz Heloísa Lück,* deve organizar, mobilizar e articular todas as condições estruturais, funcionais e humanas, e para isso é preciso uma visão de conjunto que articule demandas imediatas e/ou

---

*Heloísa Lück, *Concepções e processos democráticos de gestão educacional*.

setorizadas com as necessidades e os direcionamentos do sistema no sentido mais amplo. Administrar não é mais controlar e comandar; o autoritarismo, a centralização, o conservadorismo estão ultrapassados por conduzir ao desperdício, ao imobilismo.

Para que o aluno adquira as competências necessárias à vida em sociedade no mundo contemporâneo, ele deve participar ativamente dos seus processos de gestão desde que entra na escola, de modo a exercer essa participação na sociedade como um ser influente e influído. Muitas experiências como essas, nas quais os alunos atuam diretamente na gestão das escolas, desde a Educação Infantil até o Ensino Médio, acontecem hoje no mundo e são muito bem-sucedidas, como a Escola da Ponte, em Portugal. Saberemos mais sobre ela na entrevista do professor José Pacheco.

A escola como um sistema de relacionamento e de tomada de decisão em que todos tenham a possibilidade de participar torna-se um corpo vivo, aproximando todos os envolvidos. Mas resultaram a verticalização na condução dos sistemas de ensino e das escolas, a desconsideração dos processos sociais nela vigentes, a burocratização dos processos, a fragmentação das ações.

Para articular suas ações a escola deve, antes de tudo, ter um projeto político-pedagógico consistente. O objetivo desse projeto é fazer com que a escola tenha sentido para todos aqueles que se relacionam com ela: crianças, adolescentes ou adultos. Mas para que a escola, com a diversidade de relações que estabelece, faça realmente sentido, é necessário que suas concepções e ações, em suas diferenças, de algum modo se conectem, formando um corpo coerente, estruturado, capaz de responder às questões que a ela forem colocadas, tanto por seus alunos, professores e funcionários quanto pelos pais e pela comunidade.

Um corpo vivo, capaz de falar sobre si mesmo, capaz de se relacionar e de eternamente se construir, um organismo capaz de se autossustentar, de se mover de acordo com as demandas internas e externas, sem perder aquilo que o caracteriza e constitui, é o que deve ser uma escola. Mas é preciso, para isso, que os princípios, valores, objetivos, as concepções e metas que fundamentam a escola estejam muito bem definidos.

O que é essa escola? Quais são os princípios que norteiam suas ações? Que concepções e valores a regem? Que tipo de formação propõe? Que tipo de pessoa busca formar? Que concepções de mundo e de sociedade valoriza? O que entende por educação? De que modo se estruturam as relações de poder dentro dessa escola? E como ela se relaciona com o entorno? São algumas questões, que se desdobram em muitas outras, que não podem deixar de ser claramente colocadas. A definição desses princípios e dessas concepções vai sustentar, entre outras coisas, a definição dos métodos e das metodologias de trabalho, a organização dos espaços e dos tempos da escola, a seleção de conteúdos, a seleção de atividades, as propostas didáticas, as relações que estabelece interna e externamente etc., e vai guiar a escola diante de cada novo desafio.

Uma escola que queira se constituir como um corpo autônomo e sustentável deve considerar as necessidades vitais da cidade, ou seja, deve fazer parte do corpo em que está inserida (bairro, cidade, país, mundo); e essa mesma organicidade deve estar presente, com muita precisão e clareza, nas relações que estabelece consigo mesma, com a comunidade que a constitui (alunos, professores, funcionários, técnicos, diretores). Mas, ao mesmo tempo, é essencial que, acima de tudo, a escola seja capaz de interferir nesses espaços, internos e externos, e criar valores e relações; ou seja, deve estar sempre pronta a propor novas questões, como deve estar aberta e disposta a novas possibilidades.

Uma discussão hoje presente em muitos países diz respeito à autonomia das escolas, ou seja, um modo de gestão em que uma comissão, composta por representantes de pais, alunos, comunidade, professores e direção, decida o dia a dia da escola, respeitando as orientações gerais das políticas nacionais. Nesse caso, a escola seria da comunidade, pensada e gerida por ela, com recursos do Estado. Este tema deve ser por nós considerado, não apenas por ser um modo de melhorar a educação no Brasil, mas por ser um modelo de gestão participativa, próprio do contemporâneo e das novas mídias.

7. Por mais vida na escola

Foi nossa razão intelectual e tão pouco humana que nos trouxe até aqui, nossa arrogância de ascendência divina, nossa necessidade de acreditar. A crença na verdade, no valor essencial e imutável de uma coisa, quanto fardo nos causou, quando hoje sabemos que a verdade é produto de acordos, especialmente de linguagem. Para Nietzsche, a história do pensamento foi marcada não por uma busca pela verdade, mas por uma necessidade de ilusão: dedicamos nossos melhores dias a construir um mundo fantasioso, habitado por pessoas muito diferentes daquelas que conseguimos ser em nossa luta diária contra nós mesmos, contra o excesso que nos constitui. Não somente a arte e a religião, mas também a filosofia e a ciência estão a serviço dessa vontade de ilusão. A própria ideia de verdade nada mais é do que uma ficção; o que marcou o nascimento da verdade foi a necessidade psicológica de duração; dito de outro modo, o medo da deterioração e da morte. O alvo do pensamento não se tornou a vida, mas o afastamento dela, por meio da criação de um outro mundo, um mundo "em que não se sofra". E nos lançamos cegos nesse projeto civilizatório que buscava acabar com a dor e a morte, afastar a violência, controlar a natureza. Não a verdade, mas a ilusão, não a memória, mas o esquecimento. Foi graças a sua capacidade de esquecer que o homem chegou a se constituir como essa espécie "razoável". Esqueceu a pluralidade, a mudança, o tempo, esqueceu o mundo em troca de meia dúzia de identidades, de verdades.

Clément Rosset, muito influenciado por Nietzsche, se dedica a pensar, em seu livro *O real e seu duplo*, a nossa incompetência ao nos relacionarmos com o aspecto trágico da existência. Nada mais frágil, ele diz, do que a faculdade humana de admitir a realidade, de aceitar, sem reservas, a imposição do real. Não suportamos o confronto direto com a vida, o máximo que conseguimos é um determinado grau de tolerância. Se a realidade está além do grau de suportabilidade, a percepção se encarrega de desviar o olhar, deixando a consciência a salvo. Na verdade, nos especializamos em burlar o real, e uma das formas mais correntes disso é a ilusão.

> A técnica geral da ilusão é, na verdade, transformar uma coisa em duas, exatamente como a técnica do ilusionista que conta com o mesmo efeito de deslocamento e duplicação da parte do espectador: enquanto se ocupa com a coisa, dirige seu olhar para outro lugar, para lá onde nada acontece.*

E foi essa técnica de ilusionismo que marcou a história do homem. Nossa espécie, impulsionada ao pensamento pelo vazio insuportável causado pela consciência da morte,

---
*Clément Rosset, *O real e seu duplo*.

se dedicou a construir desvios, alvos que nos tirassem da vida. A isso Nietzsche chamou niilismo, o gesto de negação que domina o pensamento; com raras exceções, entre elas a época trágica dos gregos.

Nesse mecanismo que Rosset chama de ilusão, o incômodo, nesse caso o próprio mundo, não é rejeitado, mas deslocado, afastado para outro lugar. E esse afastamento acontece com a criação de outro interesse para a percepção, que Rosset chama de duplo. A estrutura fundamental da ilusão é a criação de um duplo. Assim nasce o outro mundo, como um foco para nos distrair deste.

Tanto o outro mundo platônico e cristão, que literalmente nos prometia a eternidade e o ser, ou o paraíso depois da morte, quanto aquele que a modernidade nos ofereceu, no qual a industrialização e a tecnologia construiriam um "mundo melhor", tinham como função distrair nossa atenção, nos ocupar, nos desviar do incômodo que é, muitas vezes, o ato de viver. Mas não foi como duplo que vivemos o outro mundo, e sim como verdade. O problema não está em construir ilusões, mas em tomá-las como verdade. E passamos a acreditar na verdade.

Somos movidos não pela busca da verdade, mas por uma necessidade de ilusão: dedicamos nossos melhores dias a construir um mundo fantasioso, habitado por pessoas muito diferentes daquelas que conseguimos ser. Vivemos o domínio das imagens e dos modelos: idealizamos um corpo, uma casa, uma família, os filhos, o amor, a vida. E gastamos nossos melhores dias a correr atrás desse ideal que nunca chega, porque é uma imagem. Enquanto a vida, em sua evidência, passa. Movida pela crença em um mundo ilusório, a cultura ocidental buscou afastar os feios, os pobres, os loucos, os homossexuais, os criminosos, mas também a velhice, a morte, a dor. Fingimos não ver o evidente: nossos próprios erros e defeitos, nossas contradições, as dificuldades dos nossos filhos, parentes, amigos: quem erra sempre é um outro que não somos nós, nem nossa família, nem nossos amigos. Julgamos como toupeiras: nos especializamos em não ver.

Consumir objetos, pessoas e relações e explorar a natureza e os semelhantes são formas de nos ocupar, de nos distrair das contradições do viver. Mas as incríveis inovações tecnológicas e os mecanismos sofisticados de ilusão que criamos não nos afastaram das perdas e da dor. Talvez por isso o uso indiscriminado de medicamentos psiquiátricos, de drogas, de álcool, como se precisássemos sempre de um aditivo para viver.

Precisamos construir outro modo de estruturar nosso pensamento, fundado agora não na ilusão, mas na coragem e na ação, um pensamento maduro, capaz de elaborar as frustrações; um pensamento forte, vigoroso, audaz, que possa construir novas formas de vida, de homem e de sociedade. De qualquer forma, teremos de fazê-lo, já que a diminuição do consumo é uma das condições para a sustentabilidade ambiental da Terra. Mas isso exige uma nova escola, uma nova educação.

A escola, cada vez mais, deverá ser um espaço aberto, e a educação, inevitavelmente vinculada à cultura. A vida deve ser a dimensão integradora das relações na escola. Se não houver vida naquilo que aprendemos, então não há educação, formação e muito menos aprendizagem. A escola deve ser um corpo vivo. E deve envolver também os espaços públicos e as festividades, deve ir aos concertos, às exposições de arte, aos museus e às bibliotecas, aos centros de pesquisa, às reservas ambientais, enfim, a escola deve ir à cidade. E a cidade deve se preparar para recebê-la, construindo espaços de convivência e de relação e assumindo seu papel no processo educativo, em vez de lavar as mãos, enquanto isola jovens e crianças em escolas que mais parecem presídios. Esperando cidadania enquanto oferece exclusão. A escola deve ser um espaço de conexão, de ligação e inclusão.

Estudar, cada vez mais, será, antes de tudo, entender onde a gente mora, que relações predominam ali, que tipo de vida impõe, para saber até que ponto queremos seguir trilhas prontas ou inventar as nossas. Viver é sempre o grande desafio de estabelecer metas, abrir trilhas, produzir contornos, conceitos; viver é criar valores. Por isso, o aprender deve estar vinculado ao criar. Aprender criando é a regra, porque do contrário não é aprendizado, é treinamento; não há troca, há imposição. Mas a arte não é considerada fundamental, como deveria, mas acessória, distração.

O século XXI caminha em direção a uma escola na qual o aluno seja ouvido e considerado. Uma escola para o aluno, dirigida para o seu desenvolvimento, tendo como alvo a vida em todas as suas dimensões. Uma escola na qual a arte, a filosofia, a ética estejam tão presentes que não precisem de cinquenta minutos na grade curricular; ou melhor, uma escola que não tenha grade curricular, mas temas, assuntos, questões. Uma escola que não se acovarde diante das perguntas mais difíceis, como a morte, o tempo, a dor, a violência, a discriminação social, étnica, religiosa, mas que construa espaços nos quais essas questões sejam discutidas, pensadas. Enfim, uma escola viva, alegre, corajosa, sempre aberta a novas questões.

Referências bibliográficas

ARANHA, Maria Lucia de Arruda. *História da educação*. São Paulo: Moderna, 1989.

CANÁRIO, Rui (org.). *Educação popular e movimentos sociais*. Lisboa: Educa/Faculdade de Psicologia e Ciência da Educação, Universidade de Lisboa, 2007.

_____. *A escola tem futuro? — Das promessas às incertezas*. Porto Alegre: Artmed, 2006.

CARVALHO, Adalberto Dias de et al. *Novo conhecimento, nova aprendizagem*. Lisboa: Fundação Calouste Gulbenkian, 2001.

DIAS, Rosa Maria. *Nietzsche educador*. São Paulo: Scipione, 1991.

FOUCAULT, Michel. *Vigiar e punir: nascimento da prisão*. Petrópolis: Vozes, 1987.

FREIRE, Paulo. *Educação como prática de liberdade*. Rio de Janeiro: Paz e Terra, 1999.

_____. *Pedagogia do oprimido*. Rio de Janeiro: Paz e Terra, 1968.

GERVER, Richard. *Crear hoy las escuelas del mañana. La educación y el futuro de nuestros hijos*. Madri: Ediciones SM, 2012.

LIMA, Lauro de Oliveira. *Pedagogia: reprodução ou transformação*. São Paulo: Brasiliense, 1982.

LÜCK, Heloísa. *Concepções e processos democráticos de gestão educacional*. Petrópolis: Vozes, 2006.

MARINHO, Cassio e FELIZ, Cristiane (orgs.). *Vida em rede — Conexões, relacionamentos e caminhos para uma nova sociedade*. São Paulo: Instituto C&A, 2001.

MORIN, Edgar. *A cabeça bem-feita — Repensar a reforma, reformar o pensamento*. Rio de Janeiro: Bertrand Brasil, 2001.

_____. *A religação dos saberes — o desafio do século XXI*. Rio de Janeiro: Bertrand Brasil, 2002.

_____. *Rumo ao abismo? Ensaios sobre o destino da humanidade.* Rio de Janeiro: Bertrand Brasil, 2004.

MOSÉ, Viviane. *Nietzsche e a grande política da linguagem.* Rio de Janeiro: Civilização Brasileira, 2005.

_____. *O homem que sabe.* Rio de Janeiro: Civilização Brasileira, 2012.

NIETZSCHE, Friedrich. *Escritos sobre educação.* São Paulo: Loyola, 2003.

PERRENOUD, Philippe. *Construir as competências desde a escola.* Porto Alegre: Artmed, 1999.

RIBEIRO, Darcy. *Nossa escola é uma calamidade.* Rio de Janeiro: Salamandra, 1984.

RIBEIRO, Maria Luiza Santos. *História da educação brasileira — A organização escolar.* São Paulo: Autores Associados, 2005.

SAVIANI, Dermeval. *Educação — Do senso comum à consciência filosófica.* São Paulo: Cortez Autores Associados, 1980.

TEIXEIRA, Anísio. *Educação e universidade.* Rio de Janeiro: EdUFRJ, 1998.

_____. *Educação não é privilégio.* Rio de Janeiro: EdUFRJ, 1994.

VÁRIOS AUTORES. *A autonomia das escolas.* Lisboa: Fundação Calouste Gulbenkian, 2005.

VYGOTSKY, Lev S. *Imaginação e criação na infância.* São Paulo: Ática, 2009.

Entrevistas

Rubem Alves: a educação como um ato de amor à vida

Ele se diverte e se deslumbra com o puro exercício do pensamento, especialmente aquele que acontece por meio da arte, da poesia. E nos encanta a todos. Rubem Alves é um homem encantado com a vida, sem negar os abismos, os desafios, os dilaceramentos da alma, os horrores sociais, a fome, as guerras. Ele não se abstém de nada disso; ao contrário, como educador experiente busca modos de lidar com isso, mas sem perder a noção do milagre que é viver, da exceção que cada um de nós é. Rubem Alves invade as salas de aula brasileiras, é um dos autores mais lidos, plantando essa vida entre os professores, esse gosto por conhecer, essa sublime alegria que é aprender, não apenas como um modo de alargar nosso universo psíquico, nossa alma, mas como um modo de exercer o que nos foi permitido pela natureza: ler o mundo e interferir nele. Rubem Alves provoca o fundamental, o gosto, a paixão pela vida. Ele é um poeta, um artista, um sedutor, mas não é um sonhador, sabe muito bem do que está falando. Conhecê-lo foi uma daquelas experiências que a gente nunca esquece.

Aprender, ele diz, é completar a incompletude que nos caracteriza como espécie; é criar ferramentas e brinquedos que nos completem naquilo que nos falta. Mas a escola não gosta de perguntas, ela nos entope de respostas prontas. Aprender não pode ser somente conhecer as ferramentas e os brinquedos existentes, mas deve ser criar novos. Por isso o valor da curiosidade. "A curiosidade é uma coceira, um bicho-de-pé do pensamento." Mas a escola, em vez de se fundamentar no corpo dos alunos, se sustenta na memória.

* * *

RUBEM ALVES nasceu em 1933, em Dores da Boa Esperança (MG), é mestre em teologia e doutor em filosofia pelo Seminário Teológico de Princeton (EUA). Cronista do cotidiano, contador de histórias, ensaísta e psicanalista, é um dos intelectuais mais famosos e respeitados do Brasil. Foi professor universitário por mais de vinte anos. Aposentou-se pelo Instituto de Filosofia da Universidade Estadual de Campinas (Unicamp). É autor de mais de 120 títulos, nos quais aborda temas como filosofia da religião, da ciência e da educação, meditações, crônicas e literatura infantojuvenil. Dentre os livros sobre educação destacam-se *A alegria de ensinar* (Papirus, 2001), *Por uma educação romântica* (Papirus, 2002), *Conversas sobre educação* (Verus, 2003) e *Fomos maus alunos* (Papirus, 2003) [em coautoria com Gilberto Dimenstein].

Entrevista

Viviane Mosé: Professor, o senhor é conhecido como um apaixonado pelo conhecimento, pelo ensino e pela aprendizagem, principalmente pela aprendizagem. O que o senhor considera educar?

Rubem Alves: Educar é completar o corpo. Que coisa mais esquisita que eu falei, não é? Os animais são completos. Quer dizer, quando o animal nasce ele já tem lá no DNA o programa do que ele vai fazer. E nós não temos esse programa completo, temos que inventar a nossa maneira de ser. O tatu não precisa desenvolver ferramentas, o corpo dele já é uma ferramenta. Mas nós, as nossas unhas não prestam para nada. Nós começamos a pensar por causa da fraqueza do nosso corpo. Se nós tivéssemos dependido só do nosso corpo para sobreviver, há muito que estaríamos mortos. Aí a gente inventa. Aliás, isso é uma coisa interessante, que o McLuhan disse há trinta ou quarenta anos, que todas as nossas invenções são extensões do nosso corpo. Os óculos que você usa são uma extensão dos seus olhos, a minha bicicleta é uma extensão das minhas pernas. A gente vai construindo para a gente ser um ser humano, mas essas construções, algumas dessas construções a gente herda, certo? As pessoas nos ensinam a fazer as coisas, mas outras temos de inventar. Aí precisamente é que surge a questão da criatividade, da invenção. A educação não pode ser só a transmissão de ferramentas já sabidas, mas tem de ser a criação, o desenvolvimento dessa faculdade fantástica que é a de pensar.

VM: A fragilidade é uma realidade no homem. A sua condição de fragilidade.

RA: Por exemplo, a sua pele. A sua pele não resistiria numa floresta de jeito nenhum, de noite você não aguentaria de frio. Você não é feito macaco, macaco é coberto de pelo. Nós não temos isso, então é necessário inventar roupa. Inventar casa.

VM: Por isso essa incompletude é extremamente bela, exatamente por a gente ser incompleto, e ter que se completar, a gente se lança nesse processo criativo.

RA: Se fôssemos completos, Beethoven nunca teria feito a *Nona Sinfonia*. Ele a fez porque tinha um buraco dentro dele que doía muito. E o jeito que encontrou de curar a dor dentro do corpo foi compondo a *Nona Sinfonia*. Veja bem, de vez em quando eu tenho algumas ideias que julgo boas e esta ideia me veio: ostra feliz não faz pérola. Ostra que faz pérola é uma ostra que sofre. É preciso que tenha um grão de areia dentro dela que a incomode. E ela faz a pérola para quê? Para não doer mais, para não ser cortada. Isso é verdadeiro para todo mundo. Você sabe que as pessoas felizes nunca deram contribuição alguma para a humanidade. E fizeram muito bem, tinham que gozar a sua felicidade. Mas existe uma dor chamada curiosidade. Mais precisamente é uma coceira, é um bicho-de-pé no pensamento. Isso faz sofrer. Porque você é curioso, você inventa, você descobre, você abre a fechadura.

VM: Então educar deveria ser produzir ausências e fragilidades, mais do que complementação?

RA: Olha, isso que você disse é muito importante. Deixa eu contar uma historinha bem pequenininha que aconteceu comigo quando eu era menino. Eu vivia numa casa lá em Minas. Minha casa era pequenininha e na casa vizinha tinha um quintal enorme, tinha uma árvore perto do muro, com umas frutinhas vermelhas que eu não conhecia. Quando eu vi aquelas frutinhas, criou-se a ausência em mim. Ou seja, a ausência quer dizer o desejo de ter a frutinha. Porque ausência é isso, é saudade, é um tipo de saudade. Aí, você veja, eu quero comer a fruta e porque eu quero comer a fruta que eu não tenho vem o pensamento em meu auxílio. Porque o pensamento aparece justamente para resolver essa ausência. E saiu uma inteligência lá dentro de mim e disse: pule o muro, suba na árvore e coma as frutinhas. Na mesma hora vem a outra inteligência por dentro e diz: não faça isso que você toma umas vassouradas. Aí vem outra ideia, de engenheiro: construa uma maquineta de roubar pitangas. Eram pitangas. Como é que se faz uma maquineta de roubar pitangas? Segundo McLuhan, extensão do corpo, preciso é de um braço grande com uma mãozinha na frente. Eu peguei um pedaço de bambu, amarrei uma latinha de massa de tomate na ponta e pronto.

VM: *O que a gente percebe hoje, na nossa educação, é o contrário disso. A gente percebe a preocupação com a transferência de conhecimento, na verdade uma imposição de conteúdo, e a ausência dessa dúvida. Como é que o senhor avalia o nosso processo educativo, não só no Brasil, mas que predomina no mundo?*

RA: Todas as provas que eu conheço, as avaliações, são feitas em termos de perguntas, o aluno tem que dar as respostas certas. Mas isso não quer dizer inteligência, quer dizer que ele tem boa memória. Na melhor das hipóteses, que ele foi bem treinado para resolver aqueles problemas. Aliás, é uma coisa interessante, é impossível você dizer: vocês têm uma hora para resolver esse problema. Um professor de física me disse: isso não existe. Problema real, você não sabe quando vai ser resolvido, pode ser que seja resolvido num instante, pode ser resolvido num mês. Então eu comecei a pensar: seria possível inventar uma prova em que a gente desse para o aluno uma série de situações e perguntasse: quais seriam as perguntas que você faria para tentar resolver essa situação problemática? Porque é precisamente nisso que reside a inteligência. Deixa eu dar um exemplo: xadrez. O tabuleiro de xadrez está lá, as pedras, eu sei o movimento da pedra. A torre anda assim, os bispos, como sempre, andam na diagonal, tem o cavalo, que dá pulo. Eu sei disso, eu sei da mesma maneira como o Joãozinho sabe, não há diferença. Pomos as peças, vamos começar a jogar. Em cinco jogadas ele terá me dado xeque-mate. Onde foi decidida a partida? Não foi no grau da informação, foi naquele espaço vazio onde se faz o movimento. Pensar não é ter a informação, é saber brincar com as informações.

VM: *Fazer perguntas é possivelmente mais criativo do que ter respostas.*

RA: O professor José Pacheco, da Escola da Ponte, me contou isso: uma vez ele colocou na escola dele uma caixa para as crianças colocarem ali perguntas que elas quisessem fazer. Perguntas do tipo: por que a gente não faz pipoca com milho grande? Você sabe que aquele milho pequenininho você estoura; com o milho grande você vai ter uma pipoca ainda maior. A outra pergunta: quem inventou as palavras? Cavalo podia se chamar tatu? Por que a chuva não cai toda de uma vez e cai em gotas? O que faz a Terra girar? Até hoje ninguém me respondeu o que faz a Terra girar. Você veja, as crianças, elas têm uma curiosidade sobre a vida. Esse é o contexto da educação: é a curiosidade sobre o nosso meio ambiente. Aliás, nas nossas escolas usa-se uma coisa terrível e ninguém reclama. Fala-se em grade curricular. E eu digo que foi inventada por um carcereiro desempregado, porque onde já se imaginou botar os conhecimentos em grade? Você poderia dizer os caminhos do conhecimento, mas grade? Agora me deixa continuar a história lá da Escola da Ponte. Ele botou uma outra caixa para os professores, porque os professores tão educados seriam capazes de fazer perguntas muito mais fantásticas, não é? Então, o professor de geografia perguntava onde fica o cabo tal, assim e assim? O professor de matemática, a pergunta que ele punha: qual é o valor de x em tal equação? O professor de história: quando se deu a batalha de Guadalquivir? Ou seja, os pobres professores já tinham perdido a capacidade de ver os objetos da vida e de ficar fascinados com os objetos da vida. Isso é uma coisa terrível. Porque esse é um dos fatores que, em minha opinião, explica certa imobilidade de muitos professores.

VM: A educação nasce do espanto, já dizia Aristóteles, do susto que você toma quando se depara com alguma coisa que não conhece: caramba, o que é isso? Esse espanto parece que não está presente nas escolas. Se aprender nasce desse deslumbramento, dessa incompletude bela que o homem tem como ser existente, o que a educação tem feito pelas crianças e pelo ser humano?

RA: Imagine um menino, um adolescente que vive num bairro de periferia, onde há tiroteios, há tráfico de drogas, há violência, e ele vai à escola e começa a lição: Meninos, vamos ter uma aula de análise sintática. Pergunto o que é que ele vai fazer com análise sintática no ambiente dele? Nada. Sabe, a memória da gente é feito escorredor de macarrão, é cheia de furos. Para que servem aqueles furos? Para perder alguma coisa, para esquecer alguma coisa, você pega o espaguete quentinho coloca lá, escorre. Memória é assim, ela escorre tudo o que não faz sentido, ela esquece não é por burrice, é por inteligência. A memória não carrega objetos inúteis. A memória é igual a um escorredor de macarrão. Ela se livra de tudo o que não faz sentido. Na verdade, a memória só guarda duas coisas: coisas úteis e as que dão prazer. As coisas que dão prazer, uma música do Tom Jobim, um verso do Chico: "Saudade é o revés do parto." Como é que você vai esquecer isso? Isso é monumental, você não esquece. Por que não esquece? Porque essas coisas fazem o seu corpo tremer. E você guarda as coisas que são úteis, andar de bicicleta, por exemplo. As coisas que não são úteis você esquece. Essa propalada deficiência e esse fracasso dos nossos estudantes têm a ver com o fato de que as nossas escolas não começam no corpo deles. É preciso começar no corpo deles, as coisas que eles estão sentindo, os problemas que eles estão sentindo.

VM: Que eles estão vivendo.

RA: Porque aprendizagem é para viver. Então eu digo aos professores sempre o seguinte: vocês devem ter uma disciplina de fazer a seguinte pergunta para a criança: para que isso serve? Se não serve para nada, você pode fazer outra pergunta: isso dá prazer? Se não serve e não dá prazer, jogue no lixo.

VM: Então, se a memória guarda o que dá prazer e o que provoca sua curiosidade, fazer um aluno decorar conteúdos sem importância é o mesmo que uma tortura?

RA: Mais. Lá na Escola da Ponte encontrei um lugar em que estava escrito: "Direitos e deveres das crianças em relação aos livros." O primeiro direito me deu um susto tão grande, porque era tão óbvio. E eu gosto tanto desse que nem li os outros. O direito é o seguinte: nenhuma criança deve ler um livro de que não gosta, porque, se você lê um livro de que não gosta, o que vai acontecer? Você não vai aprender o livro, você vai odiar o livro. Você vai aprender para responder na prova, mas vai esquecer logo, você não vai aprender a coisa importante, que é amar o livro. As pessoas me perguntam o que fazer para criar o hábito de leitura. Nada. Hábito é cortar as unhas, escovar os dentes, tomar banho. São automatismos. E a leitura nunca pode ser um exercício de automatismo. Em relação aos livros, você tem que criar o amor, a leitura tem de ser um exercício de prazer, de gozo. Então, o que você me perguntou está ligado com isso. Se as crianças têm que aprender coisas que não fazem sentido, elas vão ficar odiando aquilo, elas não vão aprender, elas vão esquecer. Há alguns meses eu reli *Cem anos de solidão*. O que eu dei de risada, o que eu sofri, e eu pensava: Ai, esse Gabriel [García Márquez], ele devia estar bêbado. Porque é mentira do começo ao fim, é uma coisa fantástica. Mas são mentiras maravilhosas, porque alimentam meu coração, não é mesmo? Tem um poeta francês, o Valéry, que diz o seguinte: o que seria de nós sem o socorro das coisas que não existem? Ou então nosso Manoel de Barros: as coisas que não existem são mais bonitas. Então, o que acontece quando você faz a leitura? A gente fica maior, a gente passa a ter experiências que nunca teve e aquilo é bom, a gente cresce. Aquela ideia de completar o corpo é uma grande felicidade.

VM: *O que é fundamental aprender? O que é fundamental no ensino? A gente fala muito de Ensino Fundamental. Mas o que o senhor considera fundamental para um ser humano aprender?*

RA: Eu acho que a coisa mais importante é não ter medo, porque o medo paralisa a inteligência. Eu vou contar pra você uma coisa que o Gilberto Dimenstein sempre me provoca para repetir. É uma imagem que eu uso sempre. Eu digo que a inteligência é igual ao pênis. O pênis é um órgão flácido, ridículo, vertical, que aponta para a terra, mas se provocado ele sofre extraordinárias transformações hidráulicas e passa a apontar para cima e ganha o poder de dar prazer e de dar vida. A inteligência em seu estado normal é flácida e desinteressante, mas, se provocada, ela olha para cima. O Fernando Pessoa diz: tenho uma ereção na alma. Veja que coisa, ele percebeu isso. Então, tem uma ereção da inteligência, aí ela dá prazer, ela quer sentir prazer, ela quer criar vida. Agora, se você tem medo, o pênis e a inteligência não funcionam. Então, a primeira coisa que o aluno deveria sentir no olhar da professora é: olha, aqui é o campo da liberdade. A primeira coisa na educação não é ensinar uma coisa, é criar esse ambiente de liberdade, de curiosidade, no qual a inteligência da criança entre em ereção.

VM: *Então, uma das coisas fundamentais é o espaço de provocação da inteligência, da elaboração de perguntas, da instigação da dúvida.*

RA: Uma coisa terrível no nosso sistema educacional é que ele é criado à imitação da linha de montagem das fábricas. Porque a linha de montagem é uma esteira e lá vai o objeto no qual em cada fase você aparafusa outra, acrescenta outra, no mesmo ritmo. E é assim que acontece nas escolas, as crianças vão lá para ser montadas. Lição de português, lição de geografia, no mesmo ritmo, como se todas as crianças fossem iguais, como se todas as crianças tivessem o mesmo interesse. E veja outra coisa terrível, eu acho terrível: eu estava numa escola lá no interior de São Paulo conversando com o diretor e conversando com os alunos e, de repente, tocou aquela campainha infernal, que me ofendeu os ouvidos. Eu comecei a pensar: mas que coisa absurda! Toca a campainha, 45 minutos de aula de português, toca a campainha, para de pensar português, começa a pensar geografia; 45 minutos pensando geografia; toca a campainha, para de pensar geografia e vai pensar matemática. Mas quem foi o psicólogo louco que disse que a cabeça funciona assim? Então eu fiz uma sugestão ao diretor; acho horrível essa campainha, mas no atual sistema parece que elas são necessárias, mas eu quero pelo menos fazer uma sugestão ao senhor, que é a seguinte: em vez de ter essa campainha, por que o senhor não faz assim, por exemplo, uma semana de Beethoven, em vez da campainha, tem TAN TAN TAN TAAANNN. Os meninos vão saber: é a *Quinta Sinfonia* de Beethoven. Depois, então, tem a semana do Mozart, do Chico.

VM: A escola reproduz e ao mesmo tempo cria o sistema que a gente vive em sociedade. A nossa escola fragmentada, compartimentada, produz e reproduz a nossa sociedade?

RA: Eu tenho a impressão de que a escola é antes o resultado de muitas segmentações que foram acontecendo através do tempo e as pessoas não questionam essas segmentações. Por que um menino de 9 anos tem de saber o que é o dígrafo? Você sabe o que é o dígrafo? Uma vez recebi uma carta de um menininho, ele tinha lido o meu livro *O patinho que não tinha aprendido a voar* e disse que aprendeu que liberdade era aprender a fazer aquilo que a gente desejava muito. "Eu quero ser livre." Parágrafo. "Tem a professora que é fantástica, ela manda ler os seus livros e grifar os encontros consonantais e os dígrafos." Não sei qual é a vantagem para aquele menino disso. Saber o que é encontro consonantal e dígrafo.

VM: Ele vai esquecer o que é o seu livro. Na verdade nem isso, ele não vai chegar a ele, vai parar no dígrafo.

RA: E acontece isso não nesse nível apenas, mas quando você vai para cima. Você tem lá uma prática que acho detestável, que é a prática da interpretação de texto. Eu me sinto ofendido quando alguém tenta interpretar meu texto. Vou dar um exemplo, um poeminha da Cecília

Meireles. "No fundo dessa luz marinha nadam os meus olhos, dois bastos peixes à procura de mim mesma." Meninos, vamos interpretar. E a interpretação começa com a seguinte pergunta: o que a Cecília Meireles queria dizer? Mas, quando eu faço essa pergunta, estou dizendo: queria dizer, mas não disse. Ou seja, eu estou acusando a Cecília de incompetência linguística. Mas agora, graças à gramática, à hermenêutica, vamos dizer o que é que a Cecília queria dizer. Mas um poeta nunca queria dizer, ele disse. Quando alguém me pergunta: o que é que o senhor queria dizer com isso?...

VM: *Está dito.*

RA: Está dito. Porque, se eu quisesse dizer aquilo, teria dito aquilo, e não isso que eu disse. Qual é a resposta a um texto? Isso é Octavio Paz que diz. A resposta a um texto não é interpretação, é um outro texto. Você pergunta, o que você perguntaria provocado por esse texto?

VM: *Eu havia perguntado o que é fundamental aprender. A primeira coisa seria esse espaço de liberdade.*

RA: A outra coisa quem disse foi meu filósofo favorito, Nietzsche. Nietzsche disse que a primeira tarefa da educação é ensinar a ver. O mundo é espantoso. Os gregos diziam que a gente começa a pensar quando a gente fica, eu não tenho tradução para a palavra deles, mas a gente traduz para bestificado. Quando a gente olha para um objeto, a gente fica bestificado. Hoje estou bestificado por uma concha, gosto muito de conchas, por uma concha que eu comprei, porque a concha tem uma porção de espinhas do lado de fora, eu fico pensando como é que o molusco fez essas coisas. A primeira tarefa é ensinar todo mundo a olhar, sabe? Por prazer, porque é muito bonito. É uma pena que as pessoas não vejam.

VM: *Os gregos, nos seus conceitos primeiros de educação, que envolvia toda a sociedade, pensavam o conhecer como uma relação com o mundo, por isso o olhar era tão importante para Nietzsche, para outros pensadores também. Parece que nossa educação passou a ser olhar para dentro, ao invés de olhar para fora, como se a razão fosse um instrumento interno da alma do saber. Como o senhor vê essa relação do dentro e do fora na educação?*

RA: Eu nem sei se é dentro, sabe? Quando eu estava no ginásio, tive que decorar taxonomias botânicas em latim, enormes. E o meu colégio ficava a alguns quarteirões, no Rio de Janeiro, do Jardim Botânico. Decorei as taxonomias, só que nenhum professor jamais me levou ao Jardim Botânico para ver. Eu acho que a relação da educação agora não é com o ambiente, que poderia ser uma coisa boa, mas é com uma informação que foi imposta verbalmente. A gente lida com as palavras sem saber o que elas significam. Frequentemente nas redações de vestibular aparecem palavras engraçadíssimas que os alunos ouviram, mas não sabem o que é. Eu não diria que é uma relação para dentro, poesia tem muito a ver com o dentro, mas é claro que você tem que ter as duas coisas.

VM: *Esquecer o mundo, o mundo não importa.*

RA: Na verdade, eu perguntaria o seguinte: por que um adolescente de bairro de periferia vai à escola? Para quê? Não é para aprender, porque ele não tem o menor interesse naquelas coisas lá. Eu acho que ele vai para a escola porque precisa de um diploma. Então todo mundo sofre, sofrem as professoras, por causa da indisciplina, sofrem os alunos, por causa da escola. Todo mundo sofre, não se ensina nada, não se aprende nada. Então, o que se quer? Se quer um diploma.

VM: *Lembro-me de uma frase do Darcy Ribeiro: no Brasil os professores fingem que ensinam e os alunos fingem que aprendem. Isso é uma tortura muito grande, não é?*

RA: Aliás, eu tenho a impressão de que frequentemente nem sabem o que é aprender. Eles decoram aquelas coisas lá, não sabem o que é aprender.

VM: *Professor, hoje é muito comum, diante das dificuldades sociais, da violência, do aquecimento global, da ausência de ética social, as pessoas atribuírem à educação um papel milagroso, especialmente à escola. O que o senhor pensa disso?*

RA: Quando chega a época de eleição, todo mundo usa esta fórmula: a solução está na educação. Eu fico perguntando quem é que sabe o que é educação? Acho que a maioria pensa: cabeça de técnico — mais escolas, mais professores, mais alunos. Houve um partido que anunciou seu programa, que era: ter provas bimensais, ou seja, ter pelourinho duas vezes por mês. Para eles o problema da educação é disciplina, intimidação dos alunos. Uma frase que eu vejo constantemente repetida é a de que a criança é o futuro, detesto essa frase. Detesto porque acho que a criança é o presente, a criança não existe para ser o futuro, ela existe para ser criança, ela não está aqui para ser preparada para ser um adulto produtivo. Essa ideia de que a escola existe para destruir a criança, transformar a criança que brinca num adulto que produz, isso é de uma maldade, de uma crueldade... A criança tem os seus direitos.

VM: Por isso não podemos tirar a brincadeira da escola.

RA: De jeito nenhum, mesmo porque a brincadeira tem uma função pedagógica e de provocação da inteligência. Vou dar um exemplo: eu adoro montar quebra-cabeça. Há razões de minha infância para isso, um dos primeiros brinquedos que ganhei foi um quebra-cabeça da Oficina do Gepeto. Eu estava com um quebra-cabeça lá no meu apartamento, sozinho, de mil peças. E a desgraça, o sofrimento de quem monta aquele negócio é o céu azul, porque não tem o ponto de referência. Aquilo dá um nervoso na gente, você passa horas para encontrar uma peça. E eu estava ficando desanimado, larguei o quebra-cabeça, ficou lá. Depois do meu trabalho comecei a ver que o quebra-cabeça estava crescendo sozinho. Era a minha faxineira, uma mulher que tem o segundo ano do Ensino Fundamental. Meu Deus, que mulher inteligente! A gente começou a apostar quem fazia mais depressa e eu fiz uma maldade com ela, à noite terminei o quebra-cabeça. Mas desmanchei para ela ter o prazer. Aquilo lá tem funções para aprender padrões, é muito abstrato. Montando aquele quebra-cabeça, você está desenvolvendo várias faculdades. Há vários brinquedos. Xadrez é um brinquedo extraordinário, que infelizmente eu não sei brincar. O brinquedo tem não só essa função de vagabundagem. Aliás, acabo de me lembrar de uma coisa que Nietzsche falou; ele disse que o ponto mais alto de maturidade que o homem pode ter é quando ele tiver a seriedade que têm as crianças ao brincar. Eu acho isso fantástico.

VM: *É fantástico. A terceira grande metamorfose do espírito é a criança. É adquirir essa ludicidade que a gente perdeu.*

RA: Você falou na transformação, mas quem lê o livro não sabe o que é aquela história que o Nietzsche contou, inventou, as metamorfoses do espírito. Que primeiro o espírito é um camelo, um animal reprimido que ajoelha sempre e que aceita. Depois ele vira um leão, que diz "eu quero" e mata o dragão com as escamas douradas, onde se lê: "Tu deves." Sabe o que acontece agora? O leão tem de passar pela última transformação. Ele se transforma numa criança, que é a liberdade, um moto-contínuo, que dá prazer.

VM: *Então, não adianta saber mandar e obedecer, mas é antes de tudo fundamental aprender a brincar. Permanecer brincando. Você disse uma coisa importante, que as nossas crianças não são vistas como crianças, mas como potenciais adultos. Elas já são vistas quando crianças como um objeto a ser moldado, digamos assim.*

RA: Eu lamento muito, mas vou dizer: eu acho que, com honrosas exceções, tenho que abrir exceções, os pais são os piores inimigos da educação. Porque eles não sabem o que é a educação, eles pensam que educação é preparar para o vestibular. E não existe nada mais contra a educação do que o vestibular. No vestibular, tudo é perdido. Por exemplo, eu não passaria no vestibular, embora seja escritor. Todos os reitores das nossas universidades seriam reprovados, todos os professores também. Mesmo os dos cursinhos, porque o professor de matemática não vai resolver o problema de português ou de física, não vai.

VM: Essa é uma das questões que são importantes para mim. Ensinar aos pais o que eles precisam buscar.

RA: Sabe o que eles precisam buscar? Eles precisam aprender a amar os filhos. Eu estava caminhando numa manhã de sábado, num bosque lá em Campinas que tem várias coisas para as crianças. Vi uma cena e fiquei perplexo: era um pai com um filhinho, o filhinho estava balançando. O pai balançava o filhinho com a mão esquerda e com a mão direita ele lia o jornal. Quer dizer, aquele momento muito raro, aquela criança daqui a pouco vai ser grande, não vai ser mais dele, e ele não tinha aquela relação afetiva de brincar, estava lá para cumprir a obrigação.

VM: Mas você não acha que aquele pai dá à escola um papel que ele não está desempenhando?

RA: Terceirizada. A educação está sendo terceirizada, você não tem mais a obrigação de educar. Uma vez eu estava atendendo uma paciente e ela estava com dor na consciência, dizendo que não tinha tempo para educar os filhos. Eu disse a ela: eu nunca eduquei meus filhos. Ela ficou parada me olhando. Eu falei: só vivi com eles. Porque educar filho não é dizer olha, filho, agora eu vou te ensinar normas, nada disso. É o cotidiano, o jeito de os pais serem que vai de alguma maneira ser repetido, vai aparecer nos filhos. De alguma maneira, não sei como, é preciso que os pais tomem consciência de que eles são importantes para os filhos.

VM: A sua simples existência.

RA: A sua simples existência, a sua paciência, o falar baixo, o não gritar. Tenho uma filhinha adotiva. O primeiro dia em que ela foi para a creche, perguntei a ela: como é a professora? Ela disse: ela grita, ela grita. Ou seja, o fato de a professora gritar já determinava todo o espaço escolar.

VM: *O que você acha que os pais precisam pedir ou ter como retorno da escola? O que os pais podem esperar de uma boa escola?*

RA: Para entender essa questão do que os pais querem, vou me valer de uma metáfora. As crianças estão brincando, então a menininha aqui tem uma bonequinha, mas a outra menininha tem uma bonequinha que está grávida, que tem um nenezinho dentro da barriga. Aquela fica com inveja, ela tem que comprar uma bonequinha que está grávida. A relação das crianças vira uma relação de inveja e de disputa e acontece a mesma coisa com os pais. Eles começam a comparar quais são os brinquedinhos que elas trazem da escola. Começa a comparar o meu filho, a minha filha com o filho do João Benedito. Ah, na escola do João Benedito, ele já aprendeu "a menos b é igual à raiz quadrada de quatro a seis sobre menos dois a" e eu não aprendi aqui. Então você vai à escola e acha que a sua escola está pior, porque a sua escola não deu aquele conteúdo, entende? Eles pedem conteúdo sem ter a menor noção do que é o conteúdo, o que é aquilo, qual é a importância daquilo. Qual é a importância disso. Ficam num jogo de inveja, de comparações. E as crianças é que sofrem.

VM: *Eles ficam pensando, meu filho tem 5 anos e já sabe as regiões, já sabe os lagos que existem no estado de São Paulo.*

RA: Você veja o que o menino vai fazer com nome de lagos. Não tem nada. Os problemas dele são outros.

VM: *E os problemas dele não estão sendo contemplados. Porque pior do que ele estar tendo um conteúdo que não interessa é que os seus conteúdos estão sendo diminuídos nesse momento. Quer dizer, ele está aprendendo coisas para satisfazer as expectativas dos pais ou a expectativa dos professores. Não coisas que têm a ver com a sua própria vida. Um pai que vê o próprio filho sabendo todas as regiões e um filho cheio de curiosidades e perguntas deveria ter a noção dessa diferença, não é? Porque é muito mais interessante o seu filho curioso do que o seu filho cheio de respostas.*

RA: É, mas o filho cheio de respostas passa no vestibular. E o curioso não passa.

VM: *Por que ainda temos vestibular, professor?*

RA: Você sabe que ele está desaparecendo. Eu sempre propus que o vestibular fosse abolido por uma razão muito simples. O que me preocupa no vestibular não é a entrada no vestibular, mas é a sombra sinistra que ele lança sobre tudo o que vem antes. Porque tudo passa a ser preparo para o vestibular. Mas, agora, a educação ficou uma coisa tão lucrativa, um negócio tão lucrativo, que a quantidade de faculdades criadas oferece um número de vagas maior do que o número de estudantes. Então, em muitos lugares você não precisa fazer vestibular.

VM: *No caso do ensino público, ou universidade pública, existiria outra forma de avaliar, já que a procura é maior?*

RA: Há uma grande injustiça. As públicas continuam a ter vestibulares porque são do governo, pretende-se que são as melhores e o que acontece é o seguinte: são as pessoas que tiveram oportunidade de frequentar as escolas mais caras que vão para as públicas e aqueles que não conseguem entrar na universidade, porque às vezes frequentaram colégios não tão bons, vão ter de pagar. Os pobres é que vão ter de pagar a conta. Eu acho isso lamentável.

VM: Então precisaríamos de uma mudança na universidade? O senhor acredita nisso?

RA: Você sabe que há muitos anos que eu estou lidando com essa questão e fiz uma proposta. Já fiz a proposta por escrito que parece louca. É o seguinte: quando fui pró-reitor da Unicamp, fiz da minha tarefa criar um novo vestibular. E no novo vestibular estávamos interessados não nos alunos de boa memória, mas nos alunos que soubessem pensar. E tentamos criar um vestibular para alunos que pensassem. Um amigo meu que é professor, tinha estudado no ITA [Instituto Tecnológico da Aeronáutica], portanto muito rigoroso, disse assim: ô Rubem, a melhor solução é o sorteio. Eu achei que ele estava brincando. Ele falou: estou falando sério, pense e você verá. Depois pensei e verifiquei que o sorteio é muito melhor.

VM: É menos danoso.

RA: É menos danoso. Tem injustiça? Tem um mundo de injustiça, mas os danos são muito menores. Os pobres têm mais chance. Os estudantes ficam livres daquele sentimento de não passar no vestibular. Libera aquelas escolas de preparar para o vestibular. As escolas podem se dedicar a educar. Que é coisa completamente diferente. Uma coisa é preparar para o vestibular, que é uma coisa tola, boba. Outra coisa é educar, tem a ver com aprender poesia, aprender música.

VM: Gostar de viver, gostar de respeitar as pessoas, de conviver com o ser humano.

RA: Sabe essa ideia de que a escolarização é para preparar para o momento em que a vida vai começar? Isso tudo é estúpido, porque a vida está acontecendo. Toda essa experiência tem de ser parte da minha vida. Eu não estou aqui para me diplomar, estou aqui para viver esse momento.

VM: E a nossa escola é exatamente o contrário, porque não há vida na escola.

RA: Não há vida.

VM: A gente percebe entrevistando as crianças na saída da escola, por exemplo.

RA: Eu acho que quando a gente tem um aluno, ou um grupo de alunos diante da gente, a gente tem de ter clareza de para onde está levando esses alunos. Esse "para onde" não é apenas quero que eles aprendam bem matemática, quero que eles aprendam bem isso, mas, no nosso mundo, saber para onde estamos caminhando. Porque esses alunos, que estão ali comigo, serão meus conspiradores num projeto de fazer o mundo, porque afinal de contas estamos fazendo o mundo o tempo todo. E eu, pessoalmente, tenho estado muito triste com as perspectivas para a nossa Terra. A nossa Terra está muito doente, e o que se anuncia para o futuro é muito ruim. As previsões são de que a temperatura vai subir oito graus, o Polo Norte vai desaparecer, os nossos continentes vão se tornar áridos para a agricultura e apenas lá no sul, no Polo Sul, que é um continente, vai haver condições de sobrevivência. Eu acho esse um tema fundamental para as escolas, não só para as escolas, eu diria mais, um tema fundamental para a presidente da República. Porque eu sempre entendi que um presidente, antes de ser um administrador, tem que ser um educador. E não podemos continuar a viver como se nada estivesse acontecendo, as providências que têm de ser tomadas têm de ser tomadas rapidamente.

VM: *O senhor não acha também que a forma compartimentada das escolas faz com que as crianças não vejam o mundo como um todo, mas apenas como um objeto de uso?*

RA: A questão da compartimentalização dos saberes. Uma coisa que tem a ver com o desenvolvimento das ciências. As crianças não sabem relacionar uma coisa com a outra. Como é que as coisas estão relacionadas?

VM: *Parece que a gente perdeu a noção do mundo.*

RA: Nós não temos a noção do mundo, cada saber nosso é compartimentalizado. Eu tentei, por meio de um projeto educacional, lidar com esse assunto criando um currículo, ou um programa baseado numa coisa global, que é a construção de uma casa. Isso tem a ver com uma ideia minha que foi sustentada por Amir Klink. Perguntaram a ele: qual é a escola ideal? Ele disse que a escola ideal era aquela que ele tinha visto numa ilha que fica entre a Inglaterra e a Islândia que em séculos passados foi porto dos vikings; nessa ilha as crianças aprendem tudo que elas têm para aprender construindo uma casa. Comecei a pensar que a casa é um programa fantástico. Se você pegar uma caixa de ferramentas, lá você já tem um laboratório para aprender física, mecânica. Numa sala você tem as noções de matemática, de mensuração, de medição, de proporção, todas as formas, está tudo lá. E a criança vai percebendo que as coisas estão todas ligadas.

VM: O senhor não acha que a escola, que passou a se dedicar ao científico, ao profissionalizante, à formação técnica, até substituindo as disciplinas filosóficas e reflexivas, essa escola hoje, com as exigências que o nosso mundo está requerendo, deveria se dedicar mais à formação do indivíduo do que à informação? Em outras palavras: o que nosso mundo contemporâneo está pedindo como exigência para nosso cidadão?

RA: Eu acho que há duas vertentes fundamentais na educação. E vou falar sobre essas duas vertentes usando imagens. Carregamos com a mão direita a caixa das ferramentas. Ferramenta é um objeto que você usa para fazer outro: pau de fósforo, faca, fogo, escada, bicicleta, avião, computador, tudo isso é ferramenta. E não podemos viver sem as ferramentas, as palavras são ferramentas, a ciência é um conjunto de ferramentas. Fazem parte da educação porque elas nos dão poder e competência. Eu preciso ter poder e competência. Mas — isso é filosofia de Santo Agostinho — as ferramentas não nos dão felicidade, elas são meios para a felicidade. E o que é meio para felicidade? É uma caixa que a gente carrega na mão esquerda, que é a caixa dos brinquedos. O que é brinquedo? Brinquedo é uma coisa que não serve para nada. É absolutamente inútil. Mas por que você fica com o brinquedo? Porque o brinquedo lhe dá felicidade. É pião, é papagaio, é canto gregoriano, é Beethoven, é jogo de xadrez, é um pôr do sol, é Chico Buarque, é Mozart. Todo o campo da cultura, das artes. A caixa de ferramentas dá conhecimento sobre o mundo e dá poder sobre o mundo. Caixa de brinquedos não me dá nenhum poder sobre o mundo. Mas o que ela faz? Ah, entra na gente e a gente é transformado. E é essa transformação pessoal que julgo fundamental na educação, é a coisa mais importante. Para quê? Para que a gente fique mais bonito, para que a inteligência da gente fique mais suave. Isso para mim é o grande objetivo da educação. Mas que também não pode existir sem a caixa de ferramentas.

VM: Mas nós poderíamos dizer que hoje há pessoas que dominam muito bem as ferramentas, mas que precisam tomar remédio contra a depressão. Não aprenderam a brincar.

RA: É verdade. Quem foi que falou que hoje a bondade não tem meios e os meios não têm bondade? Quem são aqueles da caixa de brinquedos? São os pobretões, são os artistas, estão sempre aí, sem poder para fazer. E quem são os fortes? São os banqueiros, o pessoal da bolsa de valores. Os meios não têm bondade e a bondade não tem meios.

VM: Uma criança que mora numa comunidade, numa favela, próxima do tráfico, da violência, a escola dessa criança não pode negar essa realidade que a caracteriza. O senhor concorda?

RA: Não, não pode negar. Primeiro ela vai ter que ver o mundo em que ela está vivendo, por exemplo, as leituras têm de fazer a ligação da vida dela, o que ela está vivendo, com o seu meio ambiente. Mais do que isso, ela precisa aprender alternativas. Há alternativas. E isso é ensinado na literatura. Por isso, se alguém dissesse: Rubem, faça um corte radical na educação, o que você considera essencial na educação? Eu diria: leitura. Porque, se você está apaixonado pela leitura, você tem um universo aberto para você. Você vai para a matemática, você vai para a física, para coisas fantásticas.

VM: *Agora, só para voltar um pouco àquele ponto. Eu diria que para uma criança que mora numa comunidade onde há tráfico e violência a matemática, o português, a oxítona e a paroxítona não podem ter importância se a violência não estiver sendo discutida ali. Se a realidade não estiver sendo discutida.*

RA: Não pode separar encontro consonantal e dígrafo. Não é por aí. A língua pertence à caixa das ferramentas e é preciso aprender, até para se comunicar. Mas tem muitas maneiras de fazer isso. Por exemplo, sugerir que as crianças façam um jornal. Vamos fazer um jornalzinho lá para o bairro, cada um faz o jornalzinho. Porque ela vai ter o interesse pela língua, não pelo interesse na língua, mas porque aquilo tem uma função instrumental. Pertence à caixa das ferramentas, mas há prazer em fazer aquilo. O que vem primeiro não é a ferramenta, o que vem primeiro é o prazer. Porque eu sonho com o prazer, então procuro as ferramentas.

VM: *No mundo as ferramentas têm que estar a serviço do prazer.*

RA: Claro.

VM: *Um pai, uma mãe se sente algumas vezes oprimido na hora de ajudar o filho, porque ele não teve aquele conhecimento, quer dizer, o filho está num grau de escolaridade maior do que o que ele atingiu. Isso não quer dizer nada.*

RA: Não.

VM: Todo pai pode ser estimulante e educador de seu filho.

RA: Eu vou sugerir outra coisa. Que o pai assuma o lugar de aluno do seu filho, porque, se ele não conhece aquela coisa, ô, meu filho, o que é que você está aprendendo aqui? E isso é muito importante, não para o pai aprender, também, mas porque, na medida em que a criança vai explicar, as ideias dela ficam muito mais claras para elas mesmas. Esse explicar é muito importante no processo de aprender.

VM: Sem contar que aproxima o pai e o filho.

RA: Aproxima. Isso é tão fundamental, sabe, é uma coisa tão bonita, que eu tenho uma felicidade muito grande. Eu tenho uma relação desse tipo com meus filhos que me comove muito. E me lembro de quando eles eram pequenos, eu era mais jovem, mais impaciente, de vez em quando dava umas palmadas neles e fazia algumas injustiças, e me arrependo. Não verdade, não sei se me arrependo, não, e você vai compreender o porquê. De noite eu ia ao quarto deles, na cama, para pedir perdão pelo que eu havia feito. As crianças têm uma capacidade de perdoar e talvez eu até me alegre de ter feito umas injustiças só para ter a ocasião de abraçar.

VM: E de se fragilizar. O senhor falou uma coisa importantíssima, que eu gostaria de comentar.

RA: Eu quero contar pra você uma experiência que eu tive quando estava no primeiro ano de grupo, o que hoje corresponde ao primeiro segmento do Ensino Fundamental. Eu tinha uma professora chamada Clotilde. Era jovem e bonita. E a dona Clotilde fazia o seguinte: ela se assentava diante da classe e começava a desabotoar a blusa. Desabotoava o primeiro botão, criava suspense. Desabotoava o segundo botão, criava suspense. Desabotoava o terceiro botão e, então, tirava lá de dentro o seio maravilhoso e a gente ficava lá, os meninos ficavam lá. Mas durava muito pouco tempo, porque ela logo pegava o nenezinho dela e colocava para mamar. Uma mulher casta, católica, não havia nada de errado nisso. No fim do dia, a meninada toda queria carregar a pasta da dona Clotilde, e eu, só muito tempo depois, descobri que estava envolvido numa coisa poética. Nós estávamos nos valendo da metonímia, estávamos querendo carregar a pasta como substituto do seio. Já que a gente não tem o seio, a gente quer a pasta. Por que contei essa história? Para chegar à seguinte conclusão: por causa de um professor ou professora que se admira, um aluno é capaz de carregar as pastas mais pesadas. Isso aconteceu com meu filho Marcos. Ele estudava biologia em Londrina e odiava uma disciplina chamada bioquímica. Ele se transferiu para a Unicamp e lá tinha um professor maravilhoso, o Avelino, que era fantástico, ele usava a imagem da Melanie Klein que tinha um seio bom e ficou numa relação boa com meu filho. Moral da história, meu filho se doutorou em quê? Bioquímica.

VM: Por que, então, nossa sociedade trata tão mal os nossos professores? Não digo nem em termos de salário. Nem é exatamente sobre isso. Mas um trabalho tão digno, tão grandioso, não deveria ser um pouco mais valorizado?

RA: É. Não tenho resposta para sua pergunta. Não tenho mesmo.

VM: *Porque realmente as pessoas falam muito de salário. Não é salário. Não deveria ter o prêmio do ano? O grande prêmio do ano? Não devia ser o do professor do ano?*

RA: Até que isso existe, mas no cotidiano o professor, por exemplo, numa reunião com homens de negócio, os homens de negócio são os fortes. O professor é um fraco. Então, nos valores da nossa sociedade, que são valores de agressividade e de dinheiro, o professor, necessariamente, vai ocupar uma posição de fraqueza.

VM: *Gostaria que falasse um pouco sobre a importância da arte na educação. Não da aula de arte, da aulinha de música, de pintar, desenhar. Mas da importância do desenvolvimento do senso estético para a formação individual, para a construção de valores.*

RA: Em muitas escolas a aula de arte é comprar flauta doce para as crianças e as crianças aprenderem a tocar flauta doce. O resultado é que elas vão odiar música para o resto da vida, porque elas nunca vão ter a exposição à beleza da música. A música pertence à caixa dos brinquedos e é uma das coisas essenciais. Fernando Pessoa acha que o fundo da alma é música. E ele diz: "Só me entendo como sinfonia." Então, lá no fundo da alma, quando não há palavras, existe música, de modo que a experiência musical é uma experiência maravilhosa. Como é que se ensina música? Não há jeito de se ensinar música, só tem um jeito, que é escutando a música. E o professor, nesse escutar a música, pode apontar para os alunos: preste um pouquinho de atenção. Mas não é aula de música, é alguma coisa que permeia o ar. Lá na Escola da Ponte, constantemente, enquanto as crianças estão trabalhando, ouve-se música clássica baixinho. E as crianças é que pediram. E elas escreveram lá nos direitos das crianças: "Temos o direito de ouvir música para pensar em silêncio." As crianças têm sensibilidade, elas vão perdendo progressivamente a sensibilidade porque nós não cuidamos dela.

VM: *Alguma coisa, professor, parece que está acontecendo não só com a educação, mas com o mundo, alguma coisa interessante, que fez com que passássemos de uma educação que tirou a filosofia ou tentou eliminar a reflexão, substituindo-as por disciplinas práticas, para uma transformação que acontece agora, que é o retorno da filosofia para o Ensino Médio. Isso quando vira lei, porque agora é obrigatória a filosofia no Ensino Médio, parece que vem de uma demanda social. Quer dizer, é preciso pensar? O mundo hoje exige que as pessoas pensem? Por que a filosofia está voltando?*

RA: Não sei por que a filosofia está voltando. Sei de uma coisa, adoro filosofia. É minha tradição de vida, desde adolescente leio filosofia. Mas é interessante que a filosofia, também como as outras coisas, tem de estar relacionada com a vida, senão aquilo não é incorporado a você. De vez em quando vou procurar um livro filosófico, porque eu sei que naquele livro tem uma coisa que vai fazer bem para a minha alma. Eu acharia detestável colocar os meninos de 14, 15 anos num curso formal de filosofia. A não ser que tudo estivesse relacionado com a experiência que eles têm da vida, porque senão vai ficar igual àquela experiência que tive lá no colégio, de decorar os nomes das plantas, mas nunca ter sido apresentado à planta. Porque a filosofia surgiu quando os filósofos meditaram sobre a vida, essa meditação sobre a vida tem que ser restaurada. E esse é o centro da filosofia.

VM: *Mais do que criar uma disciplina, com carga horária, uma ementa e um programa, seria retornar ao princípio? O pensamento vinculado à vida e à reflexão.*

RA: Eu acho que colocar a filosofia desse jeito é continuar a fragmentação. Melhor seria que os professores das outras disciplinas — detesto essa palavra, "disciplina", ela é muito militar, eu preferiria brinquedo — lessem temas de filosofia no meio de suas aulas. Por exemplo, matemática é um universo de pensamento filosófico. Geografia é um universo de pensamento filosófico. A língua é um universo de pensamento filosófico. Então, acho que a coisa estaria muito mais integrada na experiência dos alunos do que simplesmente colocar a filosofia num quartinho separado.

VM: *Na verdade, mais do que trazer a filosofia para o Ensino Médio como uma lei, seria perceber a importância do pensamento e da reflexão em todo o processo de formação educacional.*

RA: A gente não transforma a educação acrescentando disciplinas. Eu sou totalmente cético sobre os programas de reciclagem de professores, como se eles fossem ficar melhores professores por meio de mais informação. Não é por aí. Eu acho que tem que haver, acho que o caminho para a renovação da educação no Brasil passa pelo coração e pela cabeça dos professores. Não tem a ver com nova lei, nem com novas instituições, nem com novos prédios. Se você não modificar a cabeça e o coração dos professores, nada acontecerá na educação.

VM: Nós falamos muito da necessidade de construir presídios quando a violência aumenta. Falamos da necessidade de construir escolas quando as relações humanas se deterioram. Mas isso não é um processo de exclusão? A escola, de certa forma, não exclui o aluno? Porque ele fica isolado naquele espaço, seu processo educativo fica isolado.

RA: Absolutamente. Quer dizer, as crianças e os adolescentes não participam ativamente da vida da sociedade. Eles são uma classe isolada. E, não participando ativamente da vida da sociedade, como podem compreender como a sociedade funciona? Eu sinto intensamente a necessidade de que os adolescentes estejam fazendo algum trabalho, fazendo alguma coisa, contribuindo para a sociedade, para que eles sintam que são necessários, e que não são seres marginais.

VM: Então, o senhor não acha que a educação informal deveria crescer também? Porque a gente só pensa em educação formal, com currículo, com diploma. Mas há outros estratos da sociedade envolvidos com a educação, as empresas, os intelectuais. Toda a sociedade envolvida no processo de educação, isso não seria mais rico?

RA: A vida inteira deveria ser educação. Uma coisa que me dá alegria é sentir que vários segmentos da sociedade estão interessados. As empresas estão trabalhando muito com educação, tenho participado frequentemente com as empresas. E existe esse movimento, mas ainda é muito pouco, porque a sociedade e a televisão deveriam participar ativamente desse processo de educação, porque a televisão é o veículo mais poderoso para atingir crianças, adolescentes, adultos e velhos.

VM: *A gente está passando por uma transformação social muito grande. Estamos sempre passando, em sociedade, por transformações. Mas agora a gente sente isso muito próximo, numa mudança tecnológica, de valores etc. A escola tende a se transformar. O que o senhor imagina que seria uma escola do futuro?*

RA: Para com esse negócio. Ela me faz uma pergunta impossível (*risos*). Sabe por quê? Tenho resistência imensa a fazer profecias.

VM: *Então vamos fazer de outra forma.*

RA: Dá licença, faça de novo a mesma pergunta.

VM: *Vou fazer.*

RA: Pode fazer, agora tenho uma resposta. Agora tenho uma resposta.

VM: *A nossa sociedade está passando por transformações muito grandes, como sempre, a sociedade está se transformando. Mas parece que a escola tende a passar por um processo de mudança radical, até pelas novas tecnologias. O senhor consegue imaginar uma escola do futuro?*

RA: A sua pergunta me leva até muitos anos atrás, para a proposta que Ivan Illich fez no livro *Sociedade sem escolas*. Ele queria que as escolas fossem abolidas e que a educação fosse um processo generalizado e que cada estudante, por exemplo, pudesse escolher o próprio currículo. Então, haveria as instituições de ensino, haveria todos os cursos lá e você poderia simplesmente se matricular e não teria que fazer prova nenhuma. No fim do seu projeto, se você quer ser médica, então você vai se apresentar diante de uma banca que vai examinar você para saber se você tem a competência. Ou um advogado, ou seja lá o que for. Dessa forma você iria escolher as coisas que quer estudar. Porque frequentemente o aluno não quer estudar determinada coisa que não tem a menor utilidade. Cada um iria organizar seu próprio currículo. Eu sou favorável a alguma coisa assim, porque seria um ambiente de liberdade, você estabeleceria as suas relações, se juntaria aos grupos com os quais tem mais afinidade, e teria um processo educacional diluído por toda a sociedade.

VM: E talvez isso levasse até a uma maior responsabilidade, já que você constrói o currículo. Responsabilidade do aluno em relação ao seu processo educativo.

RA: Absolutamente. Porque eu não tenho responsabilidade para com alguma coisa pela qual não estou interessado. Mas, se eu estou interessado naquilo, o meu interesse determina a minha responsabilidade. É a mesma coisa na criança. A criança, quando está ligada a um brinquedo, tem uma absoluta responsabilidade em relação àquele brinquedo com o qual quer brincar.

Moacir Gadotti e a escola-cidadã

Com a gentileza e a generosidade de um excelente professor ele me recebeu. Duas vezes conversamos, duas tardes, e ele sempre com os olhos atentos e muito dispostos. A educação como motor da transformação social, como exercício da cidadania, como educação para a liberdade, é o foco do trabalho de Moacir Gadotti, uma educação-cidadã. Como diretor do Instituto Paulo Freire, Gadotti leva adiante um trabalho extremamente valioso: manter vivo o pensamento de um dos maiores educadores do mundo, o que ele faz com alegria e disposição. Com sua equipe, Gadotti contribui para que as escolas pensem a si mesmas, construam um projeto político pedagógico, estimulem o pensamento crítico, a formação da cidadania, tendo em vista uma sociedade menos desigual e mais justa. Estamos destruindo o mundo, ele diz, e a escola não apenas é parte da solução, mas parte do problema.

Hoje sabemos que só se conhece aquilo que se constrói, mas só aprendemos o que faz sentido para nós. Só aprendemos quando desejamos o que aprendemos. A escola precisa aprender a despertar o desejo de aprender em seus alunos. A escola não sabe mais o seu papel. E ela deve ser um espaço de construção de cidadania. Um espaço de relação entre diversos saberes, não apenas o científico. Compartimentalizamos o conhecimento em séries, mas o ser humano não funciona assim. Aprendemos a dividir, mas não exercitamos o compartilhar. Formar para a cidadania é, antes de tudo, querer que a escola tenha um projeto, que se dedique a seu entorno, sua comunidade, sua cidade, até ao planeta Terra. Que seja uma escola inserida no mundo, que leia o mundo e pense sobre ele. E que valorize o saber que as pessoas trazem quando chegam à escola. Sair de uma lógica da disputa para uma lógica da escuta.

* * *

MOACIR GADOTTI nasceu em 1941, em Rodeio (SC), é graduado em filosofia pela Faculdade de Filosofia Nossa Senhora Medianeira, mestre em educação pela Pontifícia Universidade Católica de São Paulo e doutor em educação pela Université de Genève. É autor, entre outros, de: *História das ideias pedagógicas* (Ática, 1993), *Pedagogia da práxis* (Cortez, 1994), *Paulo Freire, uma biobibliografia* (Cortez, 1996), *Pedagogia da Terra* (Vozes, 2001), *Educar para um outro mundo possível* (Publisher Brasil, 2007) e *Economia solidária como práxis pedagógica* (Instituto Paulo Freire, 2010). É professor titular da Universidade de São Paulo e diretor-geral do Instituto Paulo Freire. Seus temas principais são filosofia da educação, educação de jovens e adultos e sustentabilidade.

Entrevista

Viviane Mosé: Professor, o que o senhor considera educar? O que é educar?

Moacir Gadotti: Pergunta difícil, já começamos com uma pergunta muito difícil. A palavra educar vem de *educare*, que significa "tirar de". Então, educar não significa "colocar em", mas "retirar de". Educar é trabalhar o pensamento, é produzir pensamento, é produzir vida. Educar tem a ver com a vida da pessoa, e não só com o cérebro. Os conhecimentos da educação são importantes porque por meio do conhecimento você começa a se educar. A educação passa pelo conhecimento necessariamente, mas não se reduz a ele.

VM: Então, nesse caso, a educação está vinculada a um gesto criativo, de invenção, não de recepção. É isso que o senhor está dizendo?

MG: Exatamente. Porque você só aprende aquilo que autonomamente constrói. Essa tese é uma tese piagetiana, que mostrou exatamente que você não conhece aquilo que é colocado na sua mente, você conhece somente aquilo que autonomamente construiu. É assim que o cérebro funciona. Então, não adianta depositar matéria no aluno, porque ele vai desaprender. Aliás, é importante dizer que todos precisamos desaprender, porque há muita coisa que aprendemos na vida e que precisamos desaprender, senão enlouquecemos. Às vezes, esquecer faz muito bem à saúde, à saúde mental.

VM: Esquecer até para criar espaço para novas coisas?

MG: Não é uma questão só de espaço, como o computador, em que você tem um hardware com um limite de gigabytes, digamos, de informação. Não é um espaço físico. É porque continuamos aprendendo ao longo de toda a vida, essa é a necessidade do ser humano. Porque somos seres incompletos, inconclusos, inacabados, precisamos do outro, precisamos do olhar do outro. Para viver, precisamos estar sempre aprendendo coisas novas. Aprendemos na cidade, aprendemos na escola, aprendemos na televisão, aprendemos no cinema, aprendemos na rua, porque a cidade também se tornou educadora. Hoje, sobretudo com os meios modernos de comunicação, muitos espaços de formação foram criados. A escola é um desses espaços, um espaço específico de conhecimento, do saber elaborado, da construção do saber elaborado. Mas a aprendizagem se dá ao longo de toda a vida.

VM: A gente pode dizer que a aprendizagem está vinculada à paixão? Pela vida, pelas coisas? Existe relação entre paixão e aprendizagem?

MG: Existem duas teses aí. Uma freudiana, que diz que você precisa ter prazer para aprender, e outra mais deleuziana, que diz que você aprende quando tem o desejo. Nós discutimos isso em Genebra até com Piaget, que ficou muito mais pelo lado do desejo do que do prazer. É que há coisas que, às vezes, você aprende mesmo sem prazer, mas você precisa aprender e aquilo faz sentido para você. Então, o desejo é mais importante. Partindo dessas pesquisas das neurociências, você percebe claramente que a pessoa deve despertar o desejo de aprender. Você só aprende quando deseja aquilo que está aprendendo, quando aquilo faz sentido para você, por isso é que muitas vezes a escola fracassa, quando as crianças se perguntam: mas que sentido tem aprender isso, aquilo? Até o próprio professor, às vezes, não vê sentido algum naquilo que ele está ensinando. Então, não se aprende. Hoje, todas as teorias do conhecimento e todas as teorias de currículo, toda a questão da educação está focada no aprendizado. O problema maior hoje é aprender. Direito à educação não é direito de ir à escola, de ser matriculado em uma escola, é direito de aprender na escola.

VM: Se o foco está na aprendizagem, é um sintoma de que essa aprendizagem não está acontecendo como deveria em nossas escolas. O senhor concorda?

MG: A educação hoje vive uma crise muito grande de valores, ela está tentando definir qual o seu papel específico nessa sociedade na qual o conhecimento está generalizado, ela não tem mais a função que tinha no século XVIII, no século XIX. A escola que nós temos é ainda aquela que acredita que o único espaço de construção do conhecimento é o científico. E não é. Escola, no latim medieval, significa lazer, significa alegria. A escola perdeu muito esse espaço. Pelo menos etimologicamente, ela perdeu essa ideia de que é um espaço de alegria. Paulo Freire definiu de uma forma fantástica a escola dos sonhos dele, dizia que era a escola-cidadã, definiu a escola-cidadã como a escola de companheirismo e que vive a experiência tensa da democracia. Por que a gente vai à escola? É só perguntar às crianças. Elas vão para escola porque elas querem ver as suas coleguinhas, seus coleguinhas, para encontrar gente. Então, a escola é, antes de tudo, espaço de construção da cidadania, do companheirismo, da amizade, e, ao lado disso, a escola tem um papel, um outro pilar, que é a construção do conhecimento científico elaborado. Agora, se não tiver isso, não tem nada.

VM: *Mais do que construir instrumentos para atuar no mundo ou saberes que vão facilitar a vida na sociedade, no trabalho, deveríamos privilegiar a formação humana; humana não no sentido individual, mas coletivo, de vida em sociedade.*

MG: Isso vem desde a antiguidade, quando a Grécia definiu que a educação era chamada *paidea*. Cícero, num livro chamado *Del oratoria*, que foi o primeiro livro escrito sobre educação, *Sobre o orador*, dizia: "Educado é aquele que sabe falar, sabe defender os seus direitos, sabe argumentar." A oratória era a base da educação antiga, e Cícero traduziu *paidea* por *humanitas*, essa tradução é fantástica porque ela dá exatamente a ideia do que é *paidea*. *Paidea* significa formação do ser humano em sua integralidade. Formação integral. E *humanitas*, a humanidade, é a tradução literal da palavra *paidea*, significa educar o ser humano. Então, a escola tem que ser um espaço de aprendizagem, um espaço da comunidade, da relação entre os diferentes espaços de aprendizagem. Por que há fracassos da escola? Porque muitas vezes ela não relaciona o espaço escolar com outro espaço não escolar, não formal. A primeira unidade de aprendizagem é a família, é o entorno. Se não há um diálogo, uma conectividade muito forte entre essa primeira comunidade de aprendizagem e essa segunda, que é a escola, a escola vai fracassar. Por isso ela precisa dos pais para poder ter êxito.

VM: *A gente pode dizer que a escola, hoje, está isolada da sociedade? Um espaço isolado?*

MG: Não há uma escola "em geral". A gente fala muito mal das escolas. Precisamos começar a falar bem, há escolas lindas, escolas maravilhosas, precisamos mostrar essas escolas bonitas. Mas eu acho que a escola ainda carrega um peso enorme da sua tradição clássica, da sua tradição bancária, dizia Paulo Freire, ela está com essa vestimenta pesada do século XVIII, XIX, essa sisudez que deveria deixar de ter. Ela pode ser séria sem ser sisuda, pode se *des*formar, pode ser informal. Paulo Freire dizia que a escola só conseguiria entender-se no dia em que entendesse o papel da informalidade dentro dela. Não se constrói o conhecimento como se constrói um automóvel. No fundo, a nossa escola ainda está seriada, imitando o modelo fordista de construção do conhecimento.

VM: *Produção em série.*

MG: Produção em série; aliás, nós chamamos de série mesmo, primeira série, segunda série. Compartimentalizamos o conhecimento. Não existe separação dos saberes, só fazemos isso metodologicamente por questão de método. Não podemos abrir uma gavetinha, a gavetinha do português, e aí entrar outro professor e dizer "fecha essa gavetinha do português porque agora é a gavetinha de matemática". O ser humano não funciona assim.

VM: *Mas será que o cidadão hoje do mundo não está assim? Porque as pessoas não estão tendo muito essa noção de totalidade, do planeta, da cidade, esse respeito pelo todo parece que está se perdendo. Isso pode ter uma relação com essa educação seriada que a gente tem?*

MG: É. Eu acho que o tecnicismo pedagógico tomou conta, sobretudo no Brasil, no período mais autoritário. Tentou-se desvestir o currículo de qualquer vestimenta do pensar, qualquer vestimenta da reflexão, se queria muito incutir certos ideais, ideologias, nesse período autoritário, e se fechou para a cultura. Retiramos a cultura da educação, uma perda enorme. Precisamos de arte na educação, mas a arte é mais revolucionária, a arte é "perigosa". Nesse período autoritário foram tiradas a filosofia, a sociologia, a arte, tentou-se reduzir a informação ao útil. O aprendizado, porém, não se dá só por uma informação útil para o mercado de trabalho. Nós evoluímos muito desde o fim do autoritarismo, mas ainda acho que a escola não conseguiu se desvencilhar dessa carga autoritária do tecnicismo, de tentar controlar tudo. A escola é um organismo vivo, tem gente lá, é isso que faz a beleza da escola. Escola pobre, com condições, sem condições, a escola é um espaço bonito, é o espaço da aprendizagem. Nós passamos os melhores anos da nossa vida na escola; se formos infelizes nela, que horror! A escola tem que ter um projeto de vida feliz, e se tem isso o resto vai. Como uma escola pode aprender num espaço de violência, por exemplo? Assisti a um filme recentemente, *Pro dia nascer feliz*, que fala sobre escolas públicas, um filme no qual se mostra muita violência. Uma adolescente que mata outra adolescente por uma bobagem e assume que matou. Como é que isso acontece numa escola? Como é que alguém pode aprender alguma coisa, além da violência, nessa escola? Ela traduz o contexto no qual ela está, porque a violência não foi gerada pela escola, foi gerada pelo contexto. Agora, a única forma de aprender nessa escola tão difícil de aprender é plantar a paz. Primeiro se planta a paz, primeiro se constroem relações humanas bonitas, o resto vem por si depois.

VM: *Não importa tanto se é português ou matemática ou inglês, se as crianças estão vivendo num meio violento e perderam a capacidade de convivência. Porque o que eu sinto é que as pessoas abrem mão dessa convivência em nome de um conteúdo programático, hoje, na maioria das vezes, inútil.*

MG: Acho que não prestamos atenção nas relações que se dão na escola. Como pode, em uma escola que acabou de ter uma pessoa assassinada, chegar o professor e começar uma aula de análise sintática? "Mas professor, aconteceu isso, assassinaram minha coleguinha lá na frente." "Vamos deixar para a polícia resolver." Não traz a vida para o colégio.

VM: *E, ao mesmo tempo, os professores não se sentem preparados para discutir as questões. Porque eles também não se sentem prontos para este mundo contemporâneo, nem prontos para uma educação reflexiva. Vamos falar sobre a formação do professor. Porque o professor tem sido um herói no Brasil, não é? Os bons professores. Então, como é feita essa formação do professor, e como o senhor acha que essa formação deveria mudar?*

MG: Sou otimista em relação à formação do professor. Acho que o professor está bem-formado, não está muito bem informado, mas está bem-formado. Se você considera a falta de condições concretas para essa formação, a falta de estímulos de educação continuada, a falta de acesso à informação, não poder comprar um livro, enfim, faltam precondições. Nós temos que repensar o valor que estamos atribuindo à educação, para mim a educação não é prioridade, é precondição de qualquer coisa. A educação é precondição do desenvolvimento, da justiça social, da distribuição de renda. Hoje, numa era do conhecimento, distribuir conhecimento é distribuir renda. Portanto, a escola é esse espaço privilegiado de distribuir a renda que se chama conhecimento. E quem é a pessoa-chave? É o professor, sobretudo a primeira professora. O privilégio de ter uma professora boa alfabetizadora é muito grande, precisamos investir naquela professora, na base, no início, para que, como criança, aos 8 anos, eu saiba ler e escrever com sentido.

VM: Que o sentido e a alegria de aprender surjam ali. E o processo acontece.

MG: Vai acontecer se as condições existirem. Eu acho que a formação do professor não está sendo ruim, mas é preciso dar mais condições para ele continuar se formando ao longo da vida, porque, se o professor não aprende, o aluno não aprende, se o professor não pesquisa, o aluno não pesquisa, e não há educação, ensino, aprendizagem sem pesquisa. O professor tem que dar o exemplo, eu acho que a gente está muito centrada nesta coisa: o que o professor precisa saber para ensinar. Eu inverteria e perguntaria como o professor precisa ser para ensinar, porque essa pergunta precede a outra. É como devo ser como gente, como ser humano, para encantar e reencantar minhas crianças, para elas ficarem seduzidas. O professor tem que ser um sedutor. O que ele vai aprender ele vai aprender junto com o aluno. Em 1956 terminei um curso com o Paulo Freire na USP e aí perguntei: "Paulo, como vamos avaliar?" Ele disse: "Vou avaliar pelo quanto eu aprendi." Inverteu a lógica, quer dizer, o curso valeu se o professor aprendeu. Se ele deu um bom curso, o professor aprendeu muito, porque ele vai aprender com o aluno, ele vai aprender nessa interação com o aluno. Então, falta um pouco essa sedução, acho que precisamos introduzir mais sedução, mais paixão, como você falou. Paixão e alegria de aprender. Não se aprende sem alegria.

VM: *A palavra escola vem de alegria, o senhor disse, e essa palavra se perdeu tanto. Há um conceito que o Paulo Freire usava muito, educação bancária. O que é educação bancária?*

MG: Essa expressão foi muito utilizada por ele, o tempo todo, a vida inteira: a concepção bancária é aquela em que você vai depositar no banco, vai fazer um depósito, e depois você cobra, faz uma retirada, dá um cheque. A educação bancária é aquela que considera a criança uma lata vazia na qual você vai depositando e depois, nos exames, vai tirando para saber se ainda está lá, na cabecinha dela. Essa educação é um desastre e precisamos desaprender isso. Aliás, a escola precisa desaprender muita coisa. Não só aprender coisas novas, mas desaprender coisas que não servem, uma é essa, de que a criança é uma página em branco, sem nada escrito. A criança traz desejos, vontades, paixão, inquietação, medo, ousadia, tem tudo isso. A criança, o jovem, o adulto são cheios, carregados de emoção. Se não passar pela emoção, o conhecimento não chega ao cérebro, digamos. É preciso preparar o coração para poder conhecer. O oposto da educação bancária é a educação problematizadora. O que é um professor numa educação problematizadora? É o organizador da aprendizagem. Ele chega e diz, vamos estudar, vamos organizar a aprendizagem, ver como você está se organizando, como é que está o seu caderno, o que você está anotando, o que você está dizendo. Fecha o caderno e vamos conversar sobre aquilo que estamos aprendendo. Estabelece um diálogo, é uma educação dialógica. Paulo Freire identifica educação com diálogo.

VM: *É preciso, então, voltar ou, talvez, começar a ouvir o aluno, a dar voz ao aluno.*

MG: É. Paulo escreveu um livro chamado *Pedagogia da pergunta*. Quer dizer, o professor não vai só ensinar, tem que escutar. Aliás, a pedagogia bancária é uma pedagogia que não escuta, ela já tem verdades, ela deposita, emite comunicados. A escola precisa estar baseada em uma nova cultura política, a cultura da escuta. Ela está muito baseada na cultura da disputa. Primeiro disputa e depois escuta. Na verdade, nunca chega à escuta, porque só fica na disputa. Hoje, claramente, trabalhamos com a ideia de primeiro mostrar o que temos em comum; depois, se sobrar tempo, vamos trabalhar as disputas das diferenças. Mas, primeiro, vamos ver o que temos em comum para poder construir alguma coisa em comum, é essa a lógica. Você não muda o mundo sem outra lógica, sem outro olhar. Acho que a escola só vai mudar se começar a se ver com outra lógica. A lógica da alegria, do contentamento, da sedução, da escuta, para poder construir esse outro mundo possível. Eu acredito muito. Para um outro mundo possível, uma outra educação é necessária, essa educação voltada para a escuta, sobretudo.

VM: *Esse outro mundo seria um mundo de convivência, porque, se na escola essa convivência não existe, o aluno está sentado de frente para o professor, não entre eles, essa relação entre alunos torna-se muito ruim nessa seriação, nessa forma como a sala é colocada. Será que essa estrutura da escola cria problemas?*

MG: Eu falaria em outros mundos possíveis. Quer dizer, não há um pensamento único. Isso é coisa de pensamento iluminista clássico, que dizia o seguinte: só existe um mundo; com um mundo possível, não há outro mundo possível. Então, é esse pensamento único, em que só existe uma solução. Caramba, somos diversos, diferentes, há um mundo cheio de diversidade. Como podemos ter um único mundo possível? Diferente? Só um? Essa imposição do pensamento único fez com que a gente só pensasse numa única possibilidade. Há muitos modos de produzir, de reproduzir a nossa existência no planeta. Todos respeitáveis, todos bonitos. O que importa é ser feliz, construir um mundo feliz, de felicidade, de amorosidade, de compaixão, de austeridade, de simplicidade. Então, cada um poderá escolher um mundo.

VM: *Respeito às diferenças.*

MG: Respeito às diferenças porque há muitos mundos possíveis. Claro, tem que ser um mundo sustentável. Estamos caminhando para a destruição do planeta e não é pelas bombas atômicas, é pelo modo com que produzimos e reproduzimos nossa existência de forma insustentável. Nós nos alimentamos mal, respiramos mal. As águas estão poluídas, destruímos as florestas, estamos degelando o planeta, tirando as grandes geleiras que estão por aí e que sustentam esse ecossistema. E a escola tem muito a ver com isso, a escola é parte da solução e parte do problema. Parte da solução porque a educação tem também o poder importante de formar as pessoas. As pessoas que forem formadas para uma vida mais sustentável sairão na frente neste século XXI que estamos começando. Mas é parte do problema também. Porque ela carrega historicamente uma série de preconceitos em relação à vida, carrega um modo de conhecer predatório.

VM: E afastado da vida. Porque dizer o que é uma planta sem olhar uma planta, faz com que o planeta seja um nome, e não o lugar onde a gente está vivendo.

MG: Eu acho que nós artificializamos muito a escola. A escola precisa não só se abrir para o mundo, ela precisa ir para o mundo. Falar em leitura de mundo, leitura do entorno. No Instituto Paulo Freire, fizemos uma experiência de leitura de mundo numa escola muito violenta de São Paulo e os professores foram visitar o entorno, onde a criança morava, com quem ela vivia, que música escutava, o que comia. E um professor, na volta, porque voltei com eles, disse assim: "Dou aula há 17 anos nessa escola e vou mudar radicalmente meu jeito de ensinar e de aprender, porque finalmente conheci onde o aluno mora, finalmente conheci o meu aluno." Por quê? Artificializou o aluno, segmentou o aluno, colocou lá na frente, numa classe, e se esqueceu de que esse aluno tem uma história de vida, pais, mães, avós, uma casa, gosta de música, de dançar, está na rua, gosta de subir em árvore, de abraçar, de sentir. Quer dizer, essa totalidade. Quando fechamos muito o foco, não conseguimos ver a totalidade. Vemos uma árvore, mas nos esquecemos de que essa árvore está no meio de uma grande floresta.

VM: *Temos um país muito grande, com diversidades culturais muito grandes. Deveríamos ter escolas diferentes para lugares diferentes?*

MG: Essa é uma pergunta-chave. Porque, de um lado, precisamos de uma identidade nacional, de outro precisamos de um saber comum, universal, precisamos de parâmetros nacionais, por isso são importantes avaliações nacionais. Sou a favor das provas, das provinhas. Sou a favor do direito de aprender, portanto, sou a favor da avaliação. A avaliação é um direito, não um recurso para as pessoas saberem quanto a pessoa sabe, para fazer um ranking, para fazer escala e discriminação. Não é para isso. As provas, a avaliação, são um momento do processo de construção do conhecimento, não são uma concepção bancária que é só para saber se sabe ou não sabe.

VM: *É um retorno.*

MG: É um momento de eu saber em que pé estou. E, se não avalio aquilo que conheço, não sei se aprendi realmente. A avaliação é muito importante, desde que não seja feita de forma discriminatória; ao contrário, se uma avaliação tem que ser emancipadora, libertadora, ela tem que privilegiar aqueles que não sabem, os que sabem menos. Não é para privilegiar aqueles que já são privilegiados, dar prêmios para aqueles que já estão no topo; ao contrário, eu daria prêmios para aqueles que conseguiram avançar mais partindo do ponto mais baixo, ajudar aqueles que menos têm, que menos podem, que têm condições menores. Avaliação é importante nesse sentido. Então, existe um plano nacional de avaliação que é preciso ter. Agora, cada escola é única, tem suas contradições, ela tem que ter um projeto único. A minha escola Olavo Bilac tem que ter uma cara Olavo Bilac, a minha, que eu dou, a nossa cara, a nossa gente, de quem está lá. A escola Érico Veríssimo tem que ter outra cara. A escola Paulo Freire tem que ter outra cara.

VM: *Porque uma escola do Acre não pode ser igual a uma escola de São Paulo, ou uma escola de Santa Catarina. Essa leitura local é muito importante.*

MG: É muito importante. Acho que metade do conteúdo nacional e já é suficiente. A outra metade tem que ser muito focada na realidade local, concreta das pessoas, da vida. Precisamos introduzir vida na escola, para introduzir vida precisamos introduzir as histórias de vida das crianças e eu tenho experiência disso, muito concreta e com adultos. A hora em que a gente usa o método autobiográfico, isto é, "quem é você?", antes de ensinar, "o que você sabe?" "Ah, vim lá da Paraíba e foi assim que vim, cheguei a São Paulo, trabalhei numa borracharia", outro trabalhou num estacionamento, outro trabalhou guardando carros. Essa vida, sofrida, do imigrante, começa a ter identidade. Poxa, eu sou alguém. Alguém me perguntou quem sou eu.

VM: *Aprender a se preocupar com o nome deveria ser mais do que o próprio nome, deveria ser uma forma de construir a si mesmo.*

MG: O nome é apenas um momento. Paulo Freire tem relatos incríveis quando um aluno, em Angicos, escreveu "Nina" na lousa e começou a rir, gargalhadas, gargalhadas. E Paulo perguntou: "Por que você está rindo?" "Consegui escrever o nome da minha mulher", ele respondeu. Quantas imagens vieram na cabeça, por isso ele começou a rir. "Consegui escrever o nome da minha mulher!" Ficou tão feliz com aquilo. Escrever uma palavra tem significado para a vida. A palavra "Nina" representava o namoro dele, os filhos, a vida que ele teve com ela, a paixão dele. Paulo Freire contava isso com detalhes, e era muito bonito quando ele falava dessa Nina.

VM: *Vamos falar de outro problema delicado: vestibular. Vestibular é talvez a maior representação da educação bancária no Brasil.*

MG: O dano que ele causa inicialmente é a interferência que faz nos currículos do Ensino Médio. Quer dizer, o Ensino Médio seria o espaço da formação da cidadania, e para o trabalho também, para a vida. E acaba se reduzindo a descobrir macetes para passar no vestibular. É como articular o pensamento, digamos, para fazer uma prova que consiga estar de acordo com aquilo que os examinadores vão querer. O objetivo não é pensar, o objetivo é passar no vestibular. É um mal, às vezes chamado de necessário. Mas não é um mal necessário, todo mal não é necessário. Eu acho que existem mecanismos que poderiam ser criados, há mecanismos novos; por exemplo, hoje, na

USP, e em outras universidades, há um crédito a mais pela origem social, para quem vem da escola pública. Existe o ProUni, existe a questão das cotas, que tenta não tratar igualmente os desiguais. Porque a grande injustiça que faz o vestibular é tratar a todos de forma igual, e a gente sabe que é injusto tratar pessoas desiguais igualmente. Então, temos que tratar desigualmente. Temos que fazer uma discriminação positiva ou uma ação afirmativa, para levar em conta as diferenças. Eu acho que o ProUni tem que ir para o Ensino Médio também. A ideia de colocar alunos que têm dificuldades financeiras em escolas particulares com auxílio do governo por meio de renúncia fiscal não tem que ser só na universidade, tem que ser lá na escola, no primeiro ano, segundo ano, toda a escola.

VM: *Uma coisa que me chama atenção é também a busca excessiva pela universidade. Porque há uma demanda do mercado por títulos, e me parece que o aluno chega ao Ensino Médio não se sentindo muito preparado, em consequência dessa educação bancária. E parece que a educação começa na universidade, hoje, no Brasil. O que o senhor acha disso?*

MG: Isso é uma tradição elitista. A ideia do doutor. Ter o título, tirar o título de doutor, porque a sociedade valoriza somente esse conhecimento. As pessoas não consideram que, hoje, o mercado está de certo modo vacinado contra os diplomas, porque, na verdade, o êxito que você tem no emprego não depende mais do diploma, depende da sua capacidade de pensar, de ter autonomia para fazer gestão, da inteligência emocional para gerir conflitos, saber organizar o seu trabalho, ter iniciativa, ter autonomia.

Então, o que se valoriza hoje, até no mercado, não é o título apenas. O título é importante, tanto é que apenas 2,6% dos diplomados estão desempregados. É claro que todo mundo busca também por causa da empregabilidade da universidade, que dá status e ainda valoriza o status. Os ensinos, o Ensino Médio especialmente, têm que distinguir ensino em universidade e ensino superior porque há muitos cursos que não são universitários, mas são superiores, são técnicos, são técnicos superiores, e isso nós precisamos ampliar mais, a educação tecnológica. Como nossa educação é extremamente elitista, não começa a trabalhar a educação tecnológica lá com a criança. Não é educação para as novas tecnologias, são tecnologias, saber trocar uma lâmpada, entender o que está acontecendo com uma torneira; entender a vida, educação tecnológica é isso. E deve começar lá na infância, e não no Ensino Médio ou no superior.

VM: Eu vejo que tem crescido nas empresas a importância da área de recursos humanos. É provável que hoje um dos acessos maiores ao emprego seja um teste psicotécnico que mostre que um cidadão pode conviver com os colegas. Isso mostra a importância da formação no sentido mais amplo, mesmo tendo em vista o mercado.

MG: Eu acho que a Unesco responde muito bem a essa questão. Porque ela colocou assim: "A educação do futuro está centrada na educação permanente." Isto é, o conhecimento evolui muito rapidamente, ele morre muito rapidamente. A informação do jornal da manhã acaba no café da manhã, ao meio-dia a informação não é mais válida. E aí entra outra informação: a informação é um dado, envelhece muito rapidamente. Então, ter informação hoje não é ter poder, tem poder aquele que sabe pensar, aquele que produz a informação. Aprender não é acumular informação, é saber utilizá-la; saber onde ela está na hora em que você precisa e saber utilizá-la bem.

VM: *Então é um pesquisador.*

MG: É. Hoje, todo o aprendizado está centrado na aprendizagem, na pesquisa. As empresas modernas, atuais, são muito dinâmicas, perceberam aquilo que a Unesco afirmou. Nós educamos ao longo de toda a vida, então a educação é permanente e baseada em quatro pilares. Primeiro: aprender a aprender, portanto, aprender a pensar. Segundo, aprender a conviver; não adianta eu saber um monte de coisa, se não sei me comunicar, aprender e viver com o outro. Terceiro: aprender a fazer, a agir. E o quarto é aprender a ser, quer dizer, é a ideia da sensibilidade, não basta ter consciência, é preciso ter sensibilidade. A esses saberes necessários à prática educativa, Paulo Freire acrescentaria mais um: que é saber por quê. Essa é a questão-chave da filosofia, que é por que a gente aprende? A gente conhece por quê? A gente conhece para saber o passado, para comunicar o que sabemos, para saber o que se passa no nosso entorno. Então, geografia e história significam conhecer o contexto no qual estamos. E por quê? Essa pergunta tem que estar sempre presente, porque tem que ter sentido aquilo que aprendemos. Se não tiver sentido, não há aprendizagem. Por que a gente está aqui? Por que chegamos até aqui? Quem somos? De onde viemos? Para onde vamos? São perguntas que devemos nos fazer o tempo todo. Por serem tão abstratas, as pessoas se fazem o tempo todo, às vezes de uma forma coloquial, diferente. Mas quando vou fazer uma compra, por exemplo, a primeira pergunta é: necessito daquilo ou alguém está me induzindo a comprar?

VM: *Então, a gente poderia perguntar "comprar para quê"? Que importância esse objeto que estou comprando tem de fato na minha vida, não é?*

MG: É. Se fôssemos produzir para todos os 7 bilhões e meio de habitantes do planeta as coisas que são dadas para a elite, a Terra sozinha não daria conta. Teríamos que ter três, quatro Terras para produzir bens para todo mundo do jeito que está sendo inculcado, digamos, para uma elite privilegiada que pode consumir tudo. Então, temos que rever isso, o modo de produzir a nossa existência e a relação com os objetos. Como na escola e na sociedade nos ensinam a comprar para usar, um jovem pode chegar a uma escola americana com uma arma comprada com nota fiscal e tudo e perguntar: "Por que comprei essa arma?" A escola me ensinou que é um objeto a ser usado, então vou usar. Essa relação de objeto, de sujeito sujeitado, é perversa. A escola tem que romper com isso.

VM: *Ou pelo menos dar chance ao aluno de entender o jogo no qual ele está inserido.*

MG: Pelo menos criticamente. Há muito lixo na internet, nos meios de comunicação, em todo lugar. Hoje, a escola precisa, como a informação está de certa forma disseminada, saber escolher. Por isso tenho que responder à pergunta "por quê?". De que tipo de conhecimento necessito realmente para viver de forma saudável, sustentável, austera, feliz? Que tipo de conhecimento devo construir para que o mundo, a Terra, continue existindo? Porque não pode ser significativo se for só para mim, mas para o planeta, que é um ser vivo, em evolução. Nós fazemos parte desse ser vivo. Então, ele tem que ser significativo. Nosso conhecimento também é muito predatório em relação à Terra. Ensinamos a destruir a Terra, e não a conviver com ela de forma amorosa. Rousseau, que para mim é o grande filósofo da educação, dizia claramente: o dia em que o ser humano se distanciar da natureza, ele se autodestruirá. E é isso o que está acontecendo. Em vez de termos essa relação amorosa com a Terra, com o planeta, acabamos usando o planeta apenas como um objeto para alimentar nossos sonhos. O que estamos fazendo de mal a essa mãe-Terra vai recair sobre todos nós, sobre nossos filhos, com toda a certeza.

VM: O senhor falou da arte. As sensações não estão tendo muito valor, é sempre uma ideia, um pensamento, é como se a nossa vida fosse cada vez mais palavras, mais conceitos, e a nossa percepção física está distante. Ver, sentir, perceber, não é?

MG: Eu acho que estamos também passando por uma transição. O virtual vai ter cada vez mais espaço. Eu diria que há dois eixos fundamentais na educação do futuro. Um é a sustentabilidade, que está muito posta hoje, quer dizer, viver de forma sustentável para que as futuras gerações tenham acesso aos bens que tivemos na nossa geração, para não destruirmos o planeta. E a outra, a virtualidade. Cada vez mais o virtual não é o contrário do real, o virtual é o real, o contrário do virtual é o atual. Quer dizer, a informação está virtualmente no computador, você faz um download e atualiza, mas ela está realmente lá. Ela está em potência, faltaria traduzir isso para o ato, como dizia Aristóteles. Nós vamos aprender cada vez mais a distância, a comunicação nos interligou ao mundo inteiro. Hoje as crianças nascem plugadas no planeta, elas estão interligadas, elas têm a sensação de que estão vivendo, por meio da televisão, da internet, numa Terra, numa comunidade única. É claro que vista de longe essa Terra é maravilhosa, ela é azul, é bonita, é um astro que aparece no sistema solar com uma grandiosidade imensa. Quando você desce lá, vê um monte de divisões, guerras, pobreza, miséria, que isso é realmente insustentável. O problema da insustentabilidade não está nos rios, não está nos mares, não está nas florestas, está nas cidades, nas megalópoles, nas relações humanas que foram ficando cada vez mais cruéis. São cruéis as relações humanas hoje pelo tipo de competitividade introduzido, pelo modo de produção em que vivemos. Essa competitividade é solitária.

VM: O senhor está dizendo que a gente caminha para um virtual cada vez maior e que isso é inevitável, claro. Se esse é o caminho natural que nossa civilização está tomando, exatamente por isso não seria necessário que tivéssemos mais contato com o corpo para fazer um contraponto?

MG: Sim. Eu acho que esse ambiente virtual que foi criado, da realidade virtual, que é cada vez mais presente, e ela não é nociva ao ser humano, costumo dizer que há duas vias, uma ecozoica e uma tecnozoica. Talvez seja difícil, mas, enfim... O ecozoico é um caminho de sustentabilidade. E o tecnozoico é outro caminho. Eles podem se chocar, mas foi graças ao tecnozoico, quer dizer, ao avanço tecnológico, que o homem pôde chegar à Lua e na Lua dizer "a Terra é azul" e colocar a Lua entre os dedos. A tecnologia e a vida são coisas imbricadas hoje. Não podemos viver sem tecnologia. O que temos que ver é como usamos a tecnologia para nos aproximar mais como seres humanos, para nos comunicar, e não só para emitirmos comunicados. Paulo Freire dizia claramente: existem muitos meios de comunicação, mas pouca comunicação. Existem muitos comunicados nos meios de comunicação que tentam induzir para isso, para aquilo, mas existe pouca relação. A educação tem que ser espaço de relação.

VM: *Então, o problema não está nos meios, mas na utilização dos meios?*

MG: Eu acho que está nos meios. O acesso à tecnologia tem que ser generalizado. Todo mundo tem que ter acesso ao computador, todas as escolas têm que ter internet, todas as escolas têm que ter acesso às grandes bibliotecas do mundo, isto é, onde está depositada a maioria do conhecimento humano. Hoje, a maior biblioteca do mundo está na internet, claro que precisamos de livros, precisamos tocar, cheirar o livro, precisamos escrever. Mas precisamos introduzir na escola todos os instrumentos capazes de fazer com que a pessoa aprenda sem perder o humano. O humano é fundamental. Acho que estamos desumanizando um pouco as nossas escolas, e isso vem de uma tradição tecnicista. Um dia, em 1969, cheguei a uma escola em São Paulo, era professor de filosofia, e o diretor disse: "A partir de hoje você não é mais professor de filosofia."

Eu disse: "Mas por quê?" "Você é professor de educação moral e cívica, porque a filosofia foi extinta." "A filosofia foi extinta?" "Não, o curso de filosofia, porque a junta militar acha que a filosofia é muito subversiva." Aí me deu o programa: símbolos nacionais, "você vai começar a discutir símbolos nacionais" etc. Mas isso é parte da filosofia, não é toda a filosofia, acho que começamos a perder um pouco o nosso humano quando tiramos a filosofia do currículo do Ensino Médio, no qual eu era professor. Peguei o texto com o programa de educação moral e cívica e os alunos também perceberam. "Mas, professor, o que está acontecendo?" Está acontecendo que o país está mudando e está mudando para pior, porque parece que quer tirar da escola o saber pensar. Saber pensar que é fundamental. E a filosofia tem esse papel de fazer com que as pessoas pensem criticamente sua realidade e possam transformá-la para ser melhor, não para piorar. Então, acho que o retorno da filosofia agora, no regime democrático, é algo muito saudável. Eu diria que é um retorno à vida. Tiraram a alma da escola, que é o saber pensar, e reduziram a uma máquina de transmissão de conhecimentos, enquanto o fundamental da escola é produzir conhecimento, é produzir relações humanas, é produzir vínculos para que sejamos melhores. A escola tem esse papel. A gente tem que sair feliz da escola. Segundo as estatísticas, 90% das crianças não gostam de ir à escola, e eu diria também os professores. Alguma coisa está errada nessa concepção de escola. Aprender é tão gostoso que não deveria ser um ato tão difícil, não deveria ser um ato tão desagradável. Não pode ser desagradável aprender, que é um ato de vida. Como é possível imaginar uma escola que aprenda a viver ligada à vida, ligada ao ser humano, uma escola humanizadora, se as pessoas não gostam de ir à escola? Essa é uma pergunta.

VM: Depois de mais de trinta anos sem filosofia nas escolas, a filosofia se tornou alguma coisa estranha, difícil. Algumas pessoas pensam a filosofia, ainda hoje, como alguma coisa inútil, como se fosse desnecessária. E o retorno da filosofia provoca um novo estímulo. Como o senhor vê realmente esse retorno? Como deve ser a filosofia na escola agora? Porque temos um outro mundo, diferente de quando o senhor dava aulas. Como o senhor gostaria, vamos dizer assim, que essa reinserção da filosofia acontecesse hoje?

MG: Vou usar o exemplo de Paulo Freire, porque convivi 23 anos com ele, para mim foi uma grande universidade, ele dizia: "Não precisei ler primeiro Marx para entender o mundo. O mundo, a leitura do mundo me obrigou a ler filósofos como Marx." Então, acho que a introdução da filosofia tem que ser por meio dos grandes temas, das grandes questões de hoje. Depois que pegarmos essas grandes questões, aí vamos ler em Aristóteles, Platão, Marx, São Tomás de Aquino, em John Dewey, os filósofos modernos, em Heidegger, e vamos ver como eles responderam às grandes questões do nosso tempo. Então, é pegar as questões-chave de hoje, da sustentabilidade, da virtualidade, da vida, do corpo. Como os filósofos responderam? Pegamos a questão do corpo, hoje. Como é tratado um corpo? O que eles disseram? Mas não é pegar primeiro o que eles disseram. O que temos que ensinar não é a filosofia dos filósofos, temos que ensinar a filosofia da vida e como eles responderam a ela. Não adianta decorar. Seria péssimo saber apenas o que Platão disse porque, na verdade, ele respondeu às questões da época dele e são válidas até hoje, são questões sobre a vida. Então, temos que pegar os temas da atualidade. A violência, por exemplo. Não é possível viver num mundo de violência. A guerra é intolerável. Hoje, começaria discutindo a guerra. Não é possível que se gaste, só nos Estados Unidos, meio trilhão de dólares por ano para manter o estado de guerra no mundo como se está mantendo hoje. Essa é uma questão-chave da sobrevivência.

VM: *É um absurdo, isso tem que ser discutido.*

MG: Os absurdos. Acho que a filosofia tem que começar pelo absurdo. O absurdo que hoje é a guerra, a insustentabilidade, o modo como vivemos, a matança que há o tempo todo. Mata-se por cinco reais, por dez reais neste país. Não é possível, isso tem que indignar. Aristóteles dizia que a filosofia começa com um grito, com o espanto. A palavra grega, me lembro ainda, era *thauma*, uma palavra maravilhosa. Então, é muito interessante que o método do Paulo Freire parta da leitura do mundo e da leitura que as pessoas fazem. Ele dizia assim: ninguém ignora tudo, ninguém sabe tudo, todo mundo pode aprender, todo mundo pode ensinar. Quem aprende ensina ao aprender e quem ensina aprende ao ensinar, ele deixava clara essa ideia de que todo mundo sabe alguma coisa e eu posso aprender muito com todas as pessoas. Então, primeiro vamos valorizar aquilo que você sabe. Claro que um pedreiro conhece bem o tijolo, então ele trabalhava a palavra tijolo, que inclusive, linguisticamente, é uma palavra interessante. Você pode dividir em sílabas, ele chamava de método da silabação, você tem várias sílabas e formava várias palavras com a mesma palavra tijolo. Além disso, tijolo representava todo o trabalho dele, ele fazia uma decodificação da palavra tijolo. Quer dizer, o que ele codifica? Ela tem um código, a palavra tijolo é um código que significa alguém que produziu, com que argila, com que matéria-prima, com que terra, quem vende, quem ganha com isso, são perguntas. Para que serve, se eu posso utilizar ou não, se posso fabricar o tijolo, mas se não posso ter na minha casa um tijolo? A palavra tijolo decodificada é imediatizada, contextualizada, aí ela tem um sentido. É produzir sentido.

VM: Paulo Freire não quer ensinar a ler a palavra tijolo. Ele quer, por meio da palavra tijolo, ler o mundo.

MG: Paulo não gostava de dizer que tinha inventado o método Paulo Freire, por quê? Porque o método e as técnicas estão relacionados a uma teoria de conhecimento, que, por sua vez, está relacionada a uma antropologia. Quer dizer, existe uma concepção de ser humano como ser inacabado, por isso que ele precisa aprender, por ser uma teoria de conhecimento, e para conhecer ele precisa de método, de uma metodologia. Então, essas três dimensões da teoria de Paulo Freire são fundamentais. Não dá para separar o método, a teoria do conhecimento e a antropologia. O método serve justamente a um projeto de vida, a uma teoria do conhecimento. Paulo dizia o seguinte: só tem sentido o que se conhece quando você divide aquilo que se conhece, o saber só é válido quando é um saber compartilhado. Essa teoria de conhecimento é fantástica, porque está em outros filósofos, como Thomas Kuhn, quando ele dizia que o saber só é válido quando uma comunidade científica aceita aquele saber, aquela lei, como válido. Não adianta eu sozinho, só quando compartilho é que o saber fica válido. Por que quem valida? É o outro. Precisamos do outro. Para conhecer, precisamos do outro. Até para me conhecer, eu preciso que o outro me diga quem eu sou. Posso dizer quem sou, mas o outro tem de me reconhecer e eu me tenho ao reconhecer o outro, seja ele diferente ou igual a mim. Tenho que me reconhecer no outro, nós precisamos da completude do outro. Então, isso está no método Paulo Freire, quando ele fala que só o conhecimento compartilhado é um conhecimento válido, ele quer dizer que o conhecimento tem que passar por essa socialização. A gente tem que ter alegria de compartilhar, e não o desespero de ficar com aquele conhecimento sozinho para poder me vender melhor no mercado de trabalho. Essa visão egoísta do conhecimento.

VM: É comum em época de eleição, mesmo fora dela, em momento de crise, a sociedade atribuir à educação um papel milagroso, "a solução está na educação". O que o senhor pensa disso?

MG: Sou professor há 45 anos. Nós, professores, estamos vacinados contra esse discurso. A prioridade da educação o tempo todo, isso está na boca de todos, sobretudo em época eleitoral, como você falou. Para mim, isso é puro discurso, primeiro porque a educação tem limites, limites muito claros, a qualidade da educação vai bem quando a saúde vai bem, quando o emprego vai bem, quando o transporte vai bem, quando a habitação vai bem, quer dizer, na verdade, a educação de um povo é reflexo de um conjunto de precondições. Hoje, ao contrário, tentam resolver tudo pela escola: há um problema de gravidez precoce, se introduz no currículo educação sexual; há um problema de trânsito, se introduz educação para o trânsito; a sociedade tem problemas com a sustentabilidade, com o lixo, então vai uma educação ambiental. Joga-se toda a responsabilidade na escola. E estamos dizendo: estamos vacinados contra isso, quando é que vocês vão acreditar naquilo que estamos fazendo? Que não é resolver o problema da sociedade. A sociedade não pode jogar para dentro da escola tudo, todos os males que ela tem, ela precisa lhe atribuir uma especificidade, que é a construção do saber, que é a construção da vida. Claro que todos esses temas podem ser importantes para a escola, os problemas da vida são importantes para a escola, mas há uma especificidade. Quando se fala "a escola pode mudar o mundo", a escola pode, eu acho, mudar as pessoas, que podem mudar o mundo, mas ela não muda o mundo.

VM: *Mas quem lê o mundo são as pessoas.*

MG: São as pessoas, e não a escola. Eu acho que a escola tem uma função, e nós estamos atribuindo muitas funções à escola. Por exemplo, a merenda. É importante comer na escola, ter uma merenda adequada e fazer da merenda um ato pedagógico, não simplesmente fazer uma guerra de bananas, como vi. Guerra de banana, todo mundo sabe, quem frequenta a escola sabe, é uma criança jogando salsicha, banana uma na outra, em vez de aprender a fazer a comida também, a trabalhar. Paulo

Freire começou em São Paulo por educar as merendeiras, não começou com os professores. Começou com as merendeiras, os vigias, a trabalhar com eles, que também são educadores na escola. Então, acho que temos de mudar o espírito da escola. Uma escola que seja comunitária na sua gestão, isto é, a comunidade poder participar da gestão da escola. A comunidade tem que participar, e não pegar o filho, jogar na escola e dizer: "Agora, tome que o filho é teu" e faça, ensine o que você quiser. Não. A escola tem que acompanhar. Quando os pais acompanham a educação dos filhos, o resultado é muito melhor do que quando eles abandonam os filhos e jogam lá só sob responsabilidade da escola. A sociedade precisa repensar, porque é a sociedade que mantém a escola, ela precisa dizer para nós, educadores, o que ela quer. E é importante que os veículos de comunicação, a mídia, a TV, discutam educação. Mas não discutam educação do jeito que está sendo discutido. Reforma de lá para cá. Não. Discuta o que ela quer da educação deste país.

VM: Um projeto de educação, como um projeto de sociedade, um projeto de ser humano.

MG: Acredito que a educação só será de todos quando todos forem pela educação. Quer dizer, não adianta hoje a gente estender a educação, que está aí para todos, do jeito que está, porque tem que ter uma nova qualidade para essa nova geração que está chegando e a sociedade precisa discutir muito educação, com seriedade, com amorosidade, indo fundo nas questões, na falta de condições das escolas, e resolvendo, gradativamente, todos esses problemas, essas precondições. Tanto em ensino público quanto privado, tanto em universidade quanto em empresa. Gostaria de viver o dia em que no Brasil se torcesse pela educação como se torce pela seleção na Copa do Mundo. Que torcesse assim. Com essa mística, com essa vontade. Eu acho que o tema da educação está sendo jogado de forma enviesada na mídia.

VM: *Parece um pouco invertido, porque, quando as pessoas dizem que o problema da violência se resolve com educação, parece que estão dizendo: é preciso colocar as crianças na escola. Todas, não é? Como uma forma de internação. Tirar da rua para acabar com a violência da rua, então interna a criança numa escola. Como faz com o presidiário.*

MG: A gente salva a cara e a pele do sistema muitas vezes dizendo que o problema é do indivíduo. E se esquece de que há um sistema social que produz a violência, que produz a insustentabilidade. Joga-se tudo no indivíduo, por isso que se joga na escola. É uma visão, "bom, já que não posso mudar o sistema, vou mudar só a pessoa que está lá", mas não se ataca a raiz do sistema, que no fundo é o sistema capitalista, sim. Que é inviável, que é insustentável, que produz a violência. São os valores capitalistas da insolidariedade, da competitividade sem solidariedade, que são incutidos em toda a sociedade que está aí. A sociedade tem que se repensar.

VM: *E tem que se responsabilizar pelo que ela cria, em vez de pensar que a educação é um milagre. Mesmo porque milagres a gente não vê acontecer por aí.*

MG: Não, e, aliás, não merece ser salvo aquele que precisa de um salvador. A escola não precisa de salvação, ela precisa de respeito, ela precisa de recursos, ela precisa que a comunidade se responsabilize por ela também. A Constituição é clara: a educação é dever do Estado, da família e da sociedade. É dever do Estado passar os recursos, é dever da família acompanhar, dever da sociedade também dizer o que ela quer. Eu acho que há um conflito hoje entre a escola e a sociedade porque a sociedade não sabe o que quer da escola. Alguns querem o vestibular, outros querem uma merenda. Tem muita gente que vai lá pela merenda, não é? Então, alguma coisa temos que fazer para mudar o que a sociedade pensa da escola e da educação. É preciso discutir seriamente um projeto de país no qual a educação seja precondição para distribuição de renda e para o desenvolvimento. Precisamos do desenvolvimento, precisamos distribuir a renda e precisamos da educação que suporte essas duas grandes prioridades do país.

VM: *As novas tecnologias estão criando novas relações humanas e novas relações com o conhecimento, a gente já falou. Como o senhor imagina a escola no futuro? Daqui a dez, quinze anos.*

MG: Pergunta difícil. Primeiro, acho que nós educamos sempre para o futuro, qualquer que seja o educador ele tem um sonho, e a pedagogia é um guia desse sonho para o futuro, qualquer que seja. Pela primeira vez na história da humanidade, a educação e a escola têm um peso. Por quê? Porque o desenvolvimento do mundo, o desenvolvimento global se baseia na inovação, a inovação se baseia no conhecimento e a escola pode ser esse lugar de produção do conhecimento. Muita gente já desistiu da escola e está produzindo seus centros de pesquisa, seus centros de gestão, seus centros de inovação. As empresas, sobretudo, criaram seus próprios centros, desistiram de pedir para as universidades, para as escolas, porque elas precisam rapidamente responder às inovações e não têm a pesquisa necessária que é feita nas escolas. Então, acho que temos que religar o social, o econômico à escola. *Dessetorializar* a escola e a educação. Não tem sentido algum resolver setorialmente a educação.

VM: *O que o senhor quer dizer com setorializar?*

MG: Achamos que é possível resolver o problema da educação resolvendo apenas o problema da educação, quer dizer, como se fosse um setor da sociedade. A educação gira em torno de toda uma comunidade de aprendizagem e de toda uma comunidade de produção. Ela está ligada à produção, à cidadania, à empresa, ao mercado, à vida, à religião, à espiritualidade, à mídia. Tudo isso é educação. Então, não vamos resolver setorialmente a questão da educação se não tivermos um projeto maior. Você me pergunta do futuro. O professor e a educação são o elo entre o passado e o futuro, não tem futuro quem não tem passado, e quem faz esse passado é o professor. Acho que não respeitamos suficientemente o professor nessa sua missão, nessa sua vocação, nessa sua profissão, nesse seu trabalho, que é um trabalho social, de colocar nas gerações novas um legado. Trazer um legado. A sociedade mesmo não está valorizando esse legado, a sua cultura, e quem faz é o professor. Para mim é o profissional mais importante se pensarmos no futuro, porque ele faz a ligação entre o passado e o futuro. Então, eles são imprescindíveis, mas são outros professores, não esses professores formados desse jeito.

VM: O senhor não vê um futuro sem professores e sem educação, mas o senhor vê um futuro sem escolas? Nesse sentido que existe hoje.

MG: Não, acho que as escolas são do tamanho do planeta. A escola não é um espaço físico, não é um prédio, é um conjunto de relações sociais e humanas. Ela pode circular esse conjunto num prédio, mas ter ou não ter um prédio não é importante. É ter ou não ter um projeto, isso é que é importante. Uma escola não existe sem um projeto, ela pode ter prédio, biblioteca, até computadores, mas não é uma escola, é simplesmente um depósito de gente que vai lá, às vezes adquire um conhecimento ou outro, mas não tem um projeto. Se não tiver um projeto, ela tem que se perguntar as perguntas que a gente faz para o ser humano: para que estou aqui? A favor de quem estou? Contra quem estou? Que projeto de vida quero para os meus filhos, como vejo o futuro, o planeta, a Terra? Essas questões-chave são as questões da sobrevivência do ser humano, da construção do ser humano. Então, vejo um futuro. Sou otimista, crítico. A gente tem que ser crítico. Brahms dizia que a gente deveria ser pessimista do ponto de vista da inteligência, mas otimista em relação à vontade. Então, temos que ser voluntaristas nesse sentido. Otimistas e colocando em prática as ações possíveis para mudar o mundo. Um outro mundo é possível. A educação pode dar uma grande contribuição à construção desse novo mundo.

VM: É possível prever uma transformação, uma grande transformação nos próximos anos na estrutura da atual escola? A seriação, o conteúdo programático, essa escola tende a mudar, é natural que ela mude?

MG: Com certeza. Temos a escola da era da indústria, que trabalha em séries, estamos entrando numa era do conhecimento, na era da informação. Essa escola da era da informação vai ser totalmente diferente da era da indústria, não vai ser seriada, não vai ser setorializada, ela vai invadir todo o mundo. O formal, o informal, o não formal estarão juntos. Não vai ter momento para aprender, o tempo todo estamos aprendendo, no fim de semana também, nos feriados também aprendemos. Aprendemos até quando estamos dormindo, porque o cérebro que deixar de aprender quando estamos dormindo morre. A escola não pode ser o espaço só da aprendizagem, como se fosse o único espaço da aprendizagem.

VM: *E essa transformação tecnológica cria o espaço no qual a memória pode estar no computador. Será que a educação também muda porque não precisamos mais de uma educação bancária?*

MG: Com certeza. Acho que Paulo Freire, nesse sentido, é muito atual. Aliás, Alvin Toffler esteve aqui, há mais de dois anos, e dizia, vocês têm aqui um grande educador, Paulo Freire já tinha falecido, que deixou uma forma de aprender muito atual. Como é que as crianças hoje aprendem computador, dizia o Alvin Toffler. Uma aprende e em dois, três dias já está ensinando para outra pessoa e vai a comunidade aprendendo e vai um ensinando para o outro. Não é esse o método Paulo Freire? Então, se vocês quiserem um método apropriado para ensinar no século XXI, que foi esse o tema da palestra, então discutam Paulo Freire. O público que estava lá no Memorial da América Latina ficou espantado, porque era um público que nunca tinha ouvido falar de Paulo Freire, ou ouvira muito pouco. Precisou ouvir um Alvin Toffler, autor de *O choque do futuro*, para dizer que Paulo Freire era o melhor educador para ensinar a viver no futuro.

VM: *Mas eu estava dizendo como essa educação bancária é um depósito de conhecimentos. E isso sempre esteve muito vinculado a um estímulo à memória. Antigamente, ser um grande homem, culto, era citar as páginas dos livros e as referências. Hoje, com o computador, a gente tem uma memória que está lá no celular. Isso liberta o ser humano um pouco? Essa memória externa?*

MG: Os sistemas educacionais mais bem-sucedidos do mundo, hoje, são aqueles que investiram nas linguagens, nas metodologias. O vestibular na Alemanha é feito com base em três tipos de conhecimentos, o do alemão, o do inglês e o da matemática. São três linguagens, você sabe que a matemática faz parte de todas as ciências. Pelo inglês, que é exigido como língua universal hoje, é o esperanto que deu certo, com o inglês você tem contato com as culturas diferentes, e o alemão, que é obrigatório como língua materna. Então, hoje, se investe muito mais nas linguagens, nas diferentes linguagens.

VM: *Linguagem quer dizer a capacidade de desenvolver um determinado raciocínio, e não um conteúdo específico, não é isso?*

MG: Isso. Eu acho que, se você domina as metodologias e as linguagens, você facilmente tem acesso aos diferentes conteúdos.

VM: Então, precisamos aprender a nossa língua, precisamos aprender outra língua para nos relacionarmos com o mundo, precisamos aprender a pesquisar e precisamos aprender alguns discursos, alguns métodos de aprendizagem, de ensino que existem no mundo, como a matemática. Mas os conteúdos, cada um preenche como gostaria.

MG: É. Claro que há conteúdos universais e tem de haver os mecanismos básicos de acesso aos conteúdos, porque, na verdade, aprender a ler e a escrever e contar são linguagens, são instrumentos básicos. Se não tiver isso logo lá no começo, a história é cada vez mais difícil. Por isso que, insisto, o primeiro grande professor, a primeira grande professora de um ser humano é a alfabetizadora. O foco hoje tem que ser lá na base, nenhum país se desenvolveu sem desenvolver a sua educação básica. Não adianta investir em alta tecnologia, que é importante também, se você não investir na base da formação desses futuros gênios, que estão lá esperando uma oportunidade, estão esperando uma professora, um professor entusiasmado, que ensine a ler e a escrever e que impulsione esse desejo para o resto da vida. Acho que foram essas professoras que fizeram com que tantas pessoas fossem bem-sucedidas pelo resto da vida. Por isso que temos de valorizar essa professora lá da base.

Cristovam Buarque: a escola e os desafios da inovação

Ele me recebeu em sua casa, conversamos umas três horas. Um apartamento aconchegante, mas muito simples, a moradia do senador em Brasília. Depois desse dia fiquei ainda mais próxima dos passos desse educador tão contemporâneo, tão corajoso e tão apaixonado pelo que faz, sempre acompanhado por sua simpática esposa. Um crítico da universidade, defensor de mais recursos da União para a educação, Cristovam Buarque acredita, como eu, no Brasil e investe em uma transformação por meio da educação. Nossa conversa foi tão calorosa que não conseguia acabar, continuamos conversando na porta, quando eu já estava no corredor. O senador Cristovam Buarque me trouxe muito ânimo em relação ao Brasil, à cultura e ao povo brasileiro, e eu lhe agradeço por isso.

Nunca no Brasil a educação foi uma prioridade, ele diz. A prioridade tem sido a economia. Além disso, tudo o que é para as massas no Brasil é abandonado. A municipalização dá mais autonomia aos municípios, mas os municípios são muito desiguais. Além disso, criou um descompromisso do governo federal em relação aos primeiros anos. O professor tem que ser avaliado, a estabilidade é burra. A falta de avaliação do trabalho do professor revela o descuido que temos com a educação. A universidade não está cumprindo o seu papel nem com relação à educação nem com todo o resto. Ela se isolou.

* * *

CRISTOVAM BUARQUE nasceu em Recife, em 1944, é graduado em engenharia pela Universidade Federal de Pernambuco e doutor em economia pela Universidade de Sorbonne (Paris). Foi reitor da Universidade de Brasília e ministro da Educação. Como governador do Distrito Federal, desenvolveu o projeto Bolsa-Escola, premiado no Brasil e no exterior, que assegura um salário mínimo a cada família carente que tenha seus filhos entre 7 e 14 anos matriculados em escola pública. É autor de livros sobre história, economia, sociologia e, principalmente, educação, dentre os quais se destacam: *A revolução republicana na educação* (Moderna, 2012) e *Educação é a solução. É possível* (Moderna, 2013). É senador pelo Distrito Federal.

Entrevista

Viviane Mosé: Vivemos no Brasil uma realidade muito dura, que é a da evasão escolar. O que o senhor acha que acontece com a nossa escola que está desinteressando tanto o aluno?

Cristovam Buarque: A escola é ruim do ponto de vista físico, das instalações, da modernidade dos equipamentos, da remuneração, da motivação e da preparação do professor. Isso faz com que as crianças não queiram ficar na escola. Além disso, o conteúdo não é agradável.

VM: Por que o Estado brasileiro tratou e ainda trata a educação dessa forma?

CB: Por duas razões. A primeira é porque nunca no Brasil a educação foi uma prioridade. A prioridade tem sido a economia, a educação vem em segundo lugar. Não se põe a educação como símbolo e vetor da modernização, e sim a economia. A segunda é porque no Brasil tudo que é das grandes massas, para as grandes massas, é abandonado. E não é só educação. É educação, saúde, transporte, tudo o que é do povo, no Brasil, não é bem atendido.

VM: A municipalização, que atribuiu aos municípios a responsabilidade pelo Ensino Fundamental, trouxe mais problemas do que ganhos?

CB: Trouxe o abandono. Porque os municípios são pobres e desiguais. A municipalização abandonou totalmente a educação de nossas crianças porque, ao deixá-la para os municípios, não percebemos que os municípios são muito desiguais, na renda, na vontade do prefeito, na descontinuidade. Então, quando uma criança nasce, ela é tratada como municipal, em vez de ser tratada como nacional, como brasileira. Ela é recifense, mas deveria ser, primeiro, brasileira. Para isso, a educação de base tem que ser uma preocupação nacional, do Brasil inteiro, do país, da União. É isso que eu chamo federalizar a educação de base. Mas há uma vantagem da municipalização: a descentralização gerencial. A gente tem que federalizar o compromisso com a educação, mantendo a descentralização gerencial.

VM: Os municípios podem continuar cuidando do Ensino Fundamental, desde que o governo continue presente com recursos e com avaliação de desempenho?

CB: Desde que definamos três padrões mínimos para todas as 156 mil escolas públicas da educação de base do Brasil. Primeiro, salário e formação do professor. Professor tem que ser escolhido em concurso nacional e receber um salário com padrão nacional. Segundo, criar um "habite-se" federal para inaugurar uma escola. O prédio e os equipamentos têm que seguir padrões nacionais. E, terceiro, o padrão mínimo do conteúdo. Isso é que é federalizar a educação. A gerência fica para os prefeitos, mas é preciso ter metas para que os prefeitos cumpram. Metas nacionais e uma lei de responsabilidade educacional, como há uma lei de responsabilidade fiscal. Para que isso funcione, precisa de mais dinheiro federal.

VM: *O concurso para professores no Brasil, em geral, privilegia títulos e prova escrita, e não a prova de aula. Perguntei sobre essa questão a algumas pessoas e me disseram que dá muito trabalho fazer prova de aula. Sendo que o professor, quando é contratado, fica eternamente professor, porque é muito difícil demitir um professor no Brasil. O que o senhor acha desse processo de seleção e contratação do professor? Isso atrapalha, tem atrapalhado o bom desempenho das escolas?*

CB: Primeiro, sobre essa permanência do professor. Não podemos deixar que o governador, o prefeito, o presidente demita o professor porque ele quis. Tem que ter uma estabilidade em relação ao poder público, mas não em relação ao aluno, não em relação aos pais, tem que haver avaliação do professor. Se a comunidade — pais, alunos — mostra que esse professor não é bom e, além disso, um concurso provisório mostra que o professor não estudou, não aprendeu, tem que substituí-lo. Manter essa estabilidade burra é contra o interesse nacional e das nossas crianças. Agora, dar ao governante o poder de demitir quando quiser um professor, aí é negativo também.

VM: *Então, na verdade, a gente deveria reestudar essa legislação e encontrar outros mecanismos de avaliação e de demissão, não é? Não é abrir 100%, mas tem de haver uma forma de demitir um professor.*

CB: Tem de haver. A gente continua indo a um médico que não cumpre o seu papel? Ninguém vai duas vezes a um médico que erra e que não se preocupa, que não nos trata bem. Por que a gente aceita um professor assim? Por que a gente aceita um professor que não dá aula se não aceita um médico que na hora da cirurgia diz que não vai fazer? O professor tem que ser avaliado permanentemente, e, se a avaliação for ruim, tem de haver critério para substituí-lo por bons professores.

VM: *E, em relação aos concursos para admitir professores, o senhor fala de um concurso nacional sempre. Isso é uma ideia interessante.*

CB: Os funcionários do Banco do Brasil, da Caixa Econômica, da Polícia Federal são escolhidos em concurso nacional. Tem que fazer o mesmo com o professor. Agora, se a gente fizer um concurso nacional para professor, hoje, vai haver muito poucos professores, por isso é que tem que escolher algumas cidades para começar. Aí, começando naquela, vai ser um exemplo tão bom para o Brasil que as outras virão. Os jovens vão começar a querer ser professores, como hoje querem ser delegados da Polícia Federal, como hoje querem ir para o Banco do Brasil. Antigamente mais ainda. A gente vai melhorando por cidade, e as crianças deste país vão começar a ter boas escolas, os jovens vão querer ser professores, vão começar a estudar mais e a gente continua fazendo concurso público nacional. Agora, para isso, tem que elevar muito o salário dos professores nessas cidades, porque no Brasil inteiro dá para aumentar pouco, não dá para fazer uma grande revolução.

VM: *É um processo que tem que acontecer aos poucos.*

CB: Tem que fazer aos poucos no Brasil e já em algumas cidades. Essa é a minha posição. Em dois anos, a gente pode revolucionar completamente a educação de uma cidade, mas não pode fazer todas as cidades em dois anos.

VM: *O aumento dos professores no Brasil é feito por decreto, e o professor que se dedica é tratado do mesmo modo que o professor que não se dedica. Será que tratar por município, como é a sua proposta, não seria também uma forma de ter uma delicadeza maior com esse processo, em vez de resolver tudo por decreto?*

CB: Não é por uma questão de delicadeza, é pela impossibilidade de fazer no país inteiro de uma maneira rápida, é demagogia dizer que a gente vai rapidamente mudar a educação em todo o Brasil. Agora, pode mudar radicalmente em algumas cidades. Quanto ao professor, a gente não trata dessa maneira leviana as outras profissões. Nas outras profissões somos exigentes, a gente não aceita um profissional que não é bom, em outras categorias. No magistério a gente aceita, porque a gente despreza a educação. No dia em que este país não desprezar a educação, não vai haver lugar para professor que não seja dedicado, que não seja competente e que não dê bons resultados.

VM: *E ao mesmo tempo em que os competentes mereçam ser glorificados.*

CB: Claro, além disso os competentes merecem ser glorificados, mas eles deveriam ser a regra, todos deveriam ser dedicados e competentes. Tem que tirar os que não são dedicados e competentes. Só que isso não é possível com salários baixos. Então, na verdade, o que há hoje: os governos fazem de conta que pagam, os professores fazem de conta que dão aula, os alunos fazem de conta que estão aprendendo e os pais não estão nem ligando. Tem que quebrar esse círculo vicioso.

VM: *Qual tem sido o papel da universidade na formação dos professores?*

CB: A universidade não está cumprindo o seu papel. Ela abandonou praticamente a formação de professores, abandonou as licenciaturas e deu pouca importância à pedagogia. Tem que mudar isso. A universidade tem que ter um compromisso com a educação. Minha proposta é que isso não virá enquanto a gente não dividir o MEC em dois: Ministério da Educação de Base e Ministério do Ensino Superior, ou juntar esse de Ensino Superior com Ciência e Tecnologia. Quando a gente fizer isso, o Ministério da Educação de Base vai chegar para as universidades e dizer: quero contratar vocês para que formem professores, transfiro tantos milhões de reais e vocês têm que me dar tantos professores, primeiro ponto. Segundo: não podemos aceitar o diploma da universidade como um indicativo pleno da competência. Tem que trazer o diploma, mas tem que se submeter a um concurso. Volto ao Banco do Brasil, ninguém entra no Banco do Brasil com o diploma de economista, você tem que ter o diploma de economista e fazer um concurso.

VM: *Mostrar a competência.*

CB: Mostrar a competência. E a cada ano tem de mostrar essa competência melhorando, porque de um ano para o outro muda o saber, muda o conhecimento. Mostrar o resultado do seu trabalho, tem de olhar qual é o resultado do trabalho do professor como a gente olha o resultado de todas as outras categorias profissionais.

VM: *É muito comum, hoje, entre os educadores, discutir o isolamento em que a escola está em relação à comunidade, a necessidade de reinserir a escola na comunidade. Mas a minha impressão é que isso acontece primeiro na universidade, que a universidade não é a de Brasília, a de São Paulo, ela é uma universidade abstrata, que vê a si mesma o tempo inteiro e que não está vinculada à realidade do país. O senhor acha que isso procede?*

CB: Procede em grande parte. Eu não acho que não é do país, é da lua. A universidade hoje está desvinculada, em grande parte, dos problemas do mundo. Ela não está se situando na vanguarda, está ficando para trás, como há mil anos os conventos ficaram para trás. Quando chegou o pensamento grego à Europa, os clássicos chegaram à Europa por meio dos árabes, os conventos onde estavam os sábios não conseguiram avançar. Os conventos ficaram para trás. Aí surgiu a universidade. Se a universidade não tomar cuidado, ela vai ser o convento do século XXI. Vão surgir outras instituições, vão surgir instituições pós-universitárias, que eu nem sei que nome terão, nas quais o diploma vai ser provisório. Você tem que provar que é bom o tempo todo, o endereço geográfico é menos importante do que o eletrônico. Você vai poder aprender de casa, o professor terá que assumir que não sabe tudo, vai ter que ter um diálogo com o aluno e uma quantidade de outros itens que o mundo de hoje exige. Por quê? Porque a velocidade com que o conhecimento avança é muito grande. Há áreas do conhecimento, profissões, que ficam obsoletas de repente, há outras que surgem. A universidade não é capaz de acompanhar isso, há cursos que já deveriam estar fechados há muito tempo e a universidade continua insistindo em formar esses profissionais. E há áreas novas, que surgem fora da universidade e só depois é que ela incorpora.

VM: *Existe certa atmosfera sagrada, um poder nesse isolamento.*

CB: Mas há também a maneira como cada área ficou isolada da outra nos seus departamentos. Perdemos a capacidade de pôr pessoas diferentes pensando coisas diferentes. A verdade é que a universidade é uma espécie de cemitério de intelectuais. A universidade forma doutores, não forma pensadores, não forma intelectuais, pessoas com o pensamento livre, capaz de voar. O aluno de doutorado que fizer uma tese voando muito, o orientador dele não aprova. Aí, ele se submete. Para fazer um concurso e entrar na universidade como professor, ele tem que fazer uma tese bem comportadinha, de acordo com o que os colegas querem. Aí, não existe intelectual. Intelectual amarrado ou em silêncio não é intelectual. Pode ser doutor, intelectual não é.

VM: *E tudo isso a gente vê reproduzido no Ensino Fundamental e no Médio, não é? As matérias segmentadas, a ausência de discussão, de reflexão, de vida. Como é que o senhor vê a entrada da filosofia, a reinserção da filosofia no Ensino Médio pela via de um decreto?*

CB: Se o decreto for cumprido, é bom, porque obriga. Se obrigar, não vai haver volta, até porque a filosofia é a mãe de toda a educação. Os primeiros educadores eram filósofos. Não eram professores, eram filósofos. Então o decreto é correto para levar à exigência, mas só por decreto não dá. E aí tem outro perigo, se a gente ensinar apenas a história da filosofia não basta, tem que ensinar o menino a filosofar, a fazer perguntas. Às vezes, o professor de filosofia ensina o menino a decorar quem foi Sócrates, sem dizer para esse menino que Sócrates criou um método de ensino que era baseado em fazer perguntas. A grande filosofia, a grande aula de filosofia é ensinar aos meninos a fazerem perguntas, sobretudo perguntas inusitadas, que ninguém está fazendo e ele faz. Por decreto é bom do ponto de vista político, mas do ponto de vista pedagógico a questão é mudar a cabeça daqueles que ensinam filosofia.

VM: *E talvez falte filosofia na formação do professor, não é?*

CB: Falta filosofia na formação de todo mundo e, hoje, não podemos mais formar ninguém bem sem filosofia. Como é que a gente forma um engenheiro, por exemplo, sem filosofia se ele, por meio de sua profissão, pode destruir o meio ambiente? Se ele, por meio de sua profissão, pode provocar desastres? Como é que a gente forma um médico hoje sem ele filosofar sobre o que é a vida, o que é a morte? Como é que a gente, então, forma um professor sem filosofia? Não pode. O mundo está em mutação, em mudança. A filosofia é o único caminho para a gente trazer a dimensão ética, que é a forma de definir para onde a gente vai.

VM: *Ter um projeto de sociedade? Porque a gente não tem.*

CB: Ter um projeto de mundo, de sociedade, e um projeto existencial. Sem ética, você não define corretamente o seu projeto existencial, ainda menos o seu projeto nacional e nem o projeto de Humanidade. Então, a filosofia deveria ser a principal profissão do mundo hoje. Mas como profissão ela não basta. Isso me traz à lembrança uma pergunta sua anterior sobre o porquê de a gente não dar importância à educação. No Brasil não se dá importância à educação por uma questão cultural, da nossa formação enquanto sociedade. Mesmo aqueles que gastam dinheiro com a educação do filho não querem uma educação, querem um salário para o filho. Por isso que o filho estuda, estuda, estuda, chega aos 17 anos e diz: meu pai, quero ser filósofo. O pai desaba. Ninguém é melhor educador do que um filósofo, mas o pai não quer filósofo, porque filósofo não ganha um salário bom. Então, a gente não investe em educação, no máximo a gente investe no salário que a educação vai dar. A gente paga a mensalidade da escola como se estivesse colocando dinheiro na poupança.

VM: *A gente não investe na vida, mas no mercado.*

CB: Não investe na vida, não investe na formação. Investe no mercado.

VM: *Como se uma pessoa apenas bem-colocada no mercado vivesse bem.*

CB: É verdade. E, mais grave ainda, como se o mercado fosse permanente. O mercado muda as exigências em relação ao profissional. O profissional que se buscava há cinco anos é diferente do que se busca hoje. Então, o aluno de hoje tem que ser capaz de se ajustar ao mercado. Eu não sou contra o mercado. É uma realidade. Mas o mercado não é fixo.

VM: *Ele tem que se reinventar, não é? Como o senhor vê a educação do futuro?*

CB: É difícil a gente ver o futuro em qualquer área. Em educação também, mas uma coisa a gente sabe: a educação do futuro vai precisar de um professor diferente.

Até aqui o professor foi um trabalho artesanal: ele, o giz e o quadro-negro. Daqui para a frente vai ser o trabalho de três pessoas: ele, que sabe a disciplina; alguém que entende de desenho gráfico para colocar aquela aula no monitor e na televisão; e um especialista em telecomunicações para levar essa aula para todos os lugares. A aula não pode ficar mais dentro da sala. É um egoísmo muito grande restringir numa sala trinta pessoas, quarenta, assistindo. É preciso alguém que saiba comunicar. Não dá mais, com os recursos de hoje, deixar que um professor, como eu faço, ficar desenhando no quadro. Isso é uma coisa muito antiga. Tem que ser dinâmico, com desenhos gráficos, usando todas essas maravilhas da computação gráfica. E tem de haver, claro, o professor tradicional, que é aquele que conhece a disciplina. Não vai ser mais um trabalho artesanal, vai ser um trabalho de equipe. Como a produção de uma cadeira como esta.

VM: Então, se a tecnologia permite que uma aula seja dada para milhões de pessoas, diminui um pouco o papel do professor-reprodutor. Esse professor não tem mais importância porque o computador reproduz. Talvez cresça a importância do professor-pensador.

CB: Claro. Até porque ele vai refletir com esses milhões e, pela internet, vai receber perguntas. Uma coisa é você receber perguntas de trinta pessoas, outra é de trinta milhões. Virão muito mais perguntas inteligentes, interessantes, diferentes.

VM: O número de professores vai diminuir, então?

CB: Não. Vai aumentar, porque são três pessoas em vez de uma. Considero os três parte do processo de magistério. Além disso, você vai aumentar muito o número de pessoas dedicadas à educação.

VM: O papel do professor muda, mas a educação ainda vai exigir um grande número de pessoas, só que são outros profissionais.

CB: Sempre vai exigir muito. Computador não dá aula, computador ajuda. Computador é um quadro-negro com um pouquinho mais de recursos, ou melhor, com muitos recursos mais. Mas sem o professor o computador não seria nada. Você pode dizer que o computador até decora, grava a aula para passar depois. Isso é bom também. Para que impor a ditadura de o aluno chegar às oito da manhã na sala de aula se ele pode assistir depois em casa? Aí dizem: mas falta a presença física. Para o Ensino Fundamental, essa presença física é realmente fundamental, porque o menino não vai para a escola só para aprender a disciplina, mas também para sociabilizar-se com os outros, para conviver, para ter afago. O professor é a pessoa que faz afago também à criança no Ensino Fundamental. Já a partir do Ensino Médio diminui a necessidade presencial, e na universidade vai diminuir mais ainda.

VM: Os professores têm muito medo dessa transformação, por acharem que vão se tornar obsoletos.

CB: Não vão se tornar obsoletos. Eles vão é ter que estudar muito para não ficar obsoletos. Então, eles vão ter que mudar, como todas as profissões estão mudando. Todo mundo tem que mudar, senão fica obsoleto hoje. Operário, não tem mais operário hoje, tem operador. Aquele operário que usa a mão, a expressão mão de obra vai acabar, vai ser dedo de obra, se quiser. Agora, a diferença é que quem usa a mão precisa de parte de formação, quem usa o dedo precisa de muito mais. Tem que se adaptar, senão vai ficar obsoleto e morrer. Vai ficar para trás.

VM: *O senhor acha que a nossa educação ainda é muito conteudista, centrada no acúmulo de conteúdos, e não na elaboração intelectual desses conteúdos?*

CB: Totalmente conteudista ainda. A gente não dá importância às perguntas. Sabe como eu gostaria de ver um vestibular? Entram os alunos que fizerem as melhores perguntas. Não os que dão as melhores respostas, baseadas no que os professores ensinaram a eles. A gente deveria entrar numa universidade para responder às perguntas que a gente adquiriu no Ensino Médio. Mas não é assim. Hoje, é fundamental ensinar as pessoas a fazerem perguntas e saberem onde encontrar as respostas. Por isso é importante saber manejar, navegar no computador para encontrar respostas que já estão guardadas em algum lugar.

VM: *Qual é, para o senhor, a importância da arte nesse processo educativo que se inicia hoje no mundo, nessa revolução do pensamento?*

CB: Para você se adaptar às novas exigências dos tempos, você tem que ser capaz de criar. Para isso precisa de sentimento, e o sentimento vem da arte. E mais duas coisas: muita formação das bases do pensamento. Humanismo, os gregos, também os pensadores indianos, chineses, tibetanos. E esporte. O corpo, a manifestação do corpo, a prática do esporte, ajuda muito a desenvolver a sua capacidade de estar vivo e, por meio disso, educar-se. Isso tem 2.500 anos. "Corpo são, mente sã." Eu acho que essas três coisas são as que vão trazer sentimento, que vão permitir que você dê um salto. Tenho minhas dúvidas se Einstein teria descoberto a teoria da relatividade e tudo mais que ele descobriu se não tocasse violino, além de ser físico. Porque o que Einstein fez diferente dos outros foi fazer a pergunta certa. Os outros queriam responder a uma pergunta, ele fez outra pergunta. Essa ideia de fazer outra pergunta exige sentimento, sentimento exige arte, exige deslumbrar-se com as coisas do mundo. Ao lado dessas três, ponho a capacidade de indignar-se com o que está errado e ser solidário para resolver os problemas que estão errados no país. Não posso admitir uma escola hoje que dá aula ao aluno que passa por uma favela realmente pobre toda vez que vai de casa para a escola e a escola não fala daquela favela. Não lembra ao aluno que ali tem uma coisa que está errada e, ao mesmo tempo, não passa para essa criança a solidariedade. Seja de ajudar aquilo, como Madre Teresa, seja de ir ali fazer uma revolução. Não preciso citar os nomes de quais foram os revolucionários. Mas tenho que provocar esse sentimento de solidariedade de transformar o que está errado.

VM: *Indignação. A gente está perdendo essa indignação.*

CB: A gente perdeu a indignação praticamente. Então, tem que dar indignação. Mas a indignação pura vira raiva. Ela tem que vir acompanhada do sentimento de mudar o mundo. Aí, tem duas formas, a caridosa e a revolucionária, rebelde. Creio que as duas são boas, mas a que resolve é a rebeldia. A generosidade é muito importante porque é imediata para ajudar, mas, a longo prazo, só a rebeldia é que consegue mudar o mundo.

VM: *Criando novos projetos de homem, de vida e de sociedade.*

CB: Tendo utopia e vontade de mudar as coisas.

VM: *Existe hoje no Brasil uma descrença muito grande no poder público e em si mesmo. Não é só no poder público, há uma descrença no país, na população. Como o senhor acha que a gente podia mudar esse estado de coisas? Por que essa indiferença em relação às coisas faz com que a gente se torne cada vez menos ético?*

CB: Tentando quebrar essa mentalidade de que o país muda quando o PIB sobe. O que faz o país mudar não é o PIB subir, é a taxa de analfabetismo cair, a taxa de jovens que terminam o Ensino Médio subir. É a capacidade dessas escolas de formarem um homem e uma mulher preparados para o mundo moderno, capazes de deslumbrar-se com a realidade, indignar-se também com a realidade, capazes de ter os instrumentos para transformar a realidade. A técnica, a ética e a estética.

VM: *Economicamente o Brasil não vai tão mal como foi há vinte anos. A situação financeira do Brasil não é tão ruim, ela está até melhorando. No entanto, a situação social continua a mesma.*

CB: Por causa da educação. Isto é, o que esqueceram ao longo do tempo. Mesmo os socialistas achavam que o crescimento econômico levaria a uma revolução socialista que igualaria todo mundo. Não vai ter igualdade pela renda. A igualdade será dar a mesma chance. Não há por que ter igualdade de renda para todos.

VM: A gente fala de muitas coisas variadas, mas é óbvio que é preciso mudar o orçamento para a educação, não é isso?

CB: Mas não é o primeiro. Tem que ser junto. Mudar o orçamento com intervenção na escola, com definição de metas, com cobrança, com elaboração de um grande pacto. Só jogar mais dinheiro pode ser inútil se não houver algumas mudanças. Se amanhã chovesse dinheiro no quintal de uma escola, viraria lama na primeira chuva. Para transformar um real em lubrificante dos neurônios, é preciso uma porção de etapas, que se não fizermos vamos jogar dinheiro fora.

VM: O que é fundamental que um professor tenha para ser um bom educador?

CB: A santíssima trindade: cabeça, coração e bolso. Bolso bem-remunerado, cabeça bem-informada e coração bem-motivado. Dois desses não resolvem nada. Tem que ser os três. Só dinheiro no bolso, sem boa cabeça, mesmo com coração bom, não resolve. A cabeça e o coração, sem dinheiro no bolso, não virão. Essas são as três coisas: cabeça, coração e bolso.

VM: Então o senhor acha que aumentar o salário dos professores simplesmente não resolveria o problema também?

CB: Não. Honduras já fez isso, outros países fizeram. Sem aumentar salário não tem solução, mas só aumentar salário não resolve nada. Só aumentar o salário do professor é fazer uma bolsa-família para professor. Você tem que aumentar o salário se esse professor for mais dedicado, mais preparado e estiver produzindo mais resultados.

VM: Quando a gente não avalia, não cobra, acaba recebendo qualquer resultado, como se a gente não merecesse.

CB: No Brasil os pobres consideram que uma boa educação é um direito divino dos filhos dos ricos. O pobre não acha que tem direito a uma boa escola. Ele acha até que tem direito a ter um carro de rico, mas não uma escola de rico. E do lado dos ricos eles acham que educando seus filhos não precisam educar os filhos dos pobres. O que é uma burrice. Porque um país só é educado se todos forem educados. Então, os pobres acham que não é possível e os ricos acham que não é preciso. Essa é a grande tragédia que impede o Brasil de dar um salto na educação.

VM: Para que ela seja uma questão de todos. E que todos se beneficiem dela.

CB: Toda vez que você educa uma pessoa quem está ao redor dela se beneficia. É a única coisa que ao dar você recebe. Quando você passa um real para outro, ele saiu do seu bolso, você perdeu um real. Agora, quando você ensina a uma pessoa literatura, você se beneficia, porque vai poder conversar com ela. Imagine uma pessoa que só falasse um idioma. Não serviria de nada. Só é bom a gente falar um idioma quando todo mundo fala também. Educação é assim. A gente só se beneficia quando todos ao redor também são educandos.

VM: O senhor fala uma coisa interessante que é o contágio. Como uma doença invertida.

CB: Uma doença positiva.

VM: *Porque, se esse contágio não existir, essa crença, essa paixão na transformação não existir, a gente não dá nenhum passo. Não é isso?*

CB: Não dá nenhum passo, porque não adianta querer que o presidente da República faça isso se não houver esse contágio. Primeiro, porque ele não vai ser eleito se não houver esse contágio. O presidente é que levaria a essa mudança. Segundo, porque ele não vai ter poder sozinho. As coisas só mudam no país quando a sociedade em seu conjunto quer fazer essa mudança. Lamentavelmente, acho que hoje ainda não há essa vontade de mudar o Brasil pela educação.

Celso Antunes e a formação do professor: é preciso muito mais do que conteúdo

O professor Celso Antunes tem uma agenda muito cheia, viaja o tempo todo, indo aos mais distantes municípios brasileiros. Conhece a realidade brasileira como poucos e acredita nela, acredita nas boas práticas e defende uma educação corajosa e inovadora. Conversamos enquanto caminhávamos em um parque em São Paulo, foram momentos muito agradáveis. Com sua extensa experiência, o professor Celso conhece a prática de sala de aula como poucos, os ganhos, as manias, os vícios do nosso cotidiano escolar, e me ensinou muito. Ele acredita em uma escola viva, tendo como eixo a necessidade dos alunos; uma escola centrada na pesquisa; não no ensino, mas no desenvolvimento da aprendizagem.

Aprender é utilizar em outras situações, ele diz, o sentido da aprendizagem. O Brasil é um mosaico, tem escolas admiráveis e outras permanecem na Idade Média, e isso independentemente de recursos. É preciso acabar com a crença de que o domínio do conteúdo basta para a formação do professor. Ele precisa saber fazer com que o aluno aprenda. O bom aluno é aquele que sabe pesquisar, argumentar. Importam as competências, não os conteúdos. Nossa fragmentação curricular é no mínimo perversa. A questão não é o que ensinar, mas como. O papel da educação infantil é ensinar o aluno a ver. Ver é um aprendizado, assim como ouvir, falar e ler. A informação está na internet, o professor precisa estimular a produção de conhecimentos. O aluno não pode ser o espectador, ele deve ser o ator na situação de aprendizagem.

* * *

CELSO ANTUNES nasceu em São Paulo em 1937. Bacharel em geografia e mestre em educação pela Universidade de São Paulo, foi professor, por mais de quarenta anos, em escolas públicas e particulares, bem como diretor de importantes colégios de São Paulo, como o Pueri Domus. Sócio fundador do Todos pela Educação, é consultor da Fundação Roberto Marinho, além de trabalhar no Canal Futura. Ministra cerca de 150 palestras por ano no Brasil e no exterior e participa da produção de videoaulas sobre educação. É autor de, entre outros: *Como desenvolver conteúdos explorando inteligências múltiplas* (Vozes, 2001), *Professor bonzinho = aluno difícil. Disciplina e indisciplina em sala de aula* (Vozes, 2002), *Novas maneiras de ensinar, novas formas de aprender* (Artmed, 2002), *A linguagem do afeto — Como ensinar virtudes e transmitir valores* (Papirus, 2005) e *Diário de um educador* (Papirus, 2007).

Entrevista

Viviane Mosé: O que o senhor considera aprender?
Celso Antunes: Aprender é essencialmente se transformar. Se não há mudança, não há aprendizagem, ou pelo menos existe aquela aprendizagem mecânica, mnemônica, de quem repete sem pensar no que repetiu. Aprender é como subir uma escada, é pisar num primeiro degrau, encontrando a perspectiva do degrau seguinte. Então, aprender é essencialmente se transformar.

VM: É como se fosse uma chave que vai abrindo outra porta, e outra porta. Quero dizer, existe uma complexidade no processo de transformação ou ele é um processo linear?

CA: Não. Existe uma complexidade muito grande porque o verdadeiro aprender é saber utilizar em outras situações o sentido da aprendizagem. Se aquela matemática que eu aprendo não me ajuda a caminhar, não me ajuda a fazer compras, não me ajuda a compreender aquele lance esportivo. Se aquela língua portuguesa que eu aprendo não ajuda a me comunicar, a colocar toda a intensidade das minhas emoções na minha fala, eu, na verdade, não aprendi. Então, a complexidade do aprender está muito ligada a usar o que se aprendeu não como quem repete uma frase que memorizou, mas como quem é capaz de operacionalizar, em contextos diferentes, aquilo que, de certa forma, num único contexto desenvolveu.

VM: Será que a escola brasileira está construindo esse espaço de aprendizagem?

CA: Eu creio que o Brasil, educacionalmente, é um mosaico. Encontramos escolas admiráveis, experiências sensacionais e, às vezes, do outro lado da rua, dentro do mesmo município, escolas que nos remetem à Idade Média, escolas muito primitivas. Creio que esses espaços de aprendizagens autênticos, verdadeiros, são restritos, mas não estão ausentes do Brasil e, curiosamente, não são prerrogativa de municípios mais ricos e nem da entidade obrigatoriamente particular, e não pública. Mas existem.

VM: Muito interessante o que o senhor está dizendo. O senhor não está associando as boas experiências em educação com boas condições físicas ou financeiras da instituição.

CA: Sem dúvida nenhuma. É claro que há um mínimo necessário ao ser humano, ao ente biológico que é o ser humano, para o processo de aprender. Uma criança emocionalmente estraçalhada, subnutrida, encontrará dificuldades orgânicas inerentes a todo corpo que não se completou. Mas, satisfazendo essas condições mínimas, ela pode ter numa escola pública ou numa escola particular de recursos limitados condições de aprendizagem que, às vezes, escolas fantásticas, com paredes vitrificadas e piscinas aquecidas, não proporcionam.

VM: O que o senhor considera fundamental numa relação de aprendizagem?

CA: Absolutamente o professor. Acho que o paradigma, ou a equação, se preferirem, professor = escola, mostrando que escolas que têm professores realmente comprometidos são escolas excelentes, é fato incontestável. Todos os demais elementos são atributos que podem auxiliar esse desempenho, mas a essencialidade do processo de educação é o professor. Como a essencialidade do processo da cirurgia é o cirurgião. Não há alternativa.

VM: *E o que o professor precisa ter ou saber para ser um bom professor?*

CA: Em primeiro lugar, a consciência de que a aprendizagem é um processo dinâmico. A consciência de que não se sabe tudo e que, a cada momento, tem que se estar aberto a novas aprendizagens. Em segundo lugar, sepultar aquela crença muito antiga da escola brasileira de que o domínio do conteúdo é a ferramenta essencial do trabalho do professor. É importante que o professor conheça conteúdos, que o matemático saiba matemática, mas que ele busque entender como o ser humano aprende, como se avalia esse ser humano, de que maneira posso ensiná-lo a argumentar, a pesquisar, a conquistar uma visão sistêmica, tudo isso é essencial no trabalho do professor. E isso não se conquista senão por meio de um processo permanente de reaprendizagem e de transformação. Professor que festeja sua formatura atirando diploma para o alto e queimando os livros é, incontestavelmente, um profissional fracassado. Então, esse processo de permanente mudança é crucial em todos os atos da educação que ele virá a cumprir posteriormente.

VM: *O que o senhor diria aos professores brasileiros, que conselhos, para eles repensarem a relação com o ensino?*

CA: Eu diria que não sei como será o mundo de amanhã, mas sei que será da maneira que o professor o fizer.

Dizendo isso como quem chama a sua atenção para a sua responsabilidade, não uma responsabilidade poética, romântica, mas uma responsabilidade que se concretiza numa ação. Então, verificar que atributos fazem de um professor um grande professor e buscar conquistá-los, posto que nenhum deles é inacessível, posto que nenhum deles é difícil de ser conquistado. Será que realmente esse professor tem sentimento de empatia, sente o outro em si, será que se atualiza, será que realmente faz uma avaliação consciente? Será que efetivamente tem confiança no aluno? Será que percebe aquele conteúdo que ministra nas atividades que o aluno desenvolve? Será que aprendeu outras estratégias de aula? Será que crê que só existe uma maneira de dar aula? Será que no mundo inteiro aula é sempre a presunção do discurso? Creio que todos esses elementos não são difíceis de o professor conquistar, desde que esteja consciente de que é um ente em permanente processo de formação e vá buscar essa formação. Ele, que é tão hábil em avaliar, que se autoavalie e que, em se autoavaliando, se perceba em que itens ele pode e precisa aprimorar e faça de cada ano letivo que começa um exercício no caminho desse aprimoramento. Aí se terá os professores que se pretende, e a educação realmente poderá responder pelo seu verdadeiro papel.

VM: Então, se eu entendi, o senhor está trazendo a nossa discussão para a pesquisa, a necessidade da pesquisa, tanto na formação do professor quanto na do aluno. É isso? A importância de uma educação pela pesquisa?

CA: Creio que sim. Costumo dizer que a minha concepção de aluno preparado, que está terminando um ciclo de estudos sabendo, não é aquele que conhece o nome do rio mais comprido, da montanha mais alta, é aquele que sabe pesquisar, que sabe argumentar, que tem uma visão sistêmica, que sabe ligar-se ao mundo, ele é cidadão do momento que vive. Não precisa ter informações minuciosas de toda parte, mas ter informações objetivas e concisas do mundo inteiro, ter aquela leitura, aquela visão de mundo. É aquele aluno que sabe agir, que é capaz de dominar diferenciações de pensamento, ele sabe analisar, comparar, classificar, e esse aluno se faz com os conteúdos. Se quero que uma criança argumente, preciso de um fato. Esse fato pode ser geográfico, pode ser histórico, pode ser matemático. Então, não preconizo o conteúdo pelo conteúdo, mas o conteúdo enquanto ferramenta para desenvolver essas competências que efetivamente qualificam o aluno para tudo, para o trabalho, para o viver, para as relações interpessoais. Nesse sentido, esse conceito não é difícil de ser alcançado, desde que o professor queira buscá-lo.

VM: *Nossa educação ainda é muito baseada no que Paulo Freire chama de uma educação bancária. Uma educação de acúmulo de dados. Como a gente passaria dessa educação bancária para uma educação mais ativa, na qual o aluno tivesse uma participação e o professor fosse pesquisador?*

CA: Pois é. Eu fico pensando no que Paulo Freire disse de uma maneira admirável, há quase trinta anos, quase trinta anos se passaram e essa educação bancária continua ainda presente, quer dizer, se ensina hoje para cobrar amanhã. É mais ou menos como se eu depositasse um dinheiro na conta para depois verificar no extrato que esse dinheiro está acumulado, e isso tem que ser transformado. Agora, de que maneira? Sabidamente, a multiplicidade de cursos de pedagogia não permite que todos tenham autoqualidade. Então, com congressos, com debates, com leituras, com a própria mídia se sensibilizando, não em termos de slogans para a educação, mas de ações concretas ajudando aquele professor, mas principalmente com encontros, com reuniões. Sinto que os professores se reúnem muito pouco e quando se reúnem é para relatar ocorrências que perfeitamente podiam ser relatadas num boletim, num relatório, mas não há reunião de professores para se discutir aquele livro que se leu, aquelas estratégias que se fizeram, aquela prática que se desenvolveu, aquela abertura para que todos possam, na medida do possível, assistir à aula de todos. De repente, aquela estratégia interessante que estou desenvolvendo na aula de ciências pode ser explorada pelo professor de história, precisaria criar-se um clima favorável a isso. Eu, no ano passado, fui a um município no Rio Grande do Sul onde municípios pequeninos no Vale do Taquari se integraram e cada um deles estudou durante dois meses um livro, depois marcaram um encontro, no qual, a cada dia da semana, o grupo de professores de um dos municípios contava das leituras e das práticas que tinha desenvolvido em função dele. Saí de lá com a sensação de que aqueles professores leram seis livros quando, na verdade, cada um deles leu um só. Então, tudo isso é plausível, há caminhos, é preciso que existam vontade e, no caso da rede de ensino estadual/municipal, políticas para que esses caminhos sejam realmente palmilhados.

VM: *Precisamos discutir, então, essa fragmentação do saber que, na verdade, produziu uma escola seriada. O que o senhor pensa dessa estrutura que ainda predomina no Brasil, da seriação, da aula de cinquenta minutos?*

CA: Se há uma palavra que, na minha opinião, define esse conceito, eu diria, no mínimo, absurdo, porque não conheço outra palavra mais agressiva para expressar esse fato. Creio que todos os saberes da escola estão facilmente qualificados em experiências lógico-matemáticas, experiências linguísticas, experiências a respeito do mundo e experiências a respeito da ciência, e, nesses quatro grandes ramos, estão todas as disciplinas curriculares, porque o mundo não é apenas o mundo contemporâneo que se vive, mas as feições que esse mundo teve. Ciências é a essência. Por que fragmentar na física, na química, na biologia, e dentro de cada uma delas as outras fragmentações, quando, na verdade, esses poucos ramos dos saberes poderiam caracterizar macroideias de disciplinas e essa fragmentação curricular, que é, no mínimo, perversa, deixaria de ser esse absurdo que na realidade o é. E também ocorre com respeito à própria fragmentação da aula. Acho que a permanência do aluno brasileiro em sala deve aumentar, mas não para aumentar apenas o número de aulas. Aumentar as situações de aprendizagem, visitas, excursões, experiências práticas, projetos desenvolvidos, debates organizados. Então, tudo isso se inclui nessa ideia de desfragmentação do currículo e do próprio espaço de duração da aula.

VM: *Precisamos de uma discussão sobre o currículo, não existe um debate muito amplo sobre a reforma curricular no Brasil.*

CA: Não, não existe. Um plano nacional não existe. Às vezes, pode até suscitar discussões numa escola ou, às vezes, até nesse ou naquele município, mas essa reflexão de que o currículo não trabalha o saber pelo saber em si, mas o saber como ferramenta para desenvolver competências, não há. Creio que o aluno aprende geografia para ler o jornal, para entender um programa de televisão a respeito de notícias. Ele aprende língua portuguesa para se expressar, para falar, para conviver, para dizer das suas emoções, para se declarar, para argumentar. Ele aprende matemática para frequentar um shopping, um supermercado, para entender o que se esconde por detrás daquela prestação na qual os juros estão embutidos. No entanto, não se percebe essa tentativa do conteúdo como ferramenta da ação, mas o conteúdo pelo conteúdo. Eu, às vezes, até com certo sarcasmo, pergunto: será que aquele motorista de praça sabe quais são os afluentes da margem esquerda do São Francisco? Será que não saber isso vai impedir a sua qualificação profissional? Claro que não. Então, os currículos existem para que os saberes ali colocados sejam instrumentos para desenvolvermos competências e habilidades, e não para o saber em si, até pelo envelhecimento desse saber em muito pouco tempo.

VM: *Temos uma escola afastada da vida da sociedade?*

CA: Absolutamente afastada. Quando o professor fecha aquela porta da sala de aula, está convidando o aluno para o ingresso num templo que não existe mais.

Por isso que muitas vezes os alunos cabulam a aula ou se sentem oprimidos de ficar lá dentro, porque eles não percebem a conexão entre aquilo que aprendem com a rua em que andam, o rio em que pescam, o futebol que jogam, o mundo que, de certa forma, eles desenvolvem.

VM: *Poderíamos dizer até que a escola está triste.*

CA: A escola está muito triste, o aluno está muito triste, mas um dado muito importante: quando entrevistamos esse aluno, essa tristeza não se reflete em todas as aulas. Então, aquele professor que tem essa sensibilidade para construir essa outra maneira de ver é um professor que se destaca. Às vezes, ele não se destaca em outros aspectos, poucos sabem que ele existe, mas o aluno sabe, o aluno reconhece. Dificilmente encontro um aluno que me diz "odeio todos os meus professores, odeio todas as minhas aulas". Essa distinção que se faz mostra que algumas luzes existem e que algum brilho pode, realmente, florescer.

VM: *O senhor acha importante, nessa nossa conjuntura atual, sentar para discutir o currículo básico no Brasil? O currículo mínimo, digamos assim.*

CA: Creio que antes de discutir o currículo mínimo e se pensar em implantar mais disciplinas, ou se substituir conteúdo A pelo conteúdo B, a discussão que deve prevalecer é sobre como trabalhar o currículo, como fazer dos conteúdos a ferramenta para desenvolver. Se quero que um aluno pesquise, preciso de um tema, é irrelevante que o tema seja da língua portuguesa, da geografia, da química ou da biologia, o que importa é que ele aprenda a pesquisar, a ação da pesquisa. Então, a grande discussão não é que disciplinas vamos excluir, integrar ou incluir ou que saberes vamos substituir por outros saberes, mas é a forma de trabalhar aqueles saberes para que o aluno perceba. O aluno pode pegar uma notícia de futebol e perceber que ali existem saberes de geografia, de ciências, de matemática, de língua portuguesa, de tudo. É essa a grande discussão que creio que tem que ser feita, primeiro em âmbitos restritos e talvez até gerando espírito e clima para uma grande discussão nacional.

VM: *A complexidade envolve sempre discutir a totalidade, discutir o mundo como um todo. Com essa fragmentação parece que os professores, com a formação que tiveram, têm muita dificuldade também em discutir o saber como um todo. Parece que a gente perdeu um pouco a noção de totalidade. Primeiro: o senhor concorda com isso? E segundo: isso não tem uma ligação direta com a ética, com a atuação do ser humano no mundo? Será que não estamos criando um ser humano fragmentado? Que não consegue pensar o todo?*

CA: Concordo inteiramente. Creio que a escola convencional está preparando um aluno fragmentado, absolutamente fragmentado, e essa fragmentação, na qual o saber é ministrado em pílulas, o impede de uma visão sistêmica, de uma visão conjunta, mas não creio que isso seja o mal do século ou uma prerrogativa irremovível. Creio que a escola precisa refletir sobre esse processo. Uma grande professora é sempre uma professora interdisciplinar. Isso não impede que ela tenha a sua especialidade particular, que ela possa ensinar essa ou aquela disciplina, mas, meu Deus, aquele fato que se ensina tem que estar vinculado a outros fatos. E temos uma prova da importância disso, vivemos num momento ecológico preocupante, sabemos que a Terra está realmente em perigo e não temos uma visão não fragmentada de como atendê-la. Por isso, começamos a procurar atender a esse drama por meio de atitudes pontuais, isoladas, sem a consciência de que o planeta é um todo e de que esse homem integral é essencial. E aí, então, entra o conceito de ética. A ética é o quê? Uma disciplina escolar, um ramo da filosofia, quando, na verdade, deveria ser refletida naquela minha ação, naquele meu respeito em querer ouvir o colega para depois poder dizer, naquela minha tolerância para aceitar que um estranho pode me ser estranho, mas tem o seu direito de ser estranho. E, no entanto, a gente percebe isso como disciplina curricular, como conteúdo do capítulo X, e não como essência dessa formação. Por isso que a desfragmentação do currículo levará à desfragmentação da formação do aluno e, quem sabe, à construção desse homem integral de que tanto precisamos. Vou dar o exemplo da Isabel. A Isabel é uma professora multidisciplinar que dá aula naquelas escolas em que alunos de diferentes séries têm uma única professora. Certo dia, ela estava atualizando alguns diários de classe, corrigindo algumas provas, quando do pátio veio uma imensa gritaria. Assustada, foi ver o que havia acontecido e não era nada demais. Um burro havia se soltado da corda e se aproximara da cerca da escola, e os alunos, se valendo da presença do animal, começaram a aplicar, um para o outro, a crítica àquela figura. Quando ela apareceu, foi aquela brincadeira: "Olha, dona Isabel, a senhora vê o Zico para lá da cerca?", "Viu as orelhas da Zuleica?", e a Isabel, com um sorriso, foi conduzindo os alunos à sala. Minutos depois a presença do burro ainda suscitava algumas discussões. Quando todos acreditaram que o tema estava esquecido, Isabel mostrou que não esquecera e começou, então, a usar aquela presença, começou a interrogar. "Burro", porque, quando a letra aparece no meio preciso de dois erres para arranhar, e se falo rato ela arranha com um erre só. Vocês são capazes de construir uma sentença com sete palavras usando duas vezes o nome burro? E a presença do burro virou uma linda aula de língua portuguesa. "Gente, quando piso na lama em dia de chuva, afundo. Será que o burro afunda mais do que eu?" "Sabendo meu peso, sem colocar o burro na balança, podemos saber o peso dele?" E a presença do burro valeu uma linda aula de matemática. "Vocês sabiam que no passado a força de um exército era também determinada pela quantidade de burros?" "Quem ia levar canhões e metralhadoras, puxando barranco acima, senão o próprio burro?" "O burro estava presente em muitas vitórias, e um dia vou contar para vocês a história de um amigo do burro, o cavalo, que decidiu uma guerra em Troia." "Vocês sabiam que o Brasil não tinha rodovias, ferrovias, e que as mercadorias eram transportadas no lombo do burro? E nos pontos em que eles paravam nasceram muitas cidades?" E, assim, aquele fato, aquela circunstância, valeu para aquela professora admirável. Isso que se chama desfragmentação do currículo, essa perspectiva de sentir que qualquer elemento vale para todos, e não um só saber.

VM: *Excelente. A Isabel e o burro.*

CA: Isabel e o burro (*risos*).

VM: *Qual a importância ou de que forma incluir uma educação ambiental em nosso ensino hoje?*

CA: Creio que o primeiro desafio que temos que superar é que a educação ambiental é prerrogativa de uma disciplina. Não pensar que a educação ambiental está ligada à geografia e às ciências e que, portanto, nada tem a ver com outras disciplinas. Em segundo lugar, acreditar que educação ambiental tem momento certo para ser ensinada e que, portanto, se entrou na Educação Infantil, não se justifica nas séries iniciais do Ensino Fundamental. A hora em que percebermos que nossa casa é o mundo e que essa casa realmente está em perigo, e que, portanto, a educação ambiental é efetuada desde os primeiros momentos da Educação Infantil, desde aquele lixo reciclado que se pratica e se sabe por que se está praticando, portanto, perpassa todas as disciplinas, conseguiremos fazer uma consciência ambiental, e não uma disciplina. Será que na aula de matemática não há muito que se falar de educação ambiental? Será que se pode falar em educação ambiental sem proporções, grandezas, médias, sem ilustrar por meio de gráfico? E isso que se colocou para a matemática vale para todas as disciplinas. Então, a partir do momento em que se suprem as deficiências dessas duas crenças, de que ela se restringe a determinadas faixas de idade e de que se prende a uma ciência, estamos realmente pensando "esta escola é uma escola ecológica", "esta criança tem uma inteligência ecológica". O importante é estarmos trabalhando para que ela seja um protagonista dessa ação, e não um ser informado a respeito desses dados e que, portanto, apenas pratica quando se sente observado pelos outros.

VM: *É muito comum, hoje, toda vez que a sociedade vive um momento de crise, digo mais agudas, situações mais graves, a solução sempre que aparece é a educação. A educação tem sido apresentada como solução para todos os problemas da sociedade. O senhor concorda com isso ou a escola está tendo mais atribuições do que deveria porque a sociedade não se responsabiliza por seu próprio papel?*

CA: É, creio que educação é uma palavra que não deve ser confundida com a palavra escola. Eu diria que podemos responsabilizar a educação se pensarmos que a família educa, que os amigos educam, que a rua educa, que a televisão, o rádio, a mídia educam, e que a escola também educa. Se tivermos essa visão integradora da ideia de educação, até podemos supor que tudo depende da educação. Agora, é claro que a escola é apenas um segmento do processo educativo, ela é apenas uma parcela daquele todo da educação. E por mais que ela desenvolva linhas no sentido de educar, se outras "escolas" não participam daquela mesma ideia, efetivamente não se alcança o processo. Culpar a educação até é plausível, agora supor que escola é sinônimo de educação é buscar, por meio da simplicidade de uma ideia, uma definição que não condiz com os fatos.

VM: *É como se a desigualdade social que existe nas relações sociais tivesse que ser desfeita por meio da merenda escolar, do uniforme e do transporte, não é?*

CA: Que é um grande perigo que, infelizmente, está alcançando uma rapidez muito grande no conceito de educação brasileira. Tenho não poucas vezes encontrado secretários de Educação, dos mais diferentes municípios, em estados mais diferentes do país, que dizem "a educação no meu município é excelente, olha que demos material escolar para todos os alunos, a merenda é de primeira qualidade, o uniforme é um uniforme muito bonito, o transporte foi providenciado". Sinto o desejo de perguntar, me deixe ver uma aula. Deixe-me ver como se processa aquele instante mágico da aprendizagem. Porque todos esses adereços são importantes, mas a aprendizagem independe das circunstâncias de esses adereços estarem sendo colocados.

VM: É como se a escola estivesse desenvolvendo muito mais o seu papel assistencial.

CA: Exatamente. Acho que esse é o ponto, não é? Acho que muitos professores, muitos prefeitos, talvez muitos secretários de Educação e até muitos diretores e proprietários de escolas particulares estão confundindo o assistencialismo com o processo da educação e, de repente, supõem que a educação melhora porque aquele aluno é mais assistido. Volto a repetir, não podemos minimizar a importância de que a criança seja bem alimentada, de que tenha algumas condições materiais satisfatórias, mas a educação é muito mais do que isso. A educação é essencialmente sala de aula, e a sala de aula ainda continua sendo um espaço impenetrável, no qual muitas vezes o professor fecha a porta e aquilo que lá dentro ocorre não é percebido, não é identificado por ninguém, e enquanto isso está se cuidando se o transporte está sendo adequado, se o vestuário está sendo muito bem colocado, se as paredes estão bem pintadas, que, repito, não deixam de ser relevantes, mas a essência está naquele momento da aprendizagem.

VM: E a escola também não se tornou um espaço de exclusão? Colocar as crianças na escola, esse discurso social tão presente, não é internar as crianças, tirar da rua para que não deem trabalho?

CA: Exatamente. Por isso que preconizo sempre: a escola é também a rua. Quando dizemos menos aulas e mais situações de aprendizagem, estamos querendo dizer menos aqueles fragmentos de 45 minutos com o professor discursando, mas o aluno, devidamente orientado, vendo as disciplinas ocorrerem na rua que atravessa, no caminho em que anda. Nesse sentido, acho que a escola precisa mesmo ter muito mais situações de aprendizagem, visitas, debates, argumentações. Vamos a um parque conhecer ecologia, vamos descobrir a matemática que se esconde naquele filme que está passando.

VM: E uma empresa não precisa só apoiar a educação dando verbas, apoiando ONGs. Uma empresa não tem uma parte educativa no seu próprio produto, na sua própria propaganda? Quero dizer, uma empresa não pode atuar educando também? Ou os outros segmentos da sociedade.

CA: Pois é. Vejo empresas que hoje estão acolhendo pessoas com algumas deficiências que não comprometem o exercício do seu trabalho. Vejo outras que estão exigindo que seus funcionários tenham em todos os momentos um comportamento ético. Essas empresas podem até não falar ou não se dizerem empresas-educadoras, mas estão realmente sendo organizações muito preocupadas com a educação, muito mais do que algumas outras que, às vezes, até financiam aquela determinada escola, mas nem sempre, na doação àquela escola ou na entrega daquele material, existe tão profunda e sensível educação como naquela aceitabilidade do outro, ainda que com algumas dificuldades. É nesse sentido de uma educação mais ampla que ainda estamos palmilhando os primeiros passos para buscar, que ainda não sentimos na sua integridade. Eu gostaria de poder dizer "essa empresa é uma empresa altamente educadora" e não financia nenhuma escola, não dá nenhum material, mas é uma empresa educadora porque os fundamentos e os valores essenciais da educação se manifestam em todos os atos que desenvolve.

VM: *Antigamente um senhor se sentia na obrigação de dizer para um rapaz mais jovem que estava jogando papel no lixo, "meu filho, você não pode fazer isso", e esse jovem aceitava e tinha um trato, quer dizer, as pessoas se sentiam educando umas às outras, principalmente aos mais jovens, num parque, a como se comportar. Isso hoje é politicamente incorreto, falar com o outro é politicamente incorreto.*

CA: Mas acho que são realmente certas crenças que precisam ser removidas, e a remoção tem que chegar por meio de todos os veículos de comunicação. Quer dizer, vamos discutir esse conceito de politicamente correto. Será que fazer um apelo para que não se suje aquele parque que é meu, que não se piche aquela estátua que também é minha, será que é incorreto realmente? Será que não poderíamos revitalizar aqueles valores de que cada cidadão é um educador? Se sei algo que alguém não sabe e esse fazer desse alguém interfere na qualidade de todos, preciso não me deixar prender pela ideia de se isso é elegante ou não é elegante, mas sentir que tenho e que preciso intervir.

VM: *Cuidado com esse parque, por exemplo, dizer para alguém que está estragando ou realmente todo mundo se sentir dono. Eu acho que a gente não está se sentindo muito dono da nossa cidade.*

CA: Eu sinto isso. Não creio que um médico somente o seja na sala cirúrgica. Em qualquer momento que ele está, aquela condição de médico, se chamada, se faz presente, mas não vejo isso no educador. Ora, se para um médico a sua ação não se restringe à sala de cirurgia, para o professor, para o educador, a situação não pode se restringir à sala de aula. Ela tem que estar presente em todos os momentos, mesmo que isso gere alguma antipatia, mas tem aquele sentimento ético de que cumpri o meu papel.

VM: *Paulo Freire dizia uma coisa muito interessante, que na escola também são educadores o porteiro, a merendeira. Que a criança, na relação com o porteiro, pode estar aprendendo coisas que não aprenderia em outro lugar. Então, é um espaço de educação que a gente perdeu um pouco.*

CA: E isso é lamentável e realmente muito verdadeiro. Quantas vezes vemos educadores chamados para trabalhar a equipe docente e colocam nesse espaço apenas os professores. Eu digo, gente, talvez eu não vá fazer o mesmo trabalho, mas se quero trabalhar a equipe docente tenho que trabalhar o segurança, a merendeira, tenho que trabalhar até quem faz aquele transporte escolar, aqueles momentos que a criança passa naquele veículo são um espaço de educação. E não se percebe esse enfoque. Trabalhar a educação é trabalhar apenas os professores, quando todos aqueles que atendem a educação são educadores.

VM: *Será que a gente não deveria, então, educar a sociedade para educar?*

CA: Creio que sim. Acho que os modelos mais identificados de qualidade estão na ideia da cidade-educadora.

VM: *O desenvolvimento das várias competências humanas envolve também o desenvolvimento do gosto estético, do gosto pelo belo, pelo sublime, o gosto pela arte. Há um autor inclusive que acha isso fundamental na formação moral do homem. O que o senhor acha sobre isso na sua experiência de conhecimento das escolas de fato, quero dizer, isso acontece? Como é a arte hoje na escola?*

CA: Sinto que o papel primordial da Educação Infantil, embora não só da Educação Infantil, mas por lá começando, é ensinar o aluno a ver. Porque ver não é a mesma coisa que olhar. Olhar é uma dotação de natureza biológica, o ser humano olha como os gatos, como os cães olham. Agora, ver é aprendizagem. E como ensinar uma criança a ver senão descobrindo o belo junto com essa criança e, por meio da descoberta do belo, a identificação dessa beleza estética? Dessa compreensão de que coisas lindas existem no mundo e que preciso estar sendo preparado para ver. Por isso creio que as aulas de arte não poderiam ser, como na maior parte das vezes o são, descrições biográficas desse ou daquele artista e a exposição dessa ou daquela obra que se vê sem nem se perceber o tempo em que ele viveu, mas a riqueza do ensinar a ver, do ensinar a falar, porque falar é muito mais do que dizer.

VM: Como ensinar a ler também.

CA: Ensinar a ler. Ler naquele sentido de compreensão de significação, e não como habitualmente hoje se lê. Às vezes se identifica a sílaba, se percebe aquela palavra, só que não se consegue atribuir significação àquela palavra. Frequentemente percebo isso, ele é capaz de ler "é-po-ca", ele identificou o nome da revista. Se lanço a ele o desafio: mas supondo que o nome tenha que ser mudado e coloco algumas alternativas, entre elas a alternativa de uma ideia sinônima, poucas vezes ele é capaz de associar que aquilo não são apenas algumas letras que se combinaram, mas uma palavra que se formou. Por isso que acho que a Educação Infantil teria que abdicar dessa tolice, dessa bobagem de antecipar informações que mais tarde o aluno terá para ensinar essa criança a falar, porque falar é mais do que dizer, ensinar a ver, ensinar a escutar. O ser humano não nasce pronto para escutar, ele nasce preparado para ouvir. Mas escutar se desenvolve, quando, nas séries iniciais, isso é trabalhado, e esse propósito prossegue naturalmente pelas demais séries, até quem sabe nas universidades.

VM: E até um aluno do Ensino Médio, estudando literatura, por exemplo, não para decorar o nome do autor, mas para encontrar novas leituras do mundo. Porque a literatura é uma leitura do mundo, não é?

CA: Exatamente. Quer dizer, redescobrir-se naquele momento. Fazer-se personagem daquele momento. Creio que a Educação Infantil deve se libertar daquela tolice de antecipar informações que mais tarde o aluno terá. O que importa para uma criança de 5, 6 anos saber que um navegante chamado Cabral descobriu uma terra Brasil se a sua ideia de descoberta se refere apenas à queda da coberta à noite? Bom é fazer com que essa criança aprenda a ver, aprenda a escutar, aprenda a falar e, portanto, a descobrir o belo em tudo quanto ela percebe. Isso mesmo que você colocou, essa literatura se redescobrindo como personagem. Um aluno que verdadeiramente sabe ler, ele foi guerreiro nas batalhas napoleônicas, ele carregou pedras para erguer as pirâmides egípcias, ele desceu no fundo do mar, ele viajou pelos espaços sem sair do seu território. Por quê? Porque ele leu como se se transformasse no personagem daquele processo de leitura.

VM: *Leu como vida, não é? Ele está relacionando à vida, e não a um código, uma palavra, um signo.*

CA: Lembro-me de que quando era menino, muitos, muitos anos atrás, tinha um primo, fantástico, ele às vezes dizia: "Agora não posso continuar brincando, deixei o Tarzan no meio de selvagens, tenho que correr para ajudar a salvá-lo." Ele estava se referindo àquela leitura, ele se sentia de tal maneira contextualizado naquele personagem que ele achava, "não posso parar aqui, tenho que voltar, vê-lo numa situação mais tranquila para depois continuar". Isso a escola de hoje perdeu. Fazer desse aluno efetivamente um leitor, nesse sentido de imersão completa num outro mundo, poucas vezes existe. Por isso que se detestam e se decoram obras literárias para se fazer o exame vestibular.

VM: *Como o senhor pensa a relação da educação contemporânea com a tecnologia? Com os computadores, com o mundo digital?*

CA: Penso que, durante muitos anos, o professor precisava informar e transformar a informação em conhecimento, e, com isso, grande parte do seu tempo se desgastava no processo meramente informativo, porque não formo, não crio reflexões sem antes trazer a informação. A tecnologia trouxe essa informação, eliminou esse segmento da atividade do professor. Então, o professor deve não mais levar ao aluno informação que na internet ele conquista, que no livro ele obtém, mas usar a integralidade do seu tempo para transformar a informação em conhecimento, para realmente fazer com que aquele saber que ali está colocado seja um saber pensado de uma maneira crítica, seja analisado, seja sintetizado, que o aluno perpasse aquele dado. Então, vejo esse auxílio tecnológico como muito importante, ainda que nessa segunda parte do processo da educação, que é a transformação da informação em conhecimento, a figura humana seja imprescindível. O papel do professor seja indispensável, a não ser que ele seja apenas um professor informador, aí ele está descartado.

VM: *Então, o senhor não vê com maus olhos a interferência do computador na escola.*

CA: Não, de maneira nenhuma. Acho que não aceitar a presença do computador como auxiliar é recusar a penicilina, é recusar os avanços da medicina que nos trouxeram condições de vida que não se tinha. Então, o que temos que fazer é saber usar essa tecnologia no que ela tem de melhor para desenvolver aquilo que no ser humano é inerente e que é a qualidade maior e que é a essência do processo da educação. Porque a informação pela informação não transforma, o que transforma a pessoa é o trabalho que se faz com aquela informação. Então, que os computadores e todas as mídias, que todos os *power points* possam abreviar a minha tarefa de informar para que eu possa fazer renascer o vigor na transformação daquela informação em saber. São benefícios incontestáveis, e professores condenados a se voltar contra essa tecnologia são professores com seu fim de carreira claramente anunciado. Não há como pensar numa alternativa.

VM: *Então, o professor do futuro é um pesquisador necessariamente.*

CA: É um pesquisador não do fato que ele vai trabalhar, posto que se supõe que já tenha sido pesquisado, mas um profundo pesquisador de como aquele fato age para transformar, de como aquele fato modifica, de como aquele fato trabalhado pelo seu cérebro, pelo seu olhar, vai produzir em você processos de mudança. Esse professor-pesquisador e atento observador desse processo é o professor verdadeiramente imprescindível.

VM: *Essa relação ativa de professor/aluno, mas passiva de aluno/professor, então tende a desaparecer.*

CA: Considero uma aula que não tenha protagonismo como sendo uma aula extinta. Não concebo um aluno espectador, ele pode até ser espectador por alguns momentos. Por que, em geral, os alunos amam aulas de educação física? Amam. Porque eles são protagonistas. Se aquele professor de educação física os colocasse na geral e ficasse dando uma teoria sobre o vôlei, sobre o basquete, eles teriam repulsa por aquela aula como têm por outras. Agora, é possível numa aula de matemática tornar o aluno protagonista? Claro que sim, desde que o professor abdique da ideia de que aula expositiva é a única maneira de dar aula e conheça outras estratégias, outras situações de aprendizagem.

VM: *O computador, esse HD externo à nossa memória, tem o benefício de acumular dados que não são mais necessários em nossa memória. Dados que podem ter algum valor, mas que não são fundamentais. Será que a existência dessa memória que é o computador libertaria a nossa memória para coisas mais interessantes?*

CA: Creio que o conceito de memória dentro da escola está muito superado. A escola convencional vê a memória como um detalhe mnemônico, como aquilo que sou capaz de reter, mesmo considerando a inutilidade do que pude reter. E o sentido moderno de memória é saber usá-la para que o aprender me leve a novos aprenderes, para que eu use em situações inusitadas aquilo que aprendi. Isso caracteriza a memória significativa. Por isso que o professor que trabalha a memória não é aquele que pede que o aluno decore, mas é aquele que não informa fatos sem significação. Porque a memória ama a significação, e tudo aquilo que guardamos na memória com significação nós retemos. Se eu disser decore as palavras que vou dizer e digo "crivalitícia", "retripuxame", "vorossivietra", "burtru", você não conseguirá memorizá-las, porque elas não têm significação. Mas se digo decore "nada supera uma manhã de sol na praia", as palavras foram memorizadas não porque você memorizou cada um dos fonemas, mas porque você trouxe a ideia daquele fato e a incorporou.

VM: *A vida está junto, não é? Pulsa, tem intensidade, seria uma memória viva.*

CA: Exatamente, a memória viva. Essa memória é aquela que o professor deve cultivar, e não aquele processo mnemônico em que o aluno repete sem nem conceber o porquê de estar repetindo ou compreender aquilo que repetiu. Memória sem significação.

VM: *O senhor acha, então, que o computador nos liberta aí.*

CA: Sem dúvida.

VM: *Ele tem essa função.*

CA: Claro que ele não nos liberta se não aprendermos a trabalhar com ele e claro que essa aprendizagem não é genética. Claro que isso envolve um esforço, mas é evidente que podemos aprender a trabalhar com esse computador e fazer dele aquilo que ele é, uma ferramenta absolutamente admirável, mas apenas uma ferramenta.

VM: *Como o senhor vê a escola do futuro? Ou uma escola no futuro?*

CA: Não creio, em primeiro lugar, que estejamos tão distantes assim desta escola que vou colocar. Mas penso que a escola do futuro é aquela em que o aluno, essencialmente, vai buscar aprender a aprender. Ele não vai aprender coisas, as coisas são ferramentas para o processo do aprender. E a escola será aquele centro de aprendizagem que vai abrir a sua perspectiva de saber ler, de saber ver, saber dizer, saber falar; enfim, tornar-se proprietário de todos aqueles elementos que dão a plenitude da dignidade ao homem. Essa é uma escola que eu não renuncio à esperança de ainda vê-la. Ainda que não completa, mas com muitas possibilidades de ver já insinuadas nesse ou naquele momento. Penso que o Brasil atravessou um processo de explosão educacional, tínhamos milhões de crianças fora da escola e as colocamos todas dentro, e não pode haver qualidade quando há um crescimento muito exagerado. Mas agora que a meta da quantidade foi alcançada, acho que temos que ter esperança de construir essa nova escola, essa escola do futuro, e de vê-la não hoje como pontos isolados desse ou daquele ambiente, mas como talvez uma ideia de escola pública, privada, da Educação Infantil, do Ensino Fundamental, em toda parte, em todo lugar. Aí teremos um novo país e construiremos uma nova Terra.

VM: O senhor acha que o vestibular atrapalha a vinda dessa escola do futuro? Porque o vestibular com o seu conteúdo exagerado...

CA: Sem dúvida. Mas o vestibular só não se transforma realmente num mecanismo de avaliação de competência, de capacidades, porque está muito subordinado à estreiteza da quantidade de vagas. Então, é claro que, se tenho que selecionar vinte em dois mil, tenho que fazer um processo desumano de seleção. Mas ele pode se aprimorar quando a quantidade de vagas se tornar mais compatível com os interesses de quem as procura.

VM: O que o senhor considera fundamental no ensino? Quero dizer, o senhor pode listar algumas questões que considera fundamentais que o ser humano tem que saber hoje? Por exemplo, viver neste mundo globalizado, neste mundo competitivo e neste mundo instável em que a gente vive. O que, hoje, uma criança, uma pessoa, precisa saber, fundamentalmente?

CA: Costumo fazer comigo mesmo uma brincadeira, e essa brincadeira me faz inventar um acróstico. E respondo a mim mesmo essa pergunta com um acróstico de uma palavra que não diz nada, mas que, para mim, evoca, por cada uma de suas letras, esses princípios. A palavra é "pavadisa". O que penso com o acróstico pavadisa? Pesquisar; argumentar; visão sistêmica; antenar-se, ligar-se; dominar habilidades de pensamento; iniciativa; socialização, a capacidade de fazer amigos; e o "a" final, ação. Para mim, esses atributos, ainda que não sejam todos e ainda que possam abrigar outros, são aqueles essenciais para que eu considere "esta escola está preparando este aluno, este aluno está preparado para viver, sejam quais forem os desafios do mundo que virá".

VM: O vestibular tem determinado muito a relação que os pais têm com a escola. O que o senhor diria aos pais que estão sempre preocupados, quando matriculam seus filhos, em matriculá-los em uma escola que prepara apenas para o vestibular?

CA: O que eu diria aos pais é: estejam preocupados com a felicidade dos seus filhos, não com seu sucesso. Não atrelar a ideia de sucesso à ideia de faculdade, que, infelizmente, é muito atrelada. Ainda existe o preconceito de que se o meu filho não tiver sucesso econômico ele não será feliz, e a realidade não mostra isso. Então, aquele pai, aquela mãe que verdadeiramente ama o seu filho, deseja que ele seja feliz, e essa felicidade nem sempre se equacionará porque ele fez engenharia nessa ou naquela instituição ou porque ele fez medicina ou arquitetura naquela outra instituição. É óbvio que a ideia de felicidade envolve a ideia de preparo e de desenvolvimento, mas não daquele desenvolvimento voltado para aquele sentido, "ele será feliz se for capaz de gerar não sei quantos mil reais ou mil dólares por mês". Ora, quando o pai e a mãe assumem o conceito de que felicidade é muito maior do que sucesso, acabam sendo um pai extraordinário, uma mãe extraordinária. Sei que não é fácil, mas acho que é esse caminho que devemos buscar percorrer a cada momento, a cada instante, como uma verdadeira meta. Meu filho nasceu, eu me fiz pai, eu me fiz mãe, qual a responsabilidade que tenho? Querer fazer com que ele seja feliz. E essa felicidade não exclui a firmeza, a segurança, o dizer não, até porque uma pessoa só é adulta quando sabe dizer não, então, não sou adepto de uma paternidade, de uma maternidade, digamos assim, complacente. Aquela felicidade, eu diria, um tanto quanto presente por meio de tudo quanto dou? Não. Aquela firmeza na educação, mas aquele princípio sério de afetividade. Porque querer bem é preparar para viver e não preparo para viver se dou tudo, se ofereço tudo, se proponho tudo. Preparo para viver quando coloco essa criança em desafios com vicissitudes, com dissabores, com tristezas, porque aí, sim, verdadeiramente se prepara. Então, eu diria isso aos pais.

VM: *O senhor acha que os pais também têm que participar mais da vida dos filhos na escola?*

CA: Totalmente. Têm que descobrir...

VM: *Não só no dever de casa, mas nas relações que o filho estabelece com a escola?*

CA: Diria até que participar nos deveres de casa talvez seja o papel menos importante do pai, mas com quem seus filhos estão andando, quais as relações que estabelecem. Nunca abrir mão do diálogo. Nunca. Conversar com a criança não a partir da prerrogativa de um assunto, mas como um hábito de conversa de todo dia.

VM: E também se relacionar com os professores, entender o que esses professores estão discutindo, que metodologia de ensino. Não é nem que metodologia no sentido teórico, mas quais são as relações que a escola do seu filho propõe.

CA: E é exatamente nisso que sinto que há uma enorme dificuldade. Tenho, frequentemente, recebido pedidos de pais para que sugira escolas para seus filhos e digo, olhe, um nome não darei. Vamos fazer uma análise. Em primeiro lugar, a posição geográfica da escola. Será que uma ótima escola, se seu filho precisa passar duas horas dentro de um ônibus para chegar lá, é tão boa assim? Em segundo lugar, visite essa escola, veja se pode assistir a aulas, converse com os professores. Veja como se portam as crianças na hora do lazer. E, aí, a maior parte dos pais diz, "ah, professor, mas isso é muito trabalhoso, não tenho tempo, o senhor me dá o nome da escola". E penso, mas, meu Deus, se você não tem tempo para seu filho, você tem tempo para seu patrão? Será que ele é tão mais importante do que aquele filho? Então, sinto que, às vezes, há uma procura grande por respostas abreviadas e, em educação, nada pode ser muito abreviado, tudo é muito lento.

VM: Na década de 1960, a filosofia foi afastada da escola, e agora a filosofia, como uma lei, retorna. Como o senhor pensa a reinserção da filosofia no Ensino Médio? Principalmente partindo de uma lei.

CA: Creio que há uma falácia de que a filosofia ensina, sobretudo, a pensar. Sem dúvida nenhuma, a filosofia é uma ferramenta fantástica para pensar, mas a matemática ensina a pensar, a história ensina a pensar, a biologia ensina a pensar. E fico sempre com uma posição de antipatia quando alguma forma de ideia educacional é enfiada garganta abaixo. Acho que ela chegar como atributo de uma lei, sem nem se interrogar se há quadro docente suficiente para executá-la, executá-la bem, corre o risco de ser mais uma fragmentação do currículo, que já é um currículo doentiamente fragmentado. Então, nada contra a filosofia, até gosto muito, leio, e tenho até, por relações de natureza parental, minha mulher é filósofa, todo o sentimento de afeto pela disciplina, mas o fato de ela ser legal, e não atribuída por um anseio cultural que se buscou, é ruim. E por chamar a si essa prerrogativa do pensar, quando essa prerrogativa vejo em todas as disciplinas, a ideia dessa filosofia enfiada garganta abaixo não me é nem um pouquinho simpática.

VM: Então, o senhor imagina que é preciso reflexão no ensino, mas não necessariamente com mais uma disciplina?

CA: A reflexão até filosófica no ensino, mas não necessariamente por meio do ensino. Acho que os filósofos têm muito que ensinar aos geógrafos, aos historiadores, aos matemáticos, aos biólogos, aos diretores, aos coordenadores. Acho que essa filosofia é crucial, agora, não de repente, segunda e quarta, das treze e quinze até as dezesseis horas, aquele professor, às vezes, dando aquela aula expositiva de filosofia. Acho que isso não condiz com a importância do pensar filosófico no mundo em que vivemos e com nossa carência de valores, por falta de fundamentos de natureza filosófica. Então, nada contra a filosofia, mas contra a imposição dessa disciplina, como se isso resolvesse um problema.

VM: Será que o professor de filosofia, agora, entrando na escola, não poderia ser esse facilitador de conteúdos, em vez de ser um professor de mais uma cadeira? Essa era uma coisa que a gente estava discutindo antes, quer dizer, ligar as cadeiras, criar temas transversais.

CA: Qual é a minha ideia? Seria um professor de filosofia podendo assistir a aulas de diferentes disciplinas e depois reunindo aqueles professores e mostrando para eles de que forma dar uma unidade naqueles pensamentos que se provocaram. Usando uma metáfora que é muito popular ao brasileiro, aquele extraordinário técnico de futebol. Ele não está jogando, ele não está entrando em campo, ele não está fazendo gol, mas ele está coordenando a ação daquele processo. Esse professor de filosofia técnico, esse professor de filosofia, digamos, maestro, me parece imprescindível. Agora, não necessariamente o fragmento daquela aula, que muitas vezes é quase que só a história da filosofia e mais uma relação de nomes a se memorizar.

VM: Nem vou perguntar. Queria que o senhor falasse da importância da filosofia no conhecimento, da ideia do maestro. Foi tão bonito o que o senhor falou...

CA: Sou inteiramente favorável à filosofia. Sou contrário à disciplina, à rigidez estabelecida de um programa a ser cumprido durante alguns momentos. Como sinto que a filosofia precisa estar presente na escola? Mais ou menos com aquela mesma significação que tem um extraordinário maestro diante dos seus músicos. Porque cada um dos músicos daquela orquestra tem a sua pauta e, portanto, sabe as notas que deve buscar, mas a regência, a coordenação, aquele sentido de harmonia, tem que ser dada por alguém. E é esse o grande papel da filosofia, assistir a todas as aulas, discutir todas as formas de estratégias e buscar, dentro dessas diferentes formas, o princípio ético, a linha que está se desenvolvendo. Então, eu diria que o filósofo é imprescindível dentro da escola, mas na organização do currículo, no refletir da aula, e não necessariamente naqueles minutos de transmissão de informações que, com raras exceções, acabam quase sendo sempre uma história da filosofia e, portanto, algo que o aluno não precisaria de um profissional para ajudá-lo a desenvolver. Nesse sentido, a filosofia é imprescindível para mim.

VM: Em vez de criar mais uma gaveta para pensar, o que é impossível, o filósofo, na escola, provocaria a reflexão como um todo. Talvez seja importante mesmo a participação da filosofia, neste momento, como provocador.

CA: Essencial. Sonho com um professor de química, muito bem sintonizado naqueles saberes específicos da química, dizendo ao filósofo: "Me ajude a pensar a minha química para que eu instrumentalize os meus alunos também nessa forma de pensamento." Nenhuma outra disciplina pode cumprir esse papel, ninguém pode ajudar esse professor dessa forma, é nesse sentido que a filosofia é imprescindível para o pensar. Agora, não fragmentando, abrindo-se mais uma gaveta, e, naquele segmento, colocando aqueles conteúdos que o aluno mal se apercebe como sendo diferentes dos conteúdos que ele observa em outras disciplinas.

VM: E a paixão? Qual a importância desse ingrediente na escola e no ato de aprender?

CA: Sinto que a paixão, quando se transforma na busca pela competência para um fazer melhor, é imprescindível. Não creio que aquele professor que trabalha de manhã, à tarde e à noite, correndo de um município para outro, possa passar algumas horas do seu lazer descobrindo estratégias de aprendizagem, refletindo sobre a sua avaliação, se ele não está sendo movimentado pelo ingrediente de paixão. Essa paixão para o aprender, para o fazer melhor, para o ensinar com mais dignidade, para transformar o meu aluno, ela me parece requisito insubstituível. Mas antipatizo com aquele professor que procura usar o pretexto da paixão como sinônimo do descaso, "sou apaixonado pelo que faço e, portanto, não preciso aprender". Não, se sou apaixonado, quero fazer cada vez melhor. Se quero cada vez melhor, essa paixão é ingrediente imprescindível para a minha capacidade. Costumo, às vezes, até ironizar: imagine se amanhã você precisa ser submetido a uma cirurgia e lhe dizem que aquele médico tem toda a paixão do mundo, mas não tem nenhuma competência. Você não dará o seu corpo para ser cortado por alguém que tenha apenas a paixão. Então, a paixão é crucial, mas ela é, enfim, a síntese daquele apego para que, me tornando cada vez melhor e aprendendo cada vez mais, eu faça um trabalho cada vez mais significativo.

VM: E nesta sociedade tão complexa, cada vez mais são muitas as características que uma pessoa tem que ter para estar no mundo, não é? Uma única característica não compõe uma pessoa, não basta ser só apaixonado ou ser só competente, é preciso ter um jogo aí.

CA: Mais uma coisa que notei durante muitos anos como diretor de instituições de ensino de todos os níveis. Quando se conversava com o professor, principalmente quando se conversava com o aluno, mesmo a referência que ele fazia àquele professor do qual não gostava abria ressalva se ele via no professor a paixão. "Não gosto muito do professor tal, não vou com a cara dele, não gosto da matéria dele." Às vezes até esse não gostar era mais fruto imediatista dos resultados que ele não tinha. "Mas ele ama aquilo que faz." E o aluno dizia isso tomando fôlego, como que ressaltando que, mesmo naquela criatura de que ele não gostava, havia aquela imensa admiração pela paixão com que ele ensinava. E não era apenas uma referência do aluno, mas também dos professores. Na sala dos professores, naquelas conversas de intervalo, na referência que fazem ao professor X ou Y, que às vezes até carece de algumas competências melhores nesse ou naquele campo, tem aquela ressalva: mas ele ama o que faz. Quando se junta essa paixão com o aprender e com a competência, aí você tem aquele professor que precisamos ter.

VM: *Para terminar, o senhor falou ali para mim, antes da entrevista, que não temos uma grande discussão curricular. Há muitas coisas que a gente precisa fazer, mas que, de qualquer forma, diferentemente dos anos anteriores, os professores já se encontram em grandes discussões. Quero dizer, o educador já é visto de outra maneira, então há uma coisa positiva que o senhor está percebendo. Fale um pouco sobre isso.*

CA: Com muita sinceridade também, com muita paixão, nunca poderia imaginar, nos anos 1970, 1980, que, hoje, a chegada de um educador a um município suscitasse interesse tão grande, emoções tão intensas. Eu me lembro de que fazia uma palestra em Campo Grande, numa sexta-feira, véspera de feriado, lá pelas onze horas da noite, uma professora perguntou: "Professor, o senhor crê no futuro da educação brasileira?" Respondi, minha filha, pense um pouco, véspera de feriado, os bares estão cheios, o lazer está gritando em todas as partes e temos aqui duzentas pessoas que não querem ir embora. O que estão fazendo aqui? Não estão buscando certificado, não estão buscando uma nota, estão aqui porque querem aprender. Ora, meu Deus, num país onde há uma matéria-prima como essa, como não crer no amanhã? Claro que não podemos generalizar nem dizer que todos são assim, mas você percebe que, realmente, este país, às vezes, nos surpreende.

VM: *Existe o interesse pela educação.*

CA: Eu me vejo, às vezes, naqueles municípios isolados e eu paro para pensar, meu Deus, não toco rock, não canto, não sou peão boiadeiro, a única coisa que faço é falar um pouco de educação. E de repente aquelas pessoas interessadas e querendo ouvir e até se prolongando naquela vontade de trocar os seus fatos, trocar suas experiências. Isso é uma coisa muito linda e é uma das muitas maneiras, uma das muitas linguagens da paixão.

Maria do Pilar e a participação da comunidade na gestão da escola

Quando preparava o material para os episódios sobre educação para a Rede Globo, marcamos uma entrevista com a então secretária de Ensino Básico do Ministério da Cultura, Maria do Pilar, para reforçar aquela crítica que todos fazemos à ineficiência do sistema. O que aconteceu foi uma grata surpresa: encontrei uma mulher comprometida e corajosa, eficiente, com uma excelente formação e uma experiência, na educação mineira, de fazer inveja. Ela tem plena consciência dos desafios brasileiros e não se furta a pensar tudo isso sem esquecer a contemporaneidade, as novas mídias, a sociedade do conhecimento. Conversamos bastante nesse dia, nos reencontramos em alguns eventos, e minha admiração por essa educadora somente cresceu de lá para cá. Maria do Pilar, que saiu do governo junto com o ministro Fernando Haddad, deixou saudades.

"Eu quero saber por que é que tem quatro meninos de 10 anos, em idade escolar, no horário da escola pedindo esmola no sinal. Enquanto a minha atitude for de fechar o vidro e reclamar do governo, aqueles meninos continuarão na rua. Essa comoção da sociedade é que eu acho que será transformadora. A força das pessoas é que é transformadora, e ela dita a gestão. E aí os recursos farão sentido."

Se uma escola tem um projeto político pedagógico, diz Pilar, ela tem como articular-se com a comunidade, com o mundo, consigo mesma. Não existem soluções mágicas, nem adianta ficar apontando culpados, precisamos construir, juntos, essa escola que queremos. Mas isso já está sendo feito.

* * *

MARIA DO PILAR nasceu em 1955, em Timóteo (MG), é graduada em história pela Universidade Federal de Minas Gerais e especialista em gestão de sistemas educacionais pela Pontifícia Universidade Católica-MG. Em 2002, foi secretária de Educação de Belo Horizonte, onde implantou a Rede de Educação Infantil e o projeto Escola Integrada, modelo inovador de escola em tempo integral. De 2005 a 2007 presidiu a União Nacional de Dirigentes Municipais de Educação (Undime) e foi nomeada pelo então ministro da Educação, Fernando Haddad, para a Secretaria de Educação Básica do MEC. Trabalhou diretamente na implementação de programas como o Plano de Desenvolvimento da Educação (PDE), o Exame Nacional do Ensino Médio (Enem), o Prova Brasil, o Índice de Desenvolvimento da Educação Básica (Ideb), o Provinha Brasil, o Ensino Médio Inovador e o Mais Educação. É diretora da Fundação SM, dedicada ao desenvolvimento de pesquisas, formação e valorização dos professores e da literatura infantojuvenil.

Entrevista

Viviane Mosé: Cerca de 98% das crianças estão matriculadas na primeira série e menos de 43% dos adolescentes com 18 anos continuam na escola. Qual a razão para essa evasão escolar?

Maria do Pilar: São muitas razões. Mas acho que a mais grave é a falta de sintonia da escola com as crianças do século XXI. Temos de pensar que a gente tem uma escola que funciona com a cultura da década de 60 do século passado, mas recebe crianças que nasceram no século XXI, têm outras histórias, outras bagagens; então, muitas vezes, elas são estrangeiras na escola. As grandes experiências que acontecem hoje no Brasil são de escolas que se dispõem a conhecer e a saber quem são seus alunos e de que eles precisam. Porque a escola que realmente garante a permanência de seu aluno é a escola que garante o direito de aprender e que discute aprender o quê. Então, é preciso pensar assim: a educação é um direito, permanecer na escola é um direito, mas o direito mais importante é o direito de aprender. E a escola que garante o direito de aprender entendeu quem é o seu aluno e quem é esse menino, essa menina, o que eles precisam para efetivamente aprender e que essa aprendizagem seja transformadora, seja significativa.

VM: *Será que passamos de um modelo no qual o professor somente ensinava para um modelo em que antes de tudo tem que aprender?*

MP: Falo isso com muita convicção porque sou professora de história da rede pública, minha formação é toda na rede de Educação Básica. Quando o professor percebe que, muito mais do que ensinar, o que se trata ali é de garantir a aprendizagem e que ele também se torna uma pessoa sempre aprendendo, então esse professor realiza a grande mudança que acontece em sua formação. Quer dizer, quando o professor se torna uma pessoa que reflete sobre a dificuldade que enfrenta, porque ser professor é uma profissão muito difícil, tem muitas variáveis, em um ambiente muito complexo, quando o professor se torna um sujeito que aprende o tempo inteiro, porque reflete sobre aquele processo, entende muito mais quem são seus alunos e como se dá esse processo do aprender. O que é muito difícil, mas é absolutamente fascinante.

VM: *Que tipo de medidas o governo pretende tomar para criar essa aproximação, para mudar esse quadro?*

MP: Acho que a grande mudança hoje do ministério, do governo federal, foi a criação do Plano de Desenvolvimento da Educação como uma ação que tira o ministério de Brasília. Vamos aos municípios. Ao mesmo tempo em que a gente identificou 1.242 municípios que têm mais dificuldade, identificamos também os municípios que desenvolvem as melhores experiências. E a gente vai a campo, a gente sai de Brasília e vai ao prefeito, vai à secretária, ao secretário de Educação, e vamos junto com eles fazer um diagnóstico da educação do município e elaborar um plano de ação articulada com o governo federal, com o governo estadual. Estabelecer um novo diálogo, porque ninguém tem uma solução mágica; se tivéssemos, alguém já teria usado. A solução é esse diálogo, mas é um diálogo que tem de ser muito plural. Quer dizer, não existem donos da verdade, não existem os culpados, existe uma nova etapa na história brasileira: a criação de uma escola pública para todos. Nunca tínhamos experimentado isso. E isso não é fácil de fazer, e a gente tem que se dispor a construir com as diferentes forças da sociedade. Pessoas que fazem trabalhos maravilhosos, que a gente nunca fica sabendo, queremos saber. Então, a gente já trabalha nesse sentido de buscar o que se faz de melhor e de levar essa experiência para os municípios que têm mais dificuldade ou não têm recursos. Em vez de ficarmos em Brasília esperando que nos procurem, vamos para a estrada, vamos aonde o problema está.

VM: A senhora acha que a municipalização do Ensino Fundamental pode ter deixado alguns municípios mais pobres, com menos recursos, numa situação muito ruim? Ou melhor, foi uma boa ideia municipalizar a Educação Infantil e o Ensino Fundamental?

MP: Eu acho que é uma boa ideia. Continua sendo. É uma boa ideia e é uma boa prática. Grandes e transformadoras práticas de educação pública básica acontecem nos municípios. Mas é preciso dar aos municípios a oportunidade de criar o conhecimento. E, aí, o papel do governo federal é estabelecer esse processo de formação. Acredito em poder local, acho que o poder local é muito próximo do cidadão, então ele é muito transformador, e no regime de colaboração cabe ao governo federal dotar esses municípios e ajudá-los a criar competências. Porque eles estão muito mais próximos, a proximidade do cidadão com o prefeito é muito transformadora quando esse cidadão se organiza, quando a sociedade participa. É importante, sim, o Ensino Fundamental e a Educação Infantil municipalizados, mas é preciso que o governo federal faça, e está fazendo, a parte dele, que é colaborar para criar competências no município.

VM: *No que diz respeito a recursos, os municípios menores, eles têm um apoio maior? Existe essa proporcionalidade? Porque a diferença entre municípios no Brasil é gritante. A diferença é realmente impressionante.*

MP: O Fundo de Desenvolvimento da Educação Básica, o Fundeb, que é o novo fundo de financiamento, reconhece essa diferença. Ele é uma política de redistribuição e de acuidade. Todos os municípios e o governo estadual colocam 20% de recursos nessa cesta e essa cesta redistribui pelo número de alunos, de matrículas. Se você tiver colocado vinte, mas tem duzentos alunos e eu coloquei duzentos e tenho vinte alunos, faço o total por aluno e você vai receber mais recursos. E, se o estado não consegue atingir o mínimo nacional, o governo federal complementa. Este ano ele deve complementar de nove estados que não atingem esse mínimo. Então, o fundo é uma medida de acuidade e redistribuição e com isso você consegue diminuir um pouco essas diferenças regionais e o governo federal vai cobrir as diferenças estaduais.

VM: *A ideia de que o governo deve investir mais em educação parece ser um consenso, mas ao mesmo tempo sabemos que recursos sozinhos não melhoram a educação. Como a senhora vê isso?*

MP: O recurso técnico tem aumentado, mas precisa de muito mais recursos. Não tenho dúvida de que a gente tem que combinar duas coisas: uma gestão sempre mais clara, mais séria, mais participativa, na qual a participação, o controle da sociedade são importantes. Mas são necessários novos recursos. Primeiro, porque o desafio é muito grande, é uma nova etapa na história do Brasil, são milhares, aliás, milhões de meninos e meninas que começam a ter direito à escola. E, por outro lado, temos uma dívida grande, temos 40 milhões de adultos no Brasil que não tiveram direito de completar sequer a quarta série. Então, quando você pensa no que existe de desafio, a gente sabe que são necessários, sim, mais recursos. Isso é uma tendência do governo federal, há um comprometimento com isso, mas é preciso, ao mesmo tempo, que a gente discuta a gestão, quer dizer, mais recursos para qual projeto? Simplesmente mais recursos não resolverão. Claro que precisamos de mais recursos na educação. Para uma educação de qualidade, a infraestrutura, a formação de professores, a dedicação de mais tempo do professor na escola são necessárias. Nós precisamos de mais recursos na educação, mas apenas mais recursos não resolvem. Temos de discutir qual é o projeto de escola pública no qual vamos aplicar esses recursos. Temos sempre de combinar o uso dos recursos com uma gestão que seja transparente, que seja democrática, e democrática significa ouvir os diferentes setores da sociedade no uso desses recursos e que a gestão desses seja participativa.

Se a sociedade não se envolver e se a sociedade não se comover com a criança de 6, 7 anos que deveria estar na escola e está no sinal de trânsito, se esse comprometimento não acontecer, tudo fica muito mais difícil, mais demorado. O discurso de que a educação é importante fica absolutamente vazio quando discutimos assim. É preciso que sejam todos pela educação? Não são todos pela educação no discurso? Sejamos todos pela educação na prática. Na prática transformadora. Meu filho cresceu, não estuda mais na escola pública, mas quero ir lá, discutir com o prefeito o que é fundamental fazer na escola, esse projeto, essa ação, e não aquela. Quero saber por que há quatro meninos de 10 anos, ou seja, em idade escolar, no horário da escola pedindo esmola no sinal. Enquanto a minha atitude for de fechar o vidro e reclamar do governo, aqueles meninos continuarão na rua. Essa comoção da sociedade é que acho que será transformadora. A força das pessoas é que é transformadora, e ela dita a gestão. E aí os recursos farão sentido.

VM: *O que exatamente um cidadão pode fazer, de que maneira ele pode participar dessa gestão?*

MP: Quantas horas de aula há na escola do bairro dele? Será que às 9h30 da manhã os meninos já estão na rua? Há alguma coisa errada. Como a diretora daquela escola foi escolhida? Qual é o desempenho da diretora? O que tem de dever de casa para o meu filho? Porque o dever de casa é uma das atividades mais importantes na aprendizagem, mas não basta dar o dever de casa. O menino tem que ter o dever de casa, tem que fazer para ele sentir que é importante, a mãe tem que pegar o caderno e falar: meu filho, você fez o dever? E a professora tem que corrigir. São várias pessoas envolvidas. E, quando isso acontece, aquele menininho de 8 anos fala "isso é importante". Isso é importante para minha mãe, para minha professora, para mim. Então, são pequenos atos, nada que tome mais do que dez, 15 minutos do seu tempo para que haja um envolvimento real, concreto, na discussão da qualidade. E para que não fique um discurso vazio.

VM: Seria, então, uma vigilância maior da comunidade em relação à aplicação dos recursos da educação?

MP: É, mas não é uma vigilância. É uma participação. Se eu for à escola uma vez por semana, duas vezes por semana, em vez de ficar no portão, se entro, e tenho o direito de entrar, porque sou cidadã e aquele espaço é público, verifico se a escola está limpa, se os banheiros estão limpos, se os meninos têm condições boas na sala. Se a sala está com a luz funcionando.

VM: Se tem professores.

MP: É o olhar, mas é o olhar participativo. Se tem professor.

VM: Só de haver alguém da comunidade, isso já cria na diretora outra relação, não é?

MP: Cria.

VM: Existe um problema que muitas escolas denunciam, que é: os professores, depois de concursados, não podem ser demitidos, só por questões muito, muito específicas. Isso gera nos professores que trabalham, que se dedicam, que jamais faltam aula um desânimo de terem um tratamento igual àqueles que não vão à aula, não participam, que já poderiam ter sido demitidos há anos e se arrastam em sala de aula. Será que a gente não está tratando os professores de uma maneira igual, quando, na verdade, seria interessante fazer uma avaliação de desempenho melhor?

MP: É preciso uma avaliação de desempenho, é preciso um reconhecimento da profissão, mas é preciso também atitudes e escolas formadoras. A escola pode ser deformadora ou não. Porque, volto a essa questão, é a participação daquela comunidade naquele bem público, naquele espaço público, que vai dar o sentido do comprometimento. Porque o professor falta uma vez, falta duas, falta três e ninguém se comove, nem o aluno, nem a mãe, nem o pai do aluno.

VM: *Mas tem professor que não vai se comover de jeito nenhum, e esse professor tinha que ser demitido.*

MP: Claro que é preciso, mas, antes de falar em demissão...

VM: *A gente não pode demitir?*

MP: Pode. Existe uma corregedoria em todo município, em todo sistema estadual. É preciso que elas funcionem. Existem os instrumentos, e é preciso que a própria categoria entenda o quanto que isso será bom para os profissionais bons e comprometidos.

VM: *Então, temos um hábito, quase uma indústria da licença médica. A gente sabe que 30%, aproximadamente, dos professores não estão realmente em sala de aula. Falamos sempre do professor bom que não é reconhecido, mas o professor ruim não é punido. Isso também seria uma falha nossa na educação, na gestão.*

MP: Eu acho que a carreira do professor tem que ser discutida com mais profundidade. É muito difícil ser professor, não é para qualquer um. É complexo. Há um autor suíço que se chama Perrenoud, ele tem um livro que para mim é um retrato do que é ser professor, fala assim: que é agir na urgência e decidir na incerteza. É o título do livro. Você é professora, tem dois menininhos de 6 anos que se atacam, você não pode congelar a cena e chamar um especialista para lhe falar o que fazer. Se você tiver uma formação ruim, o que fizer ali pode marcar a vida desse menino para sempre. É preciso ter uma formação muito sólida. Você está mexendo com a formação de um menino que pode chegar aos 20 anos e lhe contar uma história que parou de estudar porque com 6 anos foi humilhado. Há histórias. E, aí, é preciso entender a complexidade e a seriedade do que é ser professor. Não é para qualquer pessoa. Não é porque não arrumei emprego, não é porque não consegui fazer coisa melhor, porque é uma profissão que exige uma formação muito sólida. E essa formação até vai me dar a capacidade de ousar mais em sala de aula. E, se me formei muito, é preciso que o sistema me reconheça. Não posso ser tratado como aquele que não estudou, que faz qualquer coisa. É preciso mais do que punir quem não é comprometido. É preciso reconhecer e reconhecer salarialmente, em termos de carreira, aquele professor que investe na sua formação, porque sabe que ela é determinante para o sucesso dos seus alunos. E o sucesso dos seus alunos é a aprendizagem. Tenho uma mãe ali que trouxe de Belo Horizonte. Está vendo aquela ali abraçada na filha? Aquela mulher se chama Ruth. Ela tem quatro filhos numa escola da periferia de Belo Horizonte e é a mãe que é o meu exemplo. Chego a me emocionar quando me lembro dela. Primeiro porque ela acabou de passar no Enem. Cria esses quatro meninos, exige, por exemplo, cumprimento da Lei nº 10.639, que é da igualdade, da história da África. Ela é uma militante do movimento, e ela dá um tom diferente à escola porque as pessoas sabem que tem uma mãe que agrega outras mães e que faz todo mundo crescer. Eu falo, Ruth, você me faz crescer. Foi a partir dela que a gente fez em Belo Horizonte um fórum de pais que se reunia comigo. Eles falavam "mas tem de ser com você". De quarenta em quarenta dias, eles davam a pauta: vamos discutir inclusão de um menino com deficiência, discutir escola de ciclo. E essa participação qualificada para o gestor é a melhor coisa que existe. Dá trabalho, mas coloca você num trilho bom.

VM: A LDB surpreende quem a lê. Porque ela realmente abre espaços muito interessantes. No entanto, a maioria dos nossos professores e, principalmente, diretores não tem tanta clareza a respeito disso. A minha pergunta é: que inovações a LDB permite? O que a LDB permite à escola, novos projetos?

MP: Ela permite que a escola se torne mais contemporânea. A Lei de Diretrizes e Bases da Educação, que a gente carinhosamente chama de LDB, dá à escola e aos sistemas uma flexibilidade que é muito contemporânea. Então, quem conhece a lei, quem lê, e ela é obrigatória para todo mundo que trabalha na educação, percebe essa flexibilidade da organização dos currículos, dos grupos de alunos, do tempo dos professores. Quem conhece a LDB e tem uma formação teórica sólida e quer ousar em termos de organização da escola pode fazer isso tranquilamente.

Tranquilamente pode derrubar as paredes, os muros, e tornar essa escola um espaço de aprendizagem no qual os meninos se sintam efetivamente acolhidos. Temos uma legislação que nos ampara nesse sentido.

VM: Então, a aula de cinquenta minutos, a divisão das séries, a formação do espaço físico, nada disso é obrigatório na escola?

MP: Tudo nós podemos mexer. Isso é muito fascinante. Encontramos experiências belíssimas nas escolas públicas brasileiras de pessoas que ousam pensar em um módulo-aula de uma hora e meia ou pensar que podem ser quatro horas num parque, podem ser duas turmas com uma professora enquanto a outra estuda, podem ser quatro turmas com oito professores. Essa possibilidade é muito importante, é muito transformadora para quem é corajoso. Porque a educação é para quem tem essa coragem e para quem tem formação.

VM: Então, não precisamos da aula de cinquenta minutos?

MP: Não. Aliás, o único lugar em que a hora dura cinquenta minutos é na escola. Inventamos isso, e eu digo, como é uma criação humana, do mesmo jeito que a gente inventou essa a gente pode inventar quantas outras a gente quiser em termos de horário escolar.

VM: Como a senhora vê a educação do futuro? Que mudanças acredita que acontecerão na escola nos próximos dez anos? Que tipos de desafios as novas mídias nos trazem?

MP: A escola, como uma instituição humana, está sempre em processo de transformação, assim como todas as outras criações humanas. A escola faz parte do processo cultural da humanidade. Acontece que ela muda mais lentamente, e atualmente isso provoca um imenso descompasso entre o formato da escola e a sociedade digital na qual ela está inserida. As novas gerações precisam de "circulação e experimentação" para aprender. Precisam aprender a ler com profundidade para poder discernir o "joio do trigo" nas suas navegações pela web. E o desafio é entender o professor como um mentor do processo de aprendizagem do aluno, um orientador, um profissional que acredita na autonomia do jovem, da criança.

VM: Considero o Enem um marco na transformação da educação brasileira, especialmente por se sustentar não mais em conteúdos, mas em competências e habilidades, mas ele tem encontrado grandes resistências. Como a senhora vê o Enem?

MP: Vejo o Enem como um instrumento interessante para induzir a mudança curricular no Ensino Médio, mas ele se tornou um alvo por disputas partidárias e isso embaçou o debate. Com o tempo, a sociedade continuará a debater o aperfeiçoamento do Enem, e não a sua destruição.

VM: Eu tenho a impressão de que um dos maiores problemas da educação brasileira diz respeito à gestão, desde a gestão federal, estadual, municipal até a gestão das escolas pelos diretores e a gestão da sala de aula pelos professores. O que a senhora pensa disso?

MP: A gestão é importante, sempre é, em qualquer instituição. Mas o problema não é só de gestão, é responder à pergunta: gerir qual escola? Qual modelo, qual projeto, para quais alunos? A gestão não é algo neutro, imparcial, ela vem carregada de significados, de símbolos. Gerir uma escola significa ter um profissional que goste de pessoas, que goste de barulho, de falta de rotina, de administrar conflitos. Todos os dias, duzentos dias por ano. É difícil, porque às vezes ouço um diretor de escola reclamar que o problema da escola "são as relações interpessoais". A matéria-prima da escola são as pessoas, adultos, crianças, jovens, em diferentes papéis, de profissional, de aluno, de mãe, de merendeira, de auxiliar da limpeza. Então é uma gestão específica e sofisticada. Se não existe um sólido projeto pedagógico para orientar a gestão, ela fica à deriva ou será orientada por planilhas e números, apenas.

VM: *No Brasil os deputados e senadores estão sempre produzindo leis que interferem no sistema educacional, mudando seu rumo, mas nem sempre essas leis se sustentam em um conhecimento efetivo da rede e de suas dificuldades, o que muitas vezes mais atrapalha do que ajuda. Como a senhora vê essa relação entre Executivo e Legislativo?*

MP: Necessária para a democracia, mas delicada sob o ponto de vista dos impactos que tem no sistema educacional como um todo. Seria preciso um elevado espírito público, de todas as partes, para que o projeto maior, de uma escola pública democrática e republicana para todos, fosse o norte dos debates, e não pequenos interesses, religiosos, econômicos, políticos.

VM: *Quais os principais desafios que a senhora encontrou durante seu tempo no ministério?*

MP: A burocracia é o problema um, dois, três, quatro. Grave, complexa, malresolvida. A falta de um corpo técnico estável e qualificado é outro problema grave. Essa história de "Estado mínimo" é contraditória, porque, se o governo fala em fazer concursos para contratar gente qualificada, certos setores abrem uma campanha contra o "inchaço do Estado". Mas, se as pessoas não são estáveis e mudam a cada mudança de ministro, como criar projetos de Estado, e não de governo?

VM: *Tenho a impressão de que estamos de fato nos transformando, vejo um cenário cada vez mais promissor quando estou atuando diretamente nos municípios, mas a imprensa raramente valoriza essas mudanças. Como a senhora vê a educação brasileira hoje e sua relação com a imprensa?*

MP: A imprensa separa o joio do trigo, mas gosta do joio, li isso recentemente e não me lembro quem disse isso. Mas reflete bem a relação com todos os setores, não apenas a educação. Para a educação pública, o ruim é que quando só escutamos notícias ruins criamos a imagem de que a "escola pública é sucateada, ninguém aprende, blablablá...", mas uma visita a uma escola na periferia de Teresina ou em Palmas ou no sertão de Pernambuco nos mostra o contrário, gente comprometida, projetos incríveis, crianças aprendendo.

Madalena Freire: a educação como diálogo entre diferentes saberes

Ela é filha de Paulo Freire, mas sua grande inspiração como educadora foi a mãe, Elza, professora de Educação Infantil em Pernambuco. Madalena viveu o trabalho dos pais, os acompanhou, com os irmãos, por diversos países durante o exílio, e hoje engrossa a história familiar com o seu próprio trabalho. Muito falante e apaixonada pelo que faz, Madalena nos recebeu com entusiasmo em sua casa. Falamos da sua atuação com educadores leigos e com as classes populares. Foi um delicioso encontro.

"Nesses anos todos, vividos na ditadura neste país, na centralização autoritária, a educação esteve muito arraigada nesse ranço, mas cada vez mais tenho percebido um número crescente de professores, de pessoas diretamente ligadas ao núcleo da escola, ou fora dela, pensadores, teóricos, pesquisadores, que vêm demandando um rumo novo."

Muitas mudanças ela percebe em seu trabalho cotidiano, nas comunidades em que atua, no contato direto com as escolas e os professores, especialmente em relação à educação popular. Hoje existe uma consciência mais ampla a respeito dos impasses da educação e da escola no Brasil. E eu concordo. Mas ainda há muito por ser feito, e ela sabe. Contudo, não faz questão de dizer que seu pai foi um dos pilares dessa transformação. Madalena, assim como todos que queremos essa educação viva, essa educação cidadã, todos somos um pouco filhos de Paulo Freire. Muito obrigada, por tudo, Madalena.

* * *

MADALENA FREIRE, filha do educador Paulo Freire, é graduada em pedagogia pela Universidade de São Paulo. É uma das fundadoras da Escola da Vila e do Centro de Formação Espaço Pedagógico. Inspirou várias escolas consideradas inovadoras nos anos 1980. Desde aquela década, assessora secretarias de Educação municipais e estaduais e desenvolve projetos educacionais e de formação continuada de educadores. Dentre seus livros, destacam-se: *A paixão de conhecer o mundo* (Paz e Terra, 2007) e *Educador* (Paz e Terra, 2008).

Entrevista

Viviane Mosé: A gente hoje percebe a educação com um espaço muito maior na sociedade. Existe uma discussão mais ampla sobre educação, e claro que isso varia de acordo com o que se considera educação. Mas de todo modo a influência do Paulo Freire se faz presente. O que você acha disso?

Madalena Freire: Primeiro, como filha, fico muito orgulhosa. Fico muito emocionada, mas também com um peso, peso de responsabilidade pelo legado e pela herança. E, ao mesmo tempo, uma alegria grande pelo reconhecimento que ele tem, ele foi um visionário. E tenho a impressão de que, nestes últimos anos, se começa a entendê-lo e a recriá-lo no que ele já via desde há muito tempo.

VM: Como educadora, você percebe que a educação está tomando um novo espaço no Brasil? Você acha que isso está acontecendo?

MF: Sem dúvida. Cada vez mais o mundo demanda outra postura em relação à realidade, aos outros, à natureza. A educação não pode se safar disso. A educação está permeada por tudo isso, por todas essas mudanças, apesar de a educação, porque trabalha a tradição, a cultura, guardar muito ranço autoritário. Nesses anos todos, vividos na ditadura neste país, na centralização autoritária, a educação esteve muito arraigada nesse ranço, mas cada vez mais tenho percebido um número crescente de professores, de pessoas diretamente ligadas ao núcleo da escola, ou fora dela, pensadores, teóricos, pesquisadores, que vêm demandando um rumo novo. Essa demanda de um mundo novo e, portanto, de uma postura outra sem dúvida tem a influência de Paulo Freire, que foi um dos teóricos que assinalaram rumos metodológicos, a importância da construção do conhecimento no grupo, dessa construção educador e educando, desse diálogo. Essa pessoa que ele concebia, essa pessoa humana. É uma redundância falar em pessoa humana, mas, no mundo de hoje, onde esse humano e a vida e a natureza tornaram-se objeto descartável, vulnerável, ele já via e concebia esse humano como a peça, como o ouro da educação. A matéria-prima do educador, a matéria-prima de quem ensina não é somente o conteúdo da matéria, é a pessoa humana que aprende e conhece. Essa pessoa humana é uma inteireza, como ele dizia, é uma totalidade. Uma totalidade afetiva, amorosa, social, porque depende do outro, sempre depende do outro. A gente só sabe quem é e só se conhece porque há o outro que me espelha, o outro que me retrata. Essa pessoa humana incompleta, inacabada, sofre seus limites e por isso deseja. E por isso sempre falta. E, no mundo de hoje, cada vez mais dependemos dessa pessoa humana que deseja, que sonha e que, portanto, tem um processo criador a assumir enquanto autor.

VM: E tudo isso depende não de mais educação, mas de outra educação, talvez.

MF: Exatamente. Chega de modismo. Quando digo que a matéria-prima é a pessoa humana que conhece, é um pouco para trazer os educadores para a terra, no sentido de que o ouro está na sua mão e na sua frente. O impasse e a dificuldade é entrar em sintonia com o significado, com o sentido que esse outro dá à sua aprendizagem. Ninguém aprende por ninguém. Ninguém faz nada por ninguém. Ninguém conhece por ninguém. É esse sujeito que tem a sua impressão digital e só ele pode aprender. Só ele pode sentir o sabor e o saber do conhecimento. A partir do que sabe é que ele recria, descobre. Cada vez mais no mundo de hoje se demanda esse sujeito criador que conhece, que aprende.

VM: *Que é autônomo, que é ativo.*

MF: Que tem autoria e que constrói sua autoria, porque tem a sua impressão digital. Então, não basta modismo, não basta dizer "agora chega de Piaget", "agora não é mais esse, é outro!" e joga-se tudo no lixo. Porque o conhecimento implica sempre uma reconstrução dialógica com o outro a partir dos sentidos e dos significados.

VM: *A gente poderia dizer que não se trata de uma mudança de conteúdo, mas de uma mudança de forma. Independentemente do que se ensina, é o como se ensina que talvez esteja em questão.*

MF: É o como no sentido de que antes eu ensinava para o outro, para reprodução. Hoje, no mundo atual, ensino com o outro. É no meu ensinar que aprendo a ensinar melhor com o outro.

VM: *Fale um pouco sobre sua experiência com educadores leigos. O que significa isso? O que é exatamente esse trabalho?*

MF: Venho acompanhando já há algum tempo grupos de professores chamados leigos porque não têm o diploma, não têm o reconhecimento formal e, geralmente, são todos da classe popular. E venho acompanhando esse processo de formação, no qual a via central desse acompanhamento se dá na reflexão da prática por esse sujeito. Isso não começa de cara. Primeiro de tudo, esse sujeito precisa ser reconhecido como gente que pensa, que faz. Esse sujeito geralmente chega a nós numa baixa autoestima, numa desvalorização de si próprio, do seu saber, ele precisa de um primeiro movimento, e o educador é um instrumental valioso nesse processo de atiçar essa pessoa a dizer você sabe, você faz. Como é que você faz? O que você pensa sobre o que você faz? Nesse primeiro movimento, o mais importante ainda não é a escrita, porque esse educador está intoxicado por uma escrita mecânica. "O boi baba", "Eva viu a uva", uma escrita que não comunica pensamento, que não expressa sentido algum. Mas esse educador pensa na oralidade. Se ele ainda não sabe escrever, ele sabe falar. E é contando sobre o que faz — e mesmo nesse exercício de oralidade reflexiva — que ele vai tomando consciência de que tem uma autoria, de que tem um ponto de vista. O acompanhamento desse primeiro passo, desse primeiro movimento de formação é crucial para o seguinte, que é: agora você escreve. E esse escreve é muito difícil para todos nós, não é só na classe popular que isso é tão difícil. É muito difícil porque há todo um movimento de desintoxicação do próprio processo de alfabetização. Nesse movimento de formação dentro de um novo parâmetro em que o conhecimento não é para ser reproduzido, mas é uma construção com, a escrita vai se tornando memória. É onde essa escrita comunica o que se sente, o que me flecha, o que eu penso, o que eu duvido, o que eu pergunto. Porque pensar é perguntar.

VM: *A gente poderia dizer que todas as pessoas curiosas, instigantes, apaixonadas pelo saber, pelo conhecer o mundo e os livros são, em potencial, educadores?*

MF: É em potencial um educador de dois mundos possíveis. Pai e mãe são educadores. Educadores do mundo privado, do mundo onde aprender é natural e espontâneo. E digo mundo privado porque no mundo público da escola há um educador profissional que, aliás, não é só ele o profissional, mas o estudante, o aluno, é um profissional em formação, porque na carteira de identidade dele tem profissão: estudante. Mas esse mundo público, esse educador sendo um profissional, o conhecimento se dá na formalização e na sistematização dessa aprendizagem. Que é muito diferente desse educador da família. Pai e mãe não acordam com planejamento, nem com pauta para o seu dia.

VM: *Eu me lembrei de uma coisa importantíssima, que considero uma fundamental contribuição de Paulo Freire, é ter pensado que, numa escola, todos são educadores, a merendeira, o porteiro. Educar envolveria muito mais o gesto, a paixão, a capacidade e o talento natural para o gesto educativo do que exatamente do conteúdo que essa pessoa tem.*

MF: Porque, nesse sentido, todo educador — e aqui estamos falando nessa amplidão — do mundo público é autoridade e exercita um modelo. Ninguém aprende sem modelo. No modelo autoritário, só existia um único modelo. Era o da direção, para ser copiado e reproduzido, era o da professora, para ser copiado e reproduzido. Jamais questionado, jamais criticado. Só seguir. Copiar, e com "as palavras do livro, não é com sua própria palavra". Mas, numa concepção democrática de educação, que Paulo Freire defendia, as relações são entre autoridades diferentes.

VM: *Autoridade da cozinha, autoridade da portaria. Porque a gente sabe que marca a vida da gente o rapaz que trabalhava no portão da sua escola. Nunca se esquece. Muitas vezes é mais educador até do que o professor.*

MF: E muitas vezes é o professor dentro de sala, desenvolvendo uma atividade, ou tendo um foco num projeto. Por exemplo, "o valor da responsabilidade e do compromisso", qualquer coisa assim. O modelo pode nem estar sendo ela, professora, mas justamente o porteiro que está lá. Ou o jardineiro que está lá e dá a essa criança, oferece a essa criança um parâmetro, um referencial que tem mais sentido nele do que na professora.

VM: *E, ao mesmo tempo, estaríamos trabalhando aí essa estratificação social, ou seja, é mais importante o professor do que a merendeira?*

MF: Não. De maneira nenhuma.

VM: *É mais importante a diretora do que o porteiro?*

MF: De maneira nenhuma. Todos são peças fundamentais, porque são peças da construção do mundo público, do mundo da cidadania.

VM: *Paulo Freire chama muito a atenção para isso. Antes dele...*

MF: O autoritarismo era muito arraigado. Nesse sentido que digo que ele foi um visionário, porque vislumbrava isso já de muito tempo.

VM: *O título não faz o professor. Faz?*

MF: Não. De maneira nenhuma.

VM: *O que faz um professor?*

MF: Não é só o conhecimento que faz um bom professor. O que faz um bom professor é a consciência dele de que, primeiro, ele necessita ter conhecido, mastigado, sentido o saber, o sabor do conhecimento. Mas saber tudo não é saber a verdade, e não adianta você saber mais, mas não entrar em comunicação, em sintonia, com o saber do outro. Não dialogar com o outro. Não acolher o outro no seu saber. Não fazer a ponte de comunicação do sentido e do significado do outro. Porque a gente só aprende quando dá sentido e significado. Se esse professor não tem essa preocupação de hospedar o aluno dentro de si, de acolher, e a partir daí começar o diálogo dessa aprendizagem, que se dá no acompanhamento das hipóteses desse saber, ele não ensina. Um bom professor não é aquele que domina só o conteúdo da matéria, ele, sem dúvida, precisa ter esse domínio do conteúdo, do que ele vai ensinar. Mas isso não lhe dá tudo. O que é fundamental é que esse professor acolha, busque a sintonia do saber desse educando. Hospede esse educando dentro de si, o reconheça em si mesmo, em suas hipóteses quando era mais jovem ou quando sabia tanto quanto. E daí comece a construir essa ponte de diálogo amoroso. Porque o querer bem é mola do processo de aprendizagem, ninguém aprende se não houver amor ou ódio. Na indiferença, ninguém aprende.

VM: *Temos esse grande desafio no Brasil que é trazer para a escola as crianças, jovens e adultos que ainda não se escolarizaram. No entanto, a discussão se prende muito em torno de vagas. Usando novamente Paulo Freire, precisamos de uma educação popular para a classe popular. Precisamos de uma educação específica, obviamente considerando as condições históricas e a cultura. Pelas suas andanças e também pelo que a gente ainda pode fazer por isso, o que precisamos para trazer essas pessoas para a escola, mas de uma forma verdadeira, real, e não apenas com a matrícula?*

MF: Penso que tanto com crianças quanto com jovens e adultos da classe popular o que é crucial é que a escola, ou qualquer espaço que formalize esse ensino, tome um banho, esteja aberta a se perder nos saberes e nos não saberes dessa realidade do povo. Já vivi uma experiência com crianças de uma comunidade de São Paulo. E estou vivendo, no Instituto Superior de Educação Pró-Saber, no Rio de Janeiro, outra experiência na formação de professores, crecheiras, em comunidades do Rio, em favelas, o que me desafia enquanto educadora e desafia a escola a favor desse povo, a favor dessa classe popular, porque não existe ato educativo neutro, todo educador educa a favor ou contra o que sonha, o que aposta, o que acredita, qual a sociedade, qual a pessoa humana. Com as crianças precisei tomar um banho da realidade dessa comunidade, porque eu vinha de uma larga experiência de vinte e tantos anos com crianças de classe média e tudo que eu propunha nessa realidade do povo dava errado. Eu dizia "vamos desenhar", os meninos comiam os lápis. "Vamos fazer esse barro", os meninos jogavam nos olhos dos outros. Eu dizia: como é que pode, eu com 25 anos de tarimba de criança no meu juízo, tudo dar errado? Eu estava analfabeta em relação àquela realidade. Estava reproduzindo meu próprio modelo, e, veja, quando a gente, mesmo reproduzindo o próprio modelo, dá errado, imagina quando a gente quer reproduzir o modelo dos outros? Mas foi quando tomei consciência de que eu é que estava em dissintonia, não eram as crianças porque eram carentes, palavra terrível. Carente uma pinoia. Eram exploradas, são exploradas. Não era culpa das crianças. Não era culpa do pai ou da mãe bêbados. Não era nada disso. Era eu, eu na minha ignorância daquela realidade. Porque tudo que eu propunha não tinha o menor sentido nem significado. E, como a gente só aprende com sentido e significado, os meninos comiam lápis.

VM: *Precisamos ser alfabetizados a vida inteira?*

MF: Sim, o processo de alfabetização é leitura do mundo, é leitura de si, leitura dos outros, leitura da realidade. E como estar vivo é ler, reler, continuar lendo, desconstruindo as palavras e os sentidos e construindo novos, somos permanentes alfabetizandos e alfabetizadores, nesse sentido. Não sabemos tudo, e aquele que se julga "não, já sei de tudo", cutuque porque morreu! Virou múmia. Porque sintoma de vida é pergunta, é problema, é perdição, é caos criador.

VM: *E aí você se alfabetiza com as crianças enquanto alfabetiza as crianças. Foi o que aconteceu.*

MF: Exatamente. Foi quando tomei consciência de que a analfabeta era eu, eu é que estava em dissintonia com aquela realidade. E que comecei a observar o que esses meninos liam. O que faz sentido para eles? Era a pipa que voava no céu, era dos caquinhos de tijolos que eles faziam o maior castelo, a maior brincadeira, que começamos um projeto de construir brinquedos. E aqui as crianças foram minhas professoras e meus professores. Eles sabiam muito mais do que eu construir brinquedo, e começamos a fazer toda uma pesquisa de brinquedos populares.

VM: *Quero falar sobre reprovação, quero falar sobre exclusão escolar. Porque se uma criança é avaliada pelo que ela não sabe ela vai fracassar, pelo menos a maioria de nós tem muito mais fracasso do que sucesso na escola. Então, será que a escola não deveria buscar o que a criança sabe e trabalhar em cima, estimulando o que ela sabe em vez de sempre avaliar o que ela não sabe? O que você acha da reprovação e do processo de avaliação que predominam hoje ainda no ensino brasileiro, público e privado?*

MF: Há vários problemas aí, vamos ver se a gente ataca um pouquinho de cada. Partir de uma outra realidade que acolhe, que valoriza o saber e que do saber informa e forma, acompanhando o novo conhecimento que começa a nascer, porque tem sentido e significado. Fazer isso demanda que o professor, que a professora, também viva esse movimento. E nós, até o tempo de hoje, temos pouquíssimas experiências de acolhida para esse professor. Partir do que ele sabe, valorizar o que ele sabe para poder ensinar o que ele ainda não conhece. Os professores estão abandonados. Se a gente perguntar a um diretor e a um coordenador: quantos alunos vocês têm? Qual é a sua classe? Eles têm duas respostas possíveis. Eles podem dizer "tenho 350, quinhentos alunos, quinhentos mil", o número total dos alunos da escola, ou eles são capazes de dizer: "Não sei, atualmente estou fora de sala." Como um coordenador pedagógico está fora de sala? Como um diretor, como um coordenador não veem os seus professores como seus alunos? Ou seja, para construir conhecimento nessa escola democrática, banhada por essa realidade, para a classe popular que estamos pontuando, a gente necessita que essa escola esteja mergulhada em todos os seus segmentos, no sentido de esse coordenador assumir, acolher, acompanhar e valorizar esse professor. A gente não exclui só as crianças, a gente também está excluindo os professores nesse processo.

VM: *Os professores têm sofrido muito atualmente, principalmente porque são mudanças muito rápidas e pouco acompanhamento, não só na questão salarial, que já é clássica, mas no respeito a esse trabalho tão digno.*

MF: Nesse processo de exclusão dos jovens, das crianças e da escola, também há todo um processo de exclusão dos professores. De desautorização dos professores. Não é à toa que, por exemplo, o professor, a professora é chamada de tia. Mas é chamada de tia com a cumplicidade dela, que aceita ser chamada de tia. As palavras são conceitos. As palavras denunciam, retratam o que a gente pensa, o que a gente acredita e o que a gente faz. Tia, o que está por trás dessa palavra? Primeiro, o que está por trás dessa palavra tia no espaço público? Não estamos no espaço da família, privado. Estamos no espaço público da escola. O que está por trás, dentro desse espaço profissional, de chamar esse profissional de tia? Tia, na minha terra, sou do Recife, mas se você for andar pelo Brasil inteiro vai significar a mesma coisa. Tia é aquela mulher que ficou pro caritó, que não vai casar, não transa, não tem homem e cujo único destino é cuidar do filho dos outros. Como é que uma profissional se sujeita a ser chamada por um cacoete desses? Ela já está se desvalorizando há muito tempo. Ela já tem o dominador dentro dela, como dizia Paulo Freire, há muito tempo.

VM: Ao mesmo tempo em que é uma infantilização, porque você encontra adolescentes de 18 anos aprendendo a dirigir e chamam o instrutor de tio. Vi isso acontecendo. Então, é uma infantilização da adolescência.

MF: Pode ser também esse movimento promíscuo entre o espaço privado e o público. E pode ser também uma forma velada, camuflada, de dizer "chama tia para ser mais afetivo". Afetividade massificada não existe, ao menos não é a em que acredito. Mais do que nunca, um educador deve trabalhar sempre com a verdade. A verdade da transparência das relações, a verdade no seu não saber, a verdade no seu saber, na sua defesa.

VM: E essa aproximação que muitas pessoas falam defendendo essa ideia, que acho um pouco estranha, de que a escola é a família. Não entendo muito essa junção.

MF: A escola não é casa, não é família, não é prolongamento da casa nem da família. A escola é espaço público entre profissionais que exercitam e constroem seu modelo de autoridade com os outros modelos de autoridade, modelo de educando, modelo de grupo, modelo de faxineira, modelo do pessoal administrativo, modelo de coordenadora, modelo de diretor.

VM: *São modelos de relacionamento.*

MF: Modelos de construção de autoridade. Na família, o vínculo afetivo se dá por laços de parentesco. Na escola, no mundo público, o vínculo do professor com o seu aluno é profissional, pedagógico, mediado pelo trabalho. É trabalho. É uma relação de construção de conhecimento e de aprendizagem. E é por isso que educador não troca com educando, porque há uma assimetria entre os dois. E não troca com o educando não significa que ele é neutro, que ele é frio, não, ele tem um compromisso num outro patamar de exercício da autoridade. Educador não bebe chope com o educando, eu gosto de dizer. Educador não é amigo, não pode virar amigo de educando. Assim como mãe não pode dizer "ah, sou tão amiga da minha filha, ela conta todos os seus segredos!" Há algo que não anda bem nessa relação.

VM: *A gente tem uma evasão escolar muito grande, principalmente nas classes populares. Você acha que isso pode ter alguma relação com a metodologia de ensino que essas escolas estão utilizando? Por que as crianças estão indo embora da escola?*

MF: Há uma grande evasão na escola pública e na escola em comunidades da classe popular porque, na verdade, elas não são reconhecidas no seu saber, na sua importância enquanto pessoas, pessoas humanas. Elas não têm, por parte do professor, escuta e acolhimento suficientes. Essa escola está alienada, sempre, na maioria das vezes, dessa realidade. Essa escola já chega com um ranço de classe social, de nariz empinado, de cima para baixo, a ditar o conhecimento. Essa escola já chega expulsando e excluindo a comunidade. De onde ela está, por sua vez, chega com uma noção, um conceito de aprendizagem e de conhecimento que é reprodutor, que é da cópia mecânica, que é do ditado, não questionado, não pensado, é a reprodução. É uma escola alienadora e alienante, já chega excluindo, sem acolhimento do saber do outro, do modelo do outro.

VM: *Você acha que um aluno pode se sentir humilhado na escola só pelas condições da escola?*

MF: Sem dúvida. O que deixa marcas profundas para o resto da vida. Na experiência que estou acompanhando no Rio com as mulheres, um dos movimentos é o processo da formação de resgate dessa pessoa, da importância dessa pessoa, da autoria dessa pessoa, do seu reconhecimento por ela mesma de que ela tem o seu valor, ela é importante, ela tem um nome. Começamos a fazer um resgate de lembranças de como elas começaram a ler e a escrever. E são lembranças terríveis de humilhação, de castigo, de desejo de morte lançados pelos educadores dentro da escola. Desejo de morte, quero dizer que é aquele que a gente diz assim: "Ó, você já está no terceiro ano dessa primeira série! Você não vai aprender mesmo! Menino, você é burro! Ó, vai dizer para sua casa que você só dá para ladrão." Essas lembranças, quando emergem, ganham uma força de uma consciência e de um renascimento. Porque para a gente construir a própria autonomia a gente precisa, primeiro, resgatar os modelos mais primários e mais longínquos que nos habitam, que não foram embora, que estão dentro de nós. Aquela criança humilhada, rejeitada, explorada, que não foi escutada, que um gesto que foi lançado para ela lhe fez uma ferida mortal, no peito.

VM: *Paulo Freire novamente. Considerar a educação dessa criança, já que a sociedade quer tanto que ela seja educada, é fazer essa criança ter consciência da realidade que a tornou explorada.*

MF: Exatamente. E fazer resgatar essa criança nesse adulto, porque essa criança está lá, adormecida, não morreu e não foi embora. Resgatar essa criança sofrida, esse adolescente sofrido, essa mãe sofrida, essa profissional sofrida, explorada, que não tem nada de carente, para que ela tome consciência de que ela tem dignidade.

VM: *E autoria.*

MF: E autoria na sua vida, na sua história.

VM: *Falamos muito em acabar com o analfabetismo, mas talvez tenhamos que conviver eternamente com um grau de analfabetismo. Há pessoas que têm uma cultura oral, pessoas que preferem viver na sociedade de formas diferentes. Então, talvez a gente precisasse respeitar as diferenças culturais. Em relação à favela, por exemplo, muita gente acha que ela deveria desaparecer. Vamos construir prédios, acabar com a favela. Mas a favela é uma construção arquitetônica específica, porque não é uma cidade para carros, ela é para pessoas. Temos de aprender com a favela. Os arquitetos têm que aprender com a favela. A gente respeita só a tradição dos livros, mas não respeita a tradição oral, não respeita a cultura popular.*

MF: Resgatar essa tradição oral juntamente com o resgatar no sentido amplo de ler o mundo, dizer o mundo nesse sentido da alfabetização plena que Paulo Freire defende. Somos permanentes leitores, falantes, escritores do mundo. Somos palavra. Escrita, falada, sentida, cantada, dançada. Somos tudo isso ao mesmo tempo, sempre.

VM: *Em relação a Paulo Freire especificamente, como foi a sua passagem de filha para educadora? Como é que você percebeu "quero fazer isso. Também quero viver dessa maneira, isso me mordeu, essa paixão"?*

MF: Isso me mordeu muito cedo. Primeiro porque não tive só pai. Tinha uma mãe, Elza, uma grande educadora, ele não teria feito o que fez sem ela, ele não teria sido ele sem Elza e ela também não teria sido Elza sem Paulo. Ela era uma grande educadora, de Educação Infantil, jardineira no Recife, e uma grande diretora de um grupo escolar dentro do morro. Todo mundo imagina que o modelo mais forte, na minha opção de ir para o mundo da educação, foi meu pai. Não, não foi meu pai. Foi minha mãe. Foi na convivência com ela, indo com ela ao grupo escolar, ajudando-a a dar banho nos meninos, catar o piolho e dar um beijo nas bochechas e dizer "Você é bonito! Vai estudar. Agora você está com a mão cheirosa!" Foi isso que começou a me instigar e a me apaixonar. Decidi ser professora com uns 9 anos. E foi numa brincadeira de criança, num jogo simbólico. É que o sorveteiro não veio naquele dia, era daquele sorveteiro que trazia uma caixa no ombro e vendia sorvete na praia, em Rio Doce. E como a brincadeira é pensamento, quando a criança joga, quando a criança brinca, quando a criança desenha, ela está pensando o mundo. O sorveteiro não veio, e começou uma brincadeira, automaticamente, pensando a falta do sorveteiro, uma brincadeira de fazer o papel de sorveteiro. E era um grupo de tantas crianças, tudo da mesma idade, e foi "rodiziando" o papel de quem fazia o sorveteiro. Quando chegou a minha vez, que eu fui fazer o sorveteiro e que pegava as conchinhas e areia molhada, comecei a ensinar como é que se fazia com a espátula aquela forma do sorvete que ele deixava. Nesse momento me veio uma consciência de que eu adorava ensinar os outros, porque os meninos ficaram olhando, entusiasmados. E vi que fui diferente do outro que veio antes. Nesse dia cheguei a casa e disse para minha mãe: vou ser professora. E desse dia em diante tomei a decisão, fiz magistério, fiz pedagogia, uma vida atribulada porque comecei o magistério no Recife, terminei no Chile e voltei para cá, não era reconhecido, entrei na USP, enfim. Mas desde aí continuo resistindo, sendo professora!

VM: E é uma paixão bastante grande, não é? Porque realmente ou ama ou odeia.

MF: É cachaça!

VM: Como foi a experiência do exílio, para você e para sua família?

MF: O exílio foi duro. Mas agradeço a Deus pela experiência pela qual pude passar, que pude viver, de aprendizado, de recriar-me. Quando digo recriar-me foi todo mundo, todo mundo precisou fazer isso, recriar-se para viver uma outra cultura sem perder a nossa.

VM: Depois reaprender a sua.

MF: Reaprender a minha de volta. E viver um sofrimento de ser virada pelo avesso, desenraizada e lançada num mundo e numa língua diferentes. De uma saudade! E isso foi muito forte para meu pai, para minha mãe. Mais para meu pai, na verdade. Minha mãe tinha um outro jeito de viver essa saudade, porque ela era a viga-mestra da casa, ela era o esteio; então, tinha de ser para nós um parâmetro de resistência e de criação. "Não, aqui estamos aprendendo, aqui vamos fazer. Não perca a chance! Isso é uma oferta, um presente que a vida está nos dando! Paulo, levante!" E ia comprar feijão, achava feijão, achava galinha viva no mercado em Las Vegas, no Chile, e fazia galinha à cabidela. Era uma casa, mesmo no Chile, nos Estados Unidos, em Genebra, uma casa pernambucana, uma casa brasileira. Então, ao mesmo tempo, não perder a raiz e ter um olhar distanciado do teu país é um exercício criador e reflexivo muito instigante.

VM: *Qual a atualidade do pensamento de Paulo Freire?*

MF: Vejo que a atualidade é o que ele dizia: que aprender é entrar em comunicação, em diálogo, em abertura com o outro. Que essa pessoa humana é peça fundamental na sua aprendizagem, falando, contando com a sua voz e a sua vez, fazendo a história. Que esse dominador dentro do dominado tem de ser despertado, tem de ser acordado para que esse dominado o expulse e ninguém pode fazer isso por ele, só ele mesmo. Ele é muito atual no mundo de hoje quando já dizia que ensinar é um ato ético e estético. Ético porque sempre em grupo, sempre no coletivo. Estético porque, sendo essa pessoa humana inacabada, finita, na sua incompletude, ela está sempre em busca de solução dentro dos limites e, portanto, ela cria saídas. Esse processo criador sempre vai junto com a beleza, meu pai dizia com "a boniteza". O Belo no melhor que a gente pode fazer, no melhor que a gente pode oferecer, no melhor que a gente pode testemunhar. Então, esse sujeito criador, mais do que nunca, esse mundo de hoje demanda.

E [Edgard] Morin encontrou-se com ele no fim da vida. Morin foi um grande admirador do meu pai.

VM: *Não sabia que eles se conheciam.*

MF: Ele dizia e diz: "De que vale uma cabeça bem cheia, de que vale? O que vale é uma cabeça benfeita." A cabeça benfeita, Paulo Freire já dizia isso havia muito tempo, já dizia quarenta anos atrás. A cabeça benfeita desse autor, que é consciente da sua dignidade, do seu dever ético, estético em defesa dessa boniteza de vida, dessa amorosidade.

VM: *Em vez de uma massa de pessoas na sociedade.*

MF: Carregamos um peso na juventude, na vida madura nem tanto. Sou a mais velha, mas acho que posso falar por todos os menores. Carregamos um peso muito grande de ser filha de um pai famoso, ainda mais no mundo da educação ser filha desse pai. Vivi muita dificuldade, momentos de muita delicadeza em que precisei ter muita raiva (*risos*), ser muito agressiva para dizer aos outros: "Não sou Paulo Freire! Sou Madalena!" E ele foi uma força para me apoiar nisso. "É isso mesmo, me supere, não entre nessa massificação mitificadora dessas pessoas! Se assuma na sua beleza e na sua autoria, me supere!" Ele, dentro de casa, dizia isso para todos nós: "Me superem!"

VM: *É o testemunho de ser dono do nariz, buscar esse protagonismo.*

MF: Ser dono da impressão digital, ser dono da sua marca, ser dono da sua história.

VM: *Deixar a massa de alunos se transformar em pessoas.*

MF: Pessoa com autoria. Pessoa com história.

Tião Rocha e a experiência de Araçuaí: aprender fazendo biscoitos

Li sobre o trabalho do Tião numa entrevista, na qual ele falava de uma das muitas vezes em que seu trabalho fora premiado. Resolvi ir até Araçuaí. A experiência superou em muito as expectativas, tanto em relação aos resultados do trabalho, à sua realização, quanto à pessoa do Tião. Um educador muito centrado e muito pé no chão, um empreendedor social muito competente, além de um mineiro típico, muito falante, gentil e animado. Conversamos bastante enquanto eu conhecia *in loco* esta deliciosa experiência, uma cidade educativa. O trabalho do Tião Rocha é um vento vigoroso que nos estimula não somente a inventar novos modos de educar, mas a acreditar no Brasil. Araçuaí fica numa das regiões mais pobres deste país. Se foi possível ali, por que não no país inteiro?

"Imagine que quando fui começar a escola debaixo do pé de manga não sabia como que era isso, convidei as pessoas, sentamos numa roda e começamos a falar sobre. Eu ia anotando tudo que as pessoas falavam, como é que seria essa escola, como seria uma educação sem escola. Eu me lembro de que quando li tudo que eu anotava tirei o sumo, a gente falava não de uma escola que gostaria de ter, mas de uma escola que a gente gostaria de não ter tido."

Araçuaí tem hoje um grupo de pessoas muito dignas, salvas da escravidão do corte de cana pela educação. Obrigada, Tião.

* * *

TIÃO ROCHA, natural de Belo Horizonte, é antropólogo, educador popular e folclorista. É fundador do Centro Popular de Cultura e Desenvolvimento (CPCD), organização não governamental, sem fins lucrativos, fundada em 1984 para atuar nas áreas de educação popular de qualidade e desenvolvimento comunitário sustentável, tendo a cultura como matéria-prima e instrumento de trabalho pedagógico e institucional. Foi professor da Pontifícia Universidade Católica de Minas Gerais (PUC-MG) e da Universidade Federal de Ouro Preto (Ufop). Seus artigos sobre a interseção educação-cultura encontram-se disponíveis para download no site do CPCD, entre eles "Cultura: matéria-prima de educação" e "A função do educador". Em 2007, recebeu o Prêmio Empreendedor Social, concedido pela Fundação Shwab e pela *Folha de S.Paulo*, pelo trabalho inovador e transformador feito pelo CPCD.

Entrevista

Viviane Mosé: Conte um pouco da sua história. Como você veio parar no Vale do Jequitinhonha?

Tião Rocha: Digo que sou antropólogo por formação acadêmica, educador popular por opção política, folclorista por necessidade, mineiro por sorte e atleticano por sina. E fui professor.

VM: E trabalha na universidade.

TR: Dei aula, fui professor no Ensino Fundamental, no Ensino Médio, e depois fui dar aula na universidade, tanto na graduação quanto na pós-graduação. A última em que trabalhei foi na Federal de Ouro Preto, mas dei aula em outras universidades em Belo Horizonte. Em determinado momento da minha vida em Ouro Preto, me dei conta de que não queria ser mais professor, que queria ser educador.

VM: E qual a diferença de educador para professor?

TR: O professor é aquele que ensina, e o educador é aquele que aprende mais do que ensina. Segundo Guimarães Rosa, o educador é aquele que aprende, que é capaz de aprender, e ele só ensina o que aprendeu vivenciando. Eu queria isso, mais do que ficar naquela cultura livresca, isolada, só acadêmica.

VM: Você acha, como professor universitário, um ex-professor, digamos assim, que a universidade é um espaço muito isolado da comunidade, assim como a escola primária e a secundária? Qual o problema da universidade?

TR: Acho que a universidade está mais isolada do que a escola, porque ela está fechada dentro de uma muralha. Transformou-se num gueto, ela se autossatisfaz, se autoabastece, se autojustifica. Em geral, ela não precisa do de fora para existir. Ela vive de si, as pessoas ficam conversando entre si, discutindo, como Darcy Ribeiro dizia, na "vagabundagem acadêmica", na maioria das vezes, e não há uma devolução, não há um intercâmbio, uma interlocução com o mundo lá fora.

VM: Não há interesse.

TR: Não há interesse. E aí cria-se um fosso, e esse fosso entre a comunidade e a universidade só será transposto se a universidade quiser, se ela abaixar a ponte e fizer o contato. Mas é mais cômodo ficar dentro dos seus muros. Com isso você tem uma universidade que não é importante, porque ela deixa de ser uma universidade brasileira, comprometida com a nossa realidade. Ela se torna uma universidade que se instala em qualquer lugar e se reproduz com pouco impacto.

VM: E forma os professores que vêm para cá. Sai um professor de lá, onde se está vivendo aquele isolamento, e traz esse isolamento para as escolas.

TR: Vão reproduzindo, porque a universidade vai formando pessoas. Os pedagogos formam os professores, ou seja, vira uma reprodução em série desse descompromisso, dessa coisa pronta, acabada, que não tem contato com a realidade. Assim, deixa de ser importante, deixa de ser eficaz.

VM: E você saiu de lá por isso?

TR: A questão foi a seguinte: pensei que o intercâmbio com a universidade seria uma coisa boa, que iria refletir, iria trazer um diálogo interessante à questão de sermos educadores, e não simplesmente transmissores de conteúdo ou repassadores de informação alheia. Só que o espaço para isso não estava aberto, foi quando me dei conta de que para ser educador precisaria me demitir da universidade. O mais interessante é que, quando fui ao departamento de pessoal falar que queria me demitir, o chefe do departamento disse que eu não poderia, que eu era um professor universitário, de uma universidade pública, um funcionário público, que eu não poderia me demitir. Na verdade, ele nem sabia como era o processo de demissão. Fui o primeiro professor a pedir demissão da Universidade Federal de Ouro Preto.

VM: E aí nasceu a ONG?

TR: Nasceu. Saí da universidade cheio de questões, cheio de ideias, cheio de vontades. Como é que me organizo? Pensei, preciso criar uma instituição guarda-chuva, então criei o Centro Popular de Cultura e Desenvolvimento. O nome é grande, pomposo, barroco, não é? O CPCD surgiu como uma instituição guarda-chuva, que dá cobertura para mim e para todo esse grupo de pessoas que hoje convivem conosco e que são aprendizes permanentes. A ideia é aprender, compreender no grupo e devolver sob a forma de trabalho para a comunidade, que serve de fonte de alimento e de aprendizagem.

VM: Vocês começaram em outros projetos, não aqui, não foi? Aqui tem dez anos.

TR: Em Araçuaí tem dez anos. Começamos há 23 anos. Fui para Curvelo, queria estudar os personagens do Guimarães Rosa, sou um aficionado por Guimarães Rosa. E pensei: será que os personagens do *Grande sertão: veredas* ainda existem? Fui para o lugar que o Guimarães chamava de a cidade capital da minha literatura, fui atrás de seus personagens. Lá, vi um monte de meninos e comecei a pensar se seria possível a gente fazer educação sem escola. Se seria possível a gente transformar a sombra das árvores, das mangueiras que existiam lá, em espaços de aprendizagem. Assim começou essa primeira experiência, o primeiro projeto, o Sementinha, a escola debaixo do pé de manga. Surgiu, então, a Pedagogia da Roda, depois vieram os outros projetos, como as Fabriquetas e a Pedagogia do Sabão. E assim, à medida que fomos aprendendo, a gente foi sistematizando e devolvendo isso para esses grupos.

VM: *Construindo um processo de aprendizagem que hoje é passado para esses novos educadores que entram. Vocês pegam a experiência destes anos todos, organizam e ensinam esses novos educadores.*

TR: Você apreende, você compreende, depois você devolve. E essas pessoas se apropriam disso, o que se transforma numa tecnologia que será reaplicada em vários lugares. Essa experiência começou em Curvelo e se multiplicou, o projeto Sementinha existe em mais de vinte cidades, cinco estados, três países. As pessoas se apropriaram, reaplicaram o projeto no seu espaço e seguiram adiante.

VM: *Mas, no Brasil, a sede é Curvelo?*

TR: A sede do CPCD é em Belo Horizonte, que é o espaço de reunião. Agora, a sede administrativa, funcional, é em Curvelo e existe há 23 anos. Em cada lugar por onde vamos fixando, a gente forma equipes e monta uma estrutura de apoio. Temos em Araçuaí, por exemplo, um escritório de apoio para a equipe que mora aqui, que são todos educadores daqui agora.

VM: *Foi com a ONG que você começou a atuar como educador? A sua experiência foi outra, foi outro aprendizado?*

TR: O aprendizado é extraordinário. Imagine que quando fui começar a escola debaixo do pé de manga não sabia como que era isso, convidei as pessoas, sentamos numa roda e começamos a falar sobre. Eu ia anotando tudo que as pessoas falavam, como é que seria essa escola, como seria uma educação sem escola. Eu me lembro de que quando li tudo que eu anotava tirei o sumo, a gente falava não de uma escola que gostaria de ter, mas de uma escola que a gente gostaria de não ter tido. A partir dessas anotações, criei os não objetivos educacionais, isto é, o que não queremos que aconteça. Enviei o texto para várias pessoas e instituições. Um diretor de uma fundação, na época, recebeu aquele papel e me telefonou: "Tião, recebi um projeto aqui, mas ele é muito estranho, porque não tem objetivos, tem não objetivos. Como é que vou financiar um projeto com não objetivos? Você vai ter não financiamento." Respondi: "E o senhor vai ter não resultados." Então, ele propôs o seguinte: "Pratique isso, porque é uma ideia muito maluca, daqui a seis meses você me fale se conseguiu algum resultado." Foram seis meses de desaprender, de tentativa de não reproduzir a lógica que a gente questionava. Uma delas é pensar a criança como uma página em branco. Ouvi isso de uma diretora de escola e pensei, uma diretora de escola que considera uma criança uma página em branco não entende nada de criança, nem de gente, nem de coisa nenhuma.

VM: *Desconsideração total.*

TR: Total. A gente colocou isso como não objetivo. Outro não objetivo: pensar a escola como um lugar chato, onde o castigo impera e a prepotência governa. Criamos um monte de normas para a gente se policiar e não cair na vala, não reproduzir o que criticávamos.

VM: *Então, o trabalho aqui, da cidade educativa, nasceu do desejo de uma educação sem escola, uma educação que não seja uma escola?*

TR: Que não seja escola. Que não esteja preso a esse conceito, entabulado, formatado, sabe? De um prédio, de um currículo, de uma grade.

VM: *A aula de cinquenta minutos.*

TR: Aula de cinquenta minutos, currículo pronto. Os alunos que vão ingressar na escola este ano, o currículo para eles já está pronto há quinhentos anos, quer dizer, a matéria, os livros, os textos, está tudo pronto.

VM: *É um sinal que toca berrando entre uma aula e outra.*

TR: Exatamente. Quer dizer, não importa o que o menino pensa, de onde ele vem, o que ele faz, ele tem de estudar tais e tais coisas, de tais e tais formas, porque isso já está pronto, esse modelo. É aquela ideia: o manequim é quarenta para todo mundo. Ah, mas o meu é 42. Corta o braço. Você tem de se adaptar a isso.

VM: *Então, em vez dessa escola que corta o braço...*

TR: E que tem uma forma, tem um modelo, tem um manequim pronto, não é? Como é que você constrói outro? A gente percebeu que tínhamos de desconstruir. Porque percebemos também que toda criança de 4, 5, 6 anos que nunca foi à escola já sabe como é uma escola antes de ir. Ela tem essa noção muito clara, inclusive brinca disso sem ir à escola. Como é que isso se passa? Você tinha que desconstruir essa lógica e pensar um outro jeito. E, quando você pensa que é possível pensar educação sem escola, você puxa o tapete das pessoas, que a maioria não admite nem por hipótese. Então, tivemos que aprender isso, primeiro desconstruir e depois aprender passo a passo a fazer coisas, a estabelecer coisas muito concretas e a acabar com determinadas situações. A gente trabalhava, ia para o campo, voltava à tarde para a roda. Foi o jeito que a gente teve de aprender a aplicar e a vivenciar Paulo Freire, que é ação e reflexão. Vai, faz, vem cá, vê se fez bem, reavalia, volta para o campo de novo. A gente ficava nesse vaivém todos os dias, nesse processo, nesse primeiro ano de aprendizado. E fomos sistematizando o que a gente aprendia, o que a gente construía. Coisas elementares, por exemplo, acabar com a fila, porque fila é um negócio que tem nas escolas e é um negócio incrível. Ficamos um dia discutindo e percebemos que fila não educa, só organiza, então está proibido. Queremos coisas que eduquem. Mas, como os meninos andavam na rua, os professores mandavam fazer fila, dois a dois. Mas quem anda dois a dois é soldado, temos de aprender a caminhar. E era muito difícil para os professores romperem. Mas um dia uma professora, muito estimulada, chamou os meninos e fez assim: "Ô, meninos, venham cá. Olhem para a direita, olhem para a esquerda, está vindo carro? Então, vamos." Atravessou desse jeito. No que ela chegou do outro lado, me perguntou: "É isso que você quer?" Respondi: "Isso está parecendo uma galinha choca, mas é melhor do que fila." Agora, em que dia esses meninos vão aprender a andar nas ruas desta cidade? Sem ser atropelados? Temos de começar a ter respeito, a ter convivência. Coisas elementares que foram fundamentais para a gente criar essa questão.

VM: E Paulo Freire? Qual a importância de Paulo Freire para você nesse processo?

TR: Paulo Freire para nós foi uma inspiração absoluta. Brinco muito, digo que ele é o contrário do Evangelho segundo São João, "do verbo se fez homem". Digo que, no caso de Paulo Freire, o homem se fez verbo, ou seja, ele deixou de ser pessoa para ser, para nós, uma ação. Como para expressar uma ação a gente usa um verbo na forma infinitiva, começamos a conjugar aqui o verbo "paulofreirar", que digo que só se conjuga no presente do indicativo. Eu paulofreiro, tu paulofreiras, ele paulofreira, nós paulofreiramos, vós paulofreirais, eles paulofreiram. Ninguém paulofreirará, nem paulofreiraria. Ou é agora ou não é.

VM: Ou paulofreira ou não paulofreira.

TR: E o que é paulofreirar? Paulofreirar é toda essa dimensão da vida, da cultura, da ética, da solidariedade como matéria-prima fundamental e condição da aprendizagem, de qualquer aprendizagem. Da cidadania, da tecnologia, das ciências, da humanidade. Então, isso foi uma coisa fundamental, praticar isso e tentar transformar cada um, na sua lógica, no seu pensamento, numa ação concreta. Paulo Freire é esse alimento permanente em nossas vidas. Atualíssimo, constante. É um verbo nosso.

VM: E como foi ficando a sua vida? Saiu de um ponto fixo, passou a andar o Brasil, ir de um lugar a outro. O que aconteceu com você?

TR: Essa experiência que começou ali no sertão de Minas, em Curvelo, começou a se multiplicar, a se espalhar por várias regiões. Regiões que primeiro eram áreas de encrenca, somos movidos a encrenca, boas encrencas, tivemos o desafio, por exemplo, de trabalhar lá no Espírito Santo, no lixão de Vitória, era um grande desafio. Com aquela comunidade foi um grande aprendizado, de lá fomos para o sul da Bahia, em Porto Seguro, fomos para o Maranhão, para o Jari, na Amazônia, fomos para Moçambique, na África, e fomos trabalhar em áreas, por exemplo, como Santo André, em São Paulo, o Vale do São Francisco mineiro, na trilha do Guimarães Rosa, e depois no Vale do Jequitinhonha. Esse processo foi para nós um exercício de avaliar se aquilo que a gente fazia num lugar funcionava em outro ou não. Fomos testando, avaliando e criando os indicadores. Indicadores de processo, indicadores de resultados, e vendo se funcionava. Percebemos então que a gente tinha nas mãos mais do que um produto, e sim uma crença na possibilidade de transformar substantivamente a realidade com um exercício muito simples: apreender generosamente, genuinamente, o que as pessoas têm e transformar isso em instrumento de desenvolvimento, de educação, de construção de relações solidárias.

VM: Então você acredita nessa transformação social?

TR: Acredito, de forma tão racional que para nós, hoje, quando falamos em transformação social, virou quase uma equação matemática, ou seja, transformação social para nós é igual a compromisso ambiental, satisfação econômica, valores éticos, humanos e culturais e empoderamento comunitário. Se a gente somar essas quatro coisas, a gente vai ter transformação. A gente acredita que são essas quatro dimensões, que se conseguirmos vivenciá-las e praticá-las, vamos ter, perceber e ver como é que a gente produz transformação social. Hoje, por exemplo, temos uma série de indicadores que a gente quer medir, não é medir competência, é medir a harmonia, a criatividade, a estética, a felicidade. Então, há 12 anos a gente vem medindo qual o grau de felicidade que os meninos têm nos projetos, porque é uma das coisas mais fundamentais. Viemos ao mundo para ser felizes, ter saúde, ser educados, ser livres.

VM: Vai medir o quê? Que diploma é esse que estamos recebendo?

TR: Conhecimentos das matemáticas, de títulos de MBA, saber o que fazer com competências técnicas, e as pessoas deixaram o ser feliz, o sentir-se bem com o que se tem e com o que se é.

VM: Do que você acha que a educação brasileira precisa? Sei que são muitas coisas; enfim, não estou propondo que você resolva o problema, que é impossível, mas o que você diria imediatamente? Do que a gente precisaria nesse sistema educacional brasileiro antes de qualquer coisa?

TR: Ele precisava ser repensado fora da forma. A forma do sistema educacional brasileiro até hoje é a do período colonial, se passa um verniz de modernidade, mas ele continua o mesmo. Se a gente não sair da forma, não tem jeito, porque dentro dela não tem solução. Sair da forma é possibilitar formas não feitas ainda, é faze o não feito. O que não se fez? Por exemplo, coisas muito elementares de você pensar: a rua como espaço de aprendizagem e de educação, pensar que cada pessoa de uma cidade é um educador em potencial. Se tem potencial, por que não estimular esse potencial para que seja uma ação concreta? Usar a riqueza e a diversidade deste país como matéria-prima.

VM: *Criar um sistema educacional brasileiro.*

TR: Brasileiro.

VM: *Que não existe.*

TR: Com a cara brasileira, com o cheiro brasileiro, com o ritmo brasileiro, com a alegria do brasileiro.

VM: *E com a cara das diversas regiões, porque o país é tão diverso.*

TR: Não pode ser na mesmice. Tem que viver a diversidade, a grande riqueza, o grande patrimônio, o fato de sermos diversos, de sermos muitos.

VM: *Essa reprodução automática que faz com que nossa educação não tenha pensamento, reflexão.*

TR: É porque dentro da forma você não pensa. Você só cita, repete e reproduz, quer dizer, não entra oxigênio, não entra coisa nova, então a gente precisa abrir, arejar e viver isso de uma forma prazerosa. Acho que a gente vive, hoje, uma grande "crise". Os japoneses dizem que crise é um vocábulo que tem dois significados: de um lado uma crise significa ameaça, de outro lado significa desafio. Quando entramos numa crise, ficamos só com a ameaça, o novo é uma ameaça e não pensamos nele como um desafio, a possibilidade de construção de algo não feito ainda. Essa iniciativa, ela não precisa vir, nem pode vir, nem vai vir de cima para baixo, ela se realiza na ponta. No dia em que os educadores brasileiros assumirem esse papel, essa função social fundamental, eles vão começar a sentir a transformação que têm nos seus alunos. Sentar com seus alunos, fazer roda, ouvi-los, "aprendê-los" e construir junto o mundo que precisa ser construído por eles, com eles, a partir deles. E todos só têm a ganhar. Mas é preciso acreditar nisso, e, quando isso acontece, a experiência tem mostrado, muda radicalmente a vida desses meninos, a postura, o olhar ante a vida, com os filhos, com a comunidade, com a sociedade. Você sente realmente: agora sou um cidadão do mundo, estou assumindo uma função social clara, tenho um compromisso, sou um cara que pode fazer a diferença.

VM: *Não precisa de tantos recursos.*

TR: Não precisa. Acho que em alguns lugares você tem que limpar essa coisa histórica, carrancuda, que foi cristalizando, e deixar respirar. Arejar isso, mexer na estima dos meninos, nessa capacidade de eles pensarem em solução, e não se justificar no problema. Onde tem problema tem solução, que bom que a gente tem encrencas, que quanto mais encrenca mais alternativas a gente vai ter para coisas melhores, senão a gente fica sempre empurrando para debaixo do tapete.

VM: *E temos que pensar também nesse nosso hábito de achar que a educação resolve tudo e sintetizar a educação como escola, internar as crianças na escola. Você acha que é importante diferenciar educação de escola?*

TR: Precisa diferenciar, precisa ficar bem demarcado. Escolarização e educação não são sinônimas, são coisas distintas, que muitas vezes têm caminhado inclusive de forma contrária. A educação é um processo que abre, que areja, que possibilita a aprendizagem, enquanto a escolarização fecha em uma grade, num currículo, com uma lógica cartesiana, visando a um diploma. Você entra num funil e vai sair lá na frente com um monte de coisas que foram colocadas na sua cabeça, compartimentalizadas. Você não tem a visão total, como um ser fundamental, inteiro e completo. Você tem que fazer mais um curso para melhorar, mais um, mais um. Não acaba, fica a ilusão de que um dia você, com mais aquele diploma, vai ser feliz, vai ter êxito, vai ser alguém na vida, como os meninos falam. Ir à escola para ser alguém na vida é uma loucura, não é? Os meninos já são alguém na vida. E essa escola não garante que ele vai ser melhor cidadão, melhor ser humano, melhor filho, melhor pai.

VM: *Temos de optar pela educação, e não pela escola.*

TR: Claro. E educação como algo plural e que gera aprendizagem, porque escola em que ninguém aprende não tem significado, não serve para ninguém se as pessoas não aprendem.

VM: *E, quando um aluno não cumpre o que os professores determinam, ele é reprovado. Então, aos 7 anos já pode se considerar fracassado, passou por um vestibular no fim do primeiro ano de escola e foi reprovado.*

TR: É um fracassado. Ele já está na lista dos fracassos, dos excluídos, dos estigmas, dos incapazes.

VM: *No seu projeto, a brincadeira infantil, a roda ou outras brincadeiras são utilizadas na educação. Vocês sempre pensaram em trazer a brincadeira para o processo educativo?*

TR: A questão, na verdade, é esta: será que os meninos podem aprender tudo brincando? A escola, em geral, a gente fala que é um serviço militar obrigatório aos 7 anos. Os meninos vão para lá para fazer ordem-unida. Será que eles podem aprender tudo brincando? Podem. E a gente começou a experimentar isso, a exercitar todas as formas de jogo, de brinquedo, de forma lúdica para eles aprenderem. Percebemos que isso é absolutamente possível. Aprender não só a vivência, a solidariedade, o convívio do grupo, mas aprender também os outros conteúdos.

VM: *Aprender a ler e a escrever.*

TR: Leitura, escrita, história, geografia, matemática. Se precisar, física quântica, não importa. O jeito não precisa ser dolorido, a aprendizagem não precisa ser doída.

VM: *Isso segura as crianças, no bom sentido, não é?*

TR: No bom sentido. Porque eles querem vir, sabem que vão ter momentos de alegria, de prazer, de bem-estar. A gente entende como um indicador: se os meninos querem atividades aos sábados, domingos e feriados, é um bom indicador de que é prazeroso estar junto e aprender junto. Então, tudo isso faz parte daquilo que chamamos de "pedagogia da roda".

VM: As crianças que participam do projeto estão na escola regular ou não? Como é isso?

TR: Temos todos os casos. Uma boa parte está na escola regular e trabalhamos de forma complementar, alguns que foram para a escola e saíram, que não conseguiram permanecer, estamos tomando conta. Vimos um diagnóstico da realidade aqui sobre o nível de aprendizagem da meninada e ficamos estarrecidos: só 25% das crianças, depois de quatro anos de escola, é que estavam no grau de suficiência, e para quem tinha estudado até a oitava série somente 3,3% estavam no grau de suficiência, o restante estava entre situação crítica ou insuficiente. Foi aí que a gente pensou, bom, quando um menino, depois de oito anos, está em situação crítica de aprendizagem, precisamos criar para ele uma UTI educacional, a ideia é esta: preservadas a vida e a ética, vale tudo para salvar o menino da morte cívica, da morte cidadã, e resolvemos convocar a comunidade de Araçuaí para poder tirar os meninos da UTI.

VM: É como se as crianças tivessem escolaridade, mas não tivessem desenvolvido a aprendizagem?

TR: Exatamente. Então, depois de quatro ou oito anos, eles estavam ainda abaixo do suficiente, não era nem no grau de excelência, era da suficiência mesmo, do mínimo necessário para o menino se considerar alfabetizado, dominando o vocabulário, a linguagem, essas coisas.

VM: E além da insuficiência na escola havia, e deve haver ainda, evasão escolar.

TR: A criança vai embora, não resiste. Uma das coisas que seguram os meninos na escola ainda é o Bolsa-Família, porque, como ele é obrigado a ir para poder receber o recurso, as famílias mandam o menino para a escola, porque sabem que vão receber o Bolsa. Agora, não houve mudança, nenhuma atitude em relação à escola, no fato de o menino estar presente, quer dizer, não há uma preocupação com que ele permaneça, que aprenda, que seja bom. E os dados são alarmantes, o que a gente pensou foi em enfrentar isso de outra forma, um jeito diferente de não reproduzir a mesmice.

VM: Então, vocês buscaram encontrar formas de inverter essa situação, que é não necessariamente a escolaridade, mas a educação atrair a criança.

TR: Isso. Menos "ensinagem", mais aprendizagem. Eles precisavam de menos escola e de mais educação. A ideia é suprir a ausência dessa escola que produzia uma massa de analfabetos. E como a gente podia recuperar? A gente primeiro tirou os meninos desse lugar, do estado crítico, levando-os a dominar as quatro operações, a linguagem escrita, e depois começamos a pensar em qualidade. Primeiro você tem que zerar o déficit.

VM: E como é que vocês fizeram? Vocês começaram com a escola na árvore?

TR: A gente já vem há muitos anos.

VM: Há quantos anos?

TR: Começamos há 23 anos, com o CPCD, a criar uma escola debaixo do pé de manga, e a pergunta era esta:

será que é possível a gente fazer educação sem escola? Será que é possivel a gente fazer uma escola boa, por exemplo, debaixo de uma árvore? Debaixo de um pé de manga? A nossa prática nos mostrou ser possível, sim, quer dizer, é possível, sim, fazer educação sem escola, é possível fazer boa educação debaixo de um pé de manga. A questão não é ter prédio e estrutura, aprendemos que educação é uma coisa que só acontece no plural, tem de ter, no mínimo, duas pessoas. Educação não é o que tenho, o que o outro tem, mas aquilo que os dois conseguem trocar, e por isso a aprendizagem é fundamental. A gente fala que um mais um é igual a três quando se gera uma prática de aprendizagem. Então, o que a gente precisa não é de estrutura física, a gente precisa, para fazer boa educação, de bons educadores, e a pergunta é: onde estão os bons educadores? Se vamos esperar que eles sejam formados pela academia, pela universidade, vamos ficar aqui sentados, esperando provavelmente a vida inteira mais 15 dias.

VM: Isso não quer dizer, também, que eles pudessem atuar aqui nesta realidade.

TR: Exatamente. Nem vão chegar aqui tão cedo, como é que a gente começa a vir para cá e formar esses educadores? A transformar as pessoas em educadores? Essa foi uma grande descoberta com as mães-cuidadoras, com os agentes comunitários da educação, as pessoas começaram a assumir essa causa. Era um compromisso de todos, e a gente percebeu isso, que para educar uma criança a gente precisa de toda a aldeia. Foi isso que a gente aprendeu lá em Moçambique, com os velhos mestres moçambicanos: convocar essa aldeia para que todo mundo se responsabilize e cuide de cada criança e cada um dá o melhor de si. Fomos pesquisar o lado luminoso, os pontos luminosos. Um dos pontos luminosos foi perguntar para as pessoas o que elas sabiam e o que poderiam ensinar, compartilhar com a meninada que estava precisando aprender. As pessoas falavam: "Ah, não sei nada não." Como não sabe? Claro que você sabe muita coisa. Uma senhora nos disse assim: "Ah, sei fazer biscoito." Ela explicou como se faz o biscoito de goma, e a gente foi desenhando. Propus que, em vez de fazer desenhos, os biscoitos fossem em formato de letras, e a senhora concordou: "Pode sim, tanto que a gente chama o biscoito de biscoito escrevido, se já é escrevido, pode escrever qualquer coisa." Pronto. É possível aprender a escrita por meio de um biscoito? A gente percebeu que era um jeito de os meninos começarem a escrever o próprio nome, a conhecer as letras. É uma alegria essa atividade, porque o menino escreve o nome, põe no forno e vai comer o nome, às vezes dá problema quando um se chama José e o outro se chama Washington, porque o biscoito é muito maior, e costumo dizer: "Da próxima vez, você põe o nome completo." Mas vale? Vale. Isso pode? Pode. A ideia é essa. Começamos a conversar com a comunidade.

VM: Tornar as mães educadoras.

TR: Exatamente. É isso que as pessoas chamam de gerar o empoderamento da comunidade, mas aqui não falamos empoderamento, falamos "empodimento" comunitário. Nós podemos? Podemos. "Nós pode?" Pode.

VM: E você sentiu uma mudança nas mães, na autoestima delas, por terem se tornado educadoras?

TR: Muito.

VM: Elas assumem esse lugar?

TR: Assumem e falam da importância social do trabalho, de se sentirem comprometidas por essa causa e o tanto que isso ajudou, inclusive, a desenvolver a própria leitura. Algumas aprenderam a ler para poder acompanhar os meninos ou procuraram outras formas de aprendizagem. Isso gerou uma autoestima muito grande e um compromisso.

VM: Mesmo sem saber ler uma mãe pode ser educadora?

TR: Perfeitamente. Porque ela sabe fazer leituras do mundo, leituras da vida, sabe escrever de várias formas, e faz isso com muita competência. A gente precisa tirar o foco desse conceito de que leitura é simplesmente decifrar determinados códigos, enquanto aprender é ler todos os códigos que existem, fazer leitura de vida, das práticas, leitura de mundo, e isso os meninos já sabem. A ideia é trazer e incorporar novas "sabências", novas possibilidades para eles.

VM: O que você acha essencial para um educador?

TR: Acho que é o compromisso ético com essa causa, sentir que é responsável e capaz pela sua participação, pela sua contribuição para transformação do mundo. A gente trabalha muito com a ideia de investir no lado luminoso. O Vale do Jequitinhonha sempre foi visto pelo lado da pobreza, da miséria, da fome. O IDH [Índice de Desenvolvimento Humano] do Vale do Jequitinhonha, todo mundo sabe, é muito baixo, mas não estou interessado em IDH, estou interessado em IPDH, qual é o Índice de Potencial de Desenvolvimento Humano? Qual é o lado luminoso das pessoas? Se cada uma das pessoas desta comunidade der um ponto de luz, vamos fazer um holofote transformador. Quando elas começam a acreditar nisso, percebem que têm muito mais do que um ponto de luz, têm uma carga luminosa, de experiências, de sabedorias, de vivência.

VM: *As brincadeiras, as cantigas, os jogos populares, a cultura popular que vocês foram resgatando são esses pontos de luz também.*

TR: Isso tudo é pretexto. Vamos usar a matéria-prima que a gente tem, brincar, jogar, fazer biscoito, cuidar disso, contar história, mexer com construção, tudo isso é pretexto, são instrumentos que a gente usa para gerar essa causa, o que a gente vem tentando mapear é quais dessas ações são mais eficazes, quais mais têm contribuído. Por exemplo, os jogos, quais desses contribuem mais? Em que aspecto? Para criar socialização, respeito, solidariedade, mas para aprender também coisas relacionadas ao conhecimento específico. Tínhamos o caso de um menino que, depois de quatro anos de escola, continuava no primeiro ano, ele era repetente, renitente, resistente e persistente. Todo ano ele se matriculava no primeiro ano, não sabia fazer as operações matemáticas, mas sabia jogar dama. Ficamos muito curiosos, como o menino joga dama e não sabe fazer conta? Um dia, pegamos um tabuleiro de dama, as casinhas brancas e pretas, colocamos números, e, como eles jogam com tampinha de garrafa de refrigerante, colocamos o sinal de mais ou de menos nas tampinhas e propusemos: "Só pode jogar e comer a peça do outro se fizer uma conta, esse é o jogo." Não sei o que aconteceu na cabeça desse garoto, do Deniston, que num instantinho ele começou a fazer contas, soma isso e aquilo, dois mais três, mais isso, menos isso, mais aquilo, dama.

VM: *Provavelmente fazer conta na escola não tinha nenhuma razão para ele, nenhum sentido.*

TR: Nenhum sentido. Ali criamos o primeiro jogo, a dama aplicada à matemática virou damática. Neste mundo, nada se cria, tudo se copia, tudo se recria, e, a partir desse jogo, descobrimos que havia outras possibilidades. Para aprender essas três operações, somar, dividir e multiplicar, a damática resolve, não resolve o problema da divisão, mas isso é outro jogo, e começamos a construir essa forma lúdica de aprendizagem.

VM: *Escreve com o biscoito "escrevido" e conta com "damática".*

TR: Vamos inventando, usando esses recursos todos.

VM: *E vocês contam com apoio de iniciativa privada, de ONGs, de empresas?*

TR: Temos o apoio da Petrobras e tínhamos da Fundação Avina [suíça].

VM: *O projeto foi ganhando adesões, as pessoas foram percebendo a importância dele e foram cuidando, protegendo, mesmo no sentido financeiro, dando suporte.*

TR: O projeto pensava Araçuaí, primeiro, como uma UTI educacional, o projeto é de UTI educacional para uma cidade educativa. Quando você tira os meninos desse estágio crítico, insuficiente, e chega ao nível da suficiência, o que você oferece a eles? Você tem de dar a eles uma cidade educativa, uma cidade que possa acolhê-los e criar espaços de aprendizagem.

VM: E a cidade tem clareza do projeto, a cidade tem essa noção?

TR: Ela está adquirindo essa clareza porque cada mãe-educadora é também multiplicadora, disseminadora da experiência, e isso está crescendo numa progressão mais do que aritmética, ela está quase geométrica. A gente foi criando outros espaços, que são espaços de aprendizagem, que são a rua, a praça, a sombra das árvores e outros recursos que temos disponíveis.

VM: E o coral é parte desse projeto ou é de outro? O coral faz parte dessa boa brincadeira, que é educar?

TR: Ele faz parte, a ideia é essa. Quando começamos, a ideia era ter uma educação pelo brinquedo, uma escola debaixo de um pé de manga. Dentro do projeto é que surgiu um grupo de meninos que gostava de cantar, e, de repente, vimos que tinham um potencial muito grande. Só que gostar de cantar é diferente de saber cantar, então, a primeira vez em que os ouvi, disse: "Gostar de cantar é uma coisa, mas estamos cantando mal demais, estamos muito desafinados, mas tudo é aprendido, vocês querem aprender?" Buscamos nossos companheiros do grupo Ponto de Partida, que é um grupo importante em Minas Gerais, um grupo que tem 26 anos de existência, que é de teatro, de música, de movimento cultural, que pesquisa as raízes brasileiras e que tem uma disciplina, uma qualidade técnica muito grande, e eles deram todo o subsídio da formação musical para eles.

VM: Conte para a gente o que esses meninos já fizeram, muita gente não conhece ainda os meninos do Araçuaí.

TR: Esses meninos dão trabalho demais. Digo que vivo perseguindo o acontecido, correndo atrás das coisas que eles provocam. A partir dessa experiência, eles gravaram um CD chamado *Roda que rola*, que está incluído entre os dez CDs que toda criança brasileira deveria ouvir, que traz uma história cantada e contada muito bonita. E eles fizeram muitos espetáculos por aí, depois gravaram um DVD junto com o Milton Nascimento e o grupo Ponto de Partida.

VM: *E eles se apresentavam com o Milton nos shows também.*

TR: O Milton tornou-se amicíssimo deles, fez uma música para os meninos de Araçuaí, os convidou para cantar numa das faixas do CD dele *Pietá*, cantada pelos meninos, *Ô beira-mar,* aqui no Vale do Jequitinhonha.

VM: *E foram a Paris também?*

TR: Foram a Paris, foi uma experiência extraordinária. Havia menino que não conhecia o outro lado do rio e de repente estava indo para Paris. Houve toda uma preparação, a comunidade se mobilizou, os meninos tinham de aprender francês, tínhamos que procurar um professor de francês na comunidade. Eles viram vídeos, filmes sobre a França, se prepararam e fizeram um sucesso extraordinário, um espetáculo bonito, muito aplaudido. E aconteceu um monte de desdobramentos, por exemplo, da venda do CD do *Roda que rola* os meninos trouxeram para Araçuaí, na época do Fome Zero, mais de oitenta toneladas de alimentos. Numa reunião nossa, eles falaram assim: "A gente não gostaria que isso fosse distribuído para as pessoas de forma jogada, como normalmente se distribui cesta básica. Há um jeito diferente?" Criamos um supermercado, um empório solidário, em que as pessoas iam buscar as compras com dignidade, com cartão magnético, passavam no caixa. As pessoas que precisavam desses recursos diziam assim: "Mas nunca entrei num supermercado, nunca peguei alguma coisa e botei no carrinho." Isso foi muito marcante na vida dos meninos. Eles ganharam, na época, 40 mil reais e pensaram: o que a gente pode fazer para a cidade de Araçuaí com 40 mil? Juntaram os meninos da escola, da rua, seiscentos meninos, para participarem dessa discussão da destinação do dinheiro, e a solução proposta por eles foi que com aquele dinheiro dariam para Araçuaí um cineteatro. Não deu para fazer o teatro, mas o cinema vai sair, com cem lugares, chama-se Meninos de Araçuaí, vai ser administrado por eles, pelos jovens.*

VM: Tenho uma curiosidade com o Vale do Jequitinhonha, que é uma região muito pobre, que já foi ainda muito mais há cinquenta anos, e daqui surgiu a cerâmica, que é uma tradição muito antiga, não é? Vejo a capacidade do povo do Vale de transformar a dificuldade em arte. Você, que está aqui há tanto tempo, percebe isso tradicionalmente nas pessoas daqui?

TR: Existe essa capacidade, acho que é uma resiliência grande, sabe? A capacidade de resistir a processos traumáticos, violentos, com superação, com um olhar muito alegre, otimista.

VM: Como você disse desde o início, do luminoso, da beleza.

---

*O cinema foi inaugurado em 2007, uma sala para 105 pessoas, com tela de 35 mm e ar condicionado.

TR: Da beleza. Quando vim para cá, fomos entrando no Vale do Jequitinhonha, uma região demarcada historicamente, vista como uma comunidade de pobreza, miséria, o lugar do fracasso. E pensei, bom, mas se eu for em cima desse discurso fatalista, melhor nem vir, porque acho que o grande problema de todas as intervenções aqui era sempre ter essa visão, de antemão, negativista da região. A ideia é a seguinte: o que vamos aprender? Tem lá o lado luminoso, acredito nisso, sempre trabalhei com isso, a nossa história é em cima disso. E o que a gente percebeu é que muita gente, de tanto ter encoberto o seu lado luminoso, foi ficando meio escondida, debaixo da poeira. Tinha de limpar essa poeira, tirar das pessoas essa capa de incapacidade ou de resignação ou de terceirização da vida. A gente percebeu que tinha de investir nisso, e a meninada que está começando agora não está mais com esse peso, com essa carga fatalista, negativista. Vamos investir nessa moçada. E eles têm dado a demonstração, tanto que a gente tem colocado isso como grande desafio. Esta é uma região que tem sido historicamente exportadora de mão de obra de serviço escravo, que hoje, na modernidade, é o corte de cana. As pessoas saem daqui, cinquenta mil pessoas por ano, e vão passar nove meses no corte de cana na ilusão de conseguir dois salários-mínimos. Eles têm de cortar 14 toneladas por dia, esse tem sido o destino histórico. Pensamos o seguinte: "Não queremos perder um menino nosso para o corte de cana." O que temos de dar? Oportunidades e qualidade. Digo que nestes anos todos perdemos dez; seis fazem parte da Bituca, que é a Universidade de Música Popular de

Barbacena, junto com o Ponto de Partida, e quatro estão no Ballet Bolshoi, entendeu? Não é mandar preparar gente para o corte de cana, para uma vida que não é digna. E como a gente pode disponibilizar isso para que aqui seja uma Araçuaí sustentável, uma cidade educativa? Mobilizando. Acho que esse é um exemplo para o país, fizemos isso aqui no Vale do Jequitinhonha, a gente faz em qualquer parte do mundo.

VM: *Se aqui é possível...*

TR: Se aqui é possível, se aqui já foi o lugar do fracasso.

VM: *É muito comum as pessoas discutirem o problema do sistema educacional brasileiro a partir da falta de recursos, mas a experiência aqui mostra exatamente o contrário. O que precisa para educar? Um professor, uma árvore e os alunos. Fale um pouco sobre a questão do recurso.*

TR: Essa história ouvi há vinte e tantos anos, que para haver educação você precisa construir escolas, tem que ter prédios, "votem em mim que vou construir prédios, vou fazer mais salas, ampliar", sempre esse discurso. Eu percebia que na prática os meninos entram na escola e não conseguem ficar, a evasão, a repetência são muito grandes. Você tem escolas que não têm ocupação total ideal, e há lugares em que as escolas não chegam, as pessoas ficavam esperando chegar a escola para começar a haver um processo de educação. Só que as crianças crescem, não têm tempo de ficar esperando que essas coisas se realizem para todo mundo, foi quando começamos a perceber o seguinte: que não é um problema de recurso, é uma questão de outro olhar, o recurso existe.

VM: É uma mudança de perspectiva, de pensamento.

TR: De perspectiva, de você pensar de forma sistêmica e olhar pela potencialidade. É possível a gente fazer uma escola debaixo do pé de manga se tenho gente comprometida com a causa, usamos os recursos que temos. O que tenho? Tudo o que sei, tudo o que faço e tudo o que quero, esse é o grande recurso, o resto chama-se alegoria e adereço. A gente começou a perceber, por exemplo, que a nossa grande fonte de busca de recursos materiais era o lixo, porque lixo é outro conceito equivocado, não existe lixo, existe recurso não aproveitado. Quando você não consegue mais aproveitar, você descarta, enquanto se puder aproveitar os recursos da natureza, os recursos que nós humanos criamos, a gente está gerando material aproveitável. A ideia era aproveitar esses recursos e transformar isso em matéria-prima, que é pegar uma sucata e dar à sucata esse sentido social, funcional, e trabalhar com a questão da preservação ambiental. Mas a grande questão é a pessoa. Formar esse educador com esse compromisso, com essa vontade, com essa determinação de fazer essa transformação, de aprender junto, de construir junto e praticar essa questão da solidariedade, do exercício.

VM: E nesse caso uma escola, caso tivessem ganhado um prédio atrapalharia a educação que estão desenvolvendo.

TR: Com certeza.

VM: A escola, no sentido clássico, não ajudaria; pelo contrário, atrapalharia.

TR: A gente não ia querer, iríamos pegar esses recursos e plantar uma árvore com mais sombra, gerar mais água para ter mais natureza em volta.

VM: *Vocês não estão sentindo falta de escola aqui?*

TR: Não. De prédio, nem um pouquinho, de escola nenhuma. Isto aqui é uma grande escola, essas pessoas aprenderem a ler, tirarem proveito disso aqui e sentirem essa relação. Acho que toda escola deveria ter um único currículo: a Carta da Terra. A Carta da Terra deveria estar presente na pré-escola, no Ensino Fundamental, até a pós-graduação. As profissões deveriam ser todas baseadas nos princípios da Carta da Terra, que é essa questão do entorno, da natureza, dos valores que temos, da riqueza que a gente tem a nosso dispor para a gente cuidar. Se a gente pudesse usar isso bem, já teria o suficiente, então a gente precisa usar isso bem e, agora, usar isso como educação.

José Pacheco, a Escola da Ponte e o eixo autonomia/responsabilidade

Quando cheguei à Escola da Ponte sabia muito pouco sobre ela, apenas o mínimo necessário. Preferi viver antes de saber. E, ali, experimentei um novo modo de organização, sem poderes piramidais, mas com pessoas autônomas e responsáveis, todas cuidando de si mesmas e de todo o resto, todos responsáveis por tudo. Isso numa escola pública de Ensino Fundamental, que já teve altos índices de violência, no interior de Portugal. Parece absurdo, mas deu muito certo, e já dura mais de trinta anos, com excelentes resultados.

O professor José Pacheco é um homem muito simples. Mesmo com o enorme sucesso daquilo que nasceu de sua inspiração e luta, a Escola da Ponte, ele permanece modesto em seu modo de se referir a tudo isso e faz sempre questão de valorizar o trabalho de todos, como uma realização coletiva. Dedicado, concentrado no que faz, vive há alguns anos no Brasil. José Pacheco merece minha imensa gratidão. Na Escola da Ponte, vi que o impossível está muito mais ao alcance do que parece. Devemos começar a criá-lo. Na verdade, já estamos criando.

"O Brasil não precisa importar nada de fora, porque aquilo que eu conheço já é suficiente. Conheço experiências no Brasil que não conheço em mais lugar algum, e que não ficam nada a dever a experiências que eu conheço na Europa, por exemplo, tanto na escola dita de iniciativa estatal como na particular."

* * *

José Pacheco, natural de Portugal, é especialista em música, leitura e escrita, mestre em ciências da educação pela Faculdade de Psicologia e Ciências da Educação da Universidade do Porto. Foi um dos idealizadores da Escola da Ponte, que se notabilizou pelo projeto educativo inovador, que se desvia do modelo tradicional e se baseia na autonomia dos estudantes. São esses que decidem o que e com quem estudar, não fazem provas e, em vez de turmas, se organizam em grupos de estudo. É autor, entre outros, de *Caminhos para a inclusão* (Artmed, 2006), *Escola da Ponte* (Vozes, 2008), *Dicionário dos valores em educação* (Edições SM, 2012) e *A Escola da Ponte sob múltiplos olhares* (Artmed, 2013). No Brasil desde 2001, acompanha, com regularidade, projetos educacionais inovadores em diversos estados do país. Além disso, faz palestras e ministra cursos e seminários em escolas, universidades, centros de formação de gestores e empresas, bem como no MEC.

Entrevista

Viviane Mosé: Professor, o que o senhor considera aprender? O que é aprender?

José Pacheco: Aprender é algo inato à pessoa, ninguém pode deixar de aprender. Aprender é, essencialmente, questionar-se, saber quem se é. São muitas as definições de aprender. Para mim, é um estar com o outro e com o outro aprender, pressupõe-se que a aprendizagem e o ensino sejam atos solitários na escola, mas não devem ser. De um ato solitário deverá transmutar-se em ato solidário.

VM: O senhor valoriza muito nesse processo de aprendizagem o relacionamento humano.

JP: Aprendemos uns com os outros, como dizia Paulo Freire, e mediados pelo mundo. Mas as escolas sobrevivem numa cultura de autossuficiência, de "umbiguismo". A cultura que desenvolvemos na Escola da Ponte, ao longo de quase quarenta anos, provou ser possível estarmos uns com os outros o tempo todo. A aprendizagem surge, a todo momento, das trocas, do modo como encaramos o mundo. Ainda que haja momentos de desejar estar sozinho e de ter direito de estar sozinho.

VM: A educação ainda é tratada e praticada de forma velha em um mundo novo, com novas demandas. A que o senhor atribui esse atraso da educação em relação ao processo social?

JP: Temo que a escola enquanto instituição esteja tão obsoleta que corra o risco, inclusive, de desaparecimento.

Existe um imenso abismo entre o que é produção teórica e a prática, há um divórcio entre o que é vital na criança e aquilo que ela vive na escola, há a servidão a necessidades sociais do século XIX. Também a escola não se consegue inserir num tempo de novas tecnologias, de novas relações de trabalho, de transformação de valores. A escola está imersa numa contradição permanente, justifica-se a si própria, não se justifica perante o mundo. Talvez seja preciso ver a escola com olhos de "início", como diz meu amigo Rubem Alves, isto é: o professor deixar de ter tantas certezas e criar interrogações nele próprio. Uma escola que produz e reproduz insucesso mediante o seu sistema de organização, uma escola herdeira do cartesianismo, que subdivide o tempo em cargas horárias iguais para todos, em uniformizações de tempos relativos, em salas, que não são mais do que celas inspiradas nas escolas-conventos, não se pode esperar outra coisa senão o insucesso dos alunos e o sofrimento dos professores. Não posso acreditar que o professor não sinta por não se realizar, por não realizar os outros, por não dar sentido à sua vida, por não dar sentido à escola. As causas são múltiplas. De imediato, apontaria uma formação de professores que não lhes permite a necessária reelaboração da sua cultura pessoal e profissional. Não duvido de que as universidades disponham de excelentes professores, mas a matriz universitária continua a reproduzir o modelo de escola do século XIX. O que fica nos jovens professores não é o que eles ouvem, o que supostamente lhes ensinam, mas o que vivem na universidade. O modo como o professor aprende será o modo como o professor ensinará.

VM: Na universidade, os alunos sentem, com relação à aplicação ou ao exercício do que é aprendido, que existe um abismo entre a universidade e a vida nos campos e na cidade. Se a universidade é a matriz, precisaríamos pensar então nessa estrutura da universidade tão afastada da sociedade.

JP: Não quero ser injusto com as universidades. Devo à universidade muito do que julgo saber, mas a universidade terá de ser repensada. Quando nela trabalhei, me perguntaram o que poderiam fazer para melhorar a formação dos professores, respondi que a medida de fundo seria fechar a universidade. É claro que é uma besteira, mas o que quis dizer com isso — e que deu asas a grandes discussões — foi que o modo como o professor aprende é o modo como o professor ensina. Quando na universidade se estuda Piaget, por exemplo, o aluno que está se formando professor não faz ideia alguma do que significa a prática concreta na escola, nem nunca vai saber, porque o método com o qual ele aprende Piaget é aquele modo que chamo de papagaiar, o professor traz já tudo pronto, dá aula, o aluno aprende, tira os apontamentos dos conteúdos e coloca na prova, ou cola, e sai com o diploma de professor. Quando o jovem professor entra numa sala de aula, faz com os seus alunos o que fizeram com ele enquanto aluno. Ainda existe entre os formadores de professores a crença de que a teoria precede a prática e se fossiliza o Piaget, o Vygotsky. O que fazem é acumulação cognitiva, que de nada serve na formação profissional.

VM: *A própria estrutura física, arquitetônica, da universidade atrapalha, porque elas foram construídas isoladas das cidades.*

JP: Ela está bizantinamente isolada. As universidades deveriam aprender algo com alguns arquitetos que ousaram fazer diferente, provando que é possível concretizar utopias. Antes de pensar na construção física de uma universidade, é preciso perguntar o que é a escola. Escolas são pessoas, não são edifícios. Escola, numa definição bem simples, é todo lugar e tempo de aprender, e não sei se é nas universidades que hoje se aprende.

VM: *Será que tudo isso também não está ligado à sacralidade do saber, à necessidade de se isolar numa universidade na qual os grandes sábios vão se reunir e vão pensar? Ao mesmo tempo, há uma distância muito grande entre teoria e prática.*

JP: Não se trata de uma mera questão de divisão entre trabalho manual e intelectual, é a sobrevalorização do trabalho intelectual. A minha experiência no ensino superior é muito curta, mas foi tempo suficiente para me ter sido dado ver que essa sacralização realmente existe e é decisiva na socialização de jovens professores. Muitos dos jovens que conheço no Brasil e na Europa fogem das profissões manuais ou menos reconhecidas e buscam apenas um diploma, que os leva ao mercado de trabalho sem qualquer qualificação. Pierre Levy já disse que a universidade perdeu o monopólio do saber, embora mantenha o monopólio da creditação. Não sei dizer durante quanto tempo mais. A universidade ainda é herdeira dileta da escolástica. Se for repensada em função de valores que a sua prática veicula, a calamitosa situação a que as escolas chegaram poderá ter remédio. É a universidade que forma os professores. Ela deve contribuir para o fim de uma escola hierarquizada, burocratizada, que é aquela que temos, parida pela universidade. A universidade é a origem de muitos males. Quando ela atribui ao Ensino Médio a responsabilidade do despreparo dos jovens que nela ingressam, o Ensino Médio atribui ao Fundamental essa responsabilidade e, numa sequencialidade regressiva, a responsabilidade vai sendo atribuída aos segmentos anteriores, à Educação Infantil, à família ou aos antepassados. Nessa cadeia de sequencialidade regressiva, a universidade é a maior responsável. Porque, logo à entrada, um vestibular promove darwinismo social e, à saída, desqualificação: os diplomados em direito não conseguem aprovação no exame da Ordem dos Advogados. Ao se definir uma matriz axiológica na Escola da Ponte, a ideia de responsabilidade surgiu. Como foi que isso se traduziu? A escola desenvolveu em seus professores um sentimento de que todos eram diretores da escola, que todos eram igualmente responsáveis por tudo o que se fazia na escola, dignos dos méritos e culpados pelos erros. Estamos falando de autonomia, que é sempre relacional, não é autossuficiência.

VM: Como surgiu, há quarenta anos, a Escola da Ponte? Qual foi a demanda? Qual foi o impulso afetivo, o que moveu o senhor a pensar com seus colegas essa nova escola?

JP: Fui tão importante na Ponte quanto aqueles que estão lá agora e tantos outros que por lá passaram, ou já faleceram. O projeto da Ponte, como qualquer projeto humano, é coletivo, não é fruto de um ser providencial, insubstituível. O meu papel foi o de desassossegar. Quando, há quase quarenta anos, cheguei à Ponte, levava uma longa história de insucesso pessoal e de frustração profissional. Tinha compreendido que o maior aliado do professor é o outro professor e que o maior inimigo do professor que ousa fazer diferente é também o outro professor. Porque, no tempo da ditadura de Salazar, tive imensos problemas com a polícia política, e, quando a democracia se instalou, continuei trabalhando e tive os mesmos problemas com a democracia. Na Ponte, toda a mudança começou porque, apesar desse acumulado de frustração, encontrei algo que nunca imaginei que existisse. Já tinha trabalhado em escolas precárias, mas nunca tinha visto tanta desumanidade. A Escola da Ponte tinha turmas chamadas de lixo, turmas de jovens em situação de exclusão escolar e social, que se drogavam, que se embebedavam, que adormeciam na sala, que batiam em professores. Muitos deles morreram jovens, com Aids e outras violências. Aceitei trabalhar com uma dessas turmas ditas de lixo. Foi um grande desafio, porque estava alojada num espaço a que não se podia chamar escola. Não havia sequer banheiros. Esse desafio fez-me decidir entre continuar na educação ou ir embora. Nunca pensei ser professor, tinha estudado engenharia eletrônica, poderia voltar à eletricidade, ganhando nove vezes mais do que um professor daquela época. Enorme tentação, a que resisti. Perguntei às professoras por que havia aquelas turmas do lixo, e elas respondiam inevitavelmente que eram jovens marginais, irrecuperáveis, violentos. Como diria Brecht, diz-se das águas do rio que são violentas, nada se diz das margens que as comprimem.

Foi doloroso verificar a profunda miséria, a descrença daqueles professores e o insucesso da maioria desses jovens, que estavam na quarta série com 14, 15 anos, não sabiam ler, não sabiam escrever, não sabiam quem eram, tinham autoestima de ratos, não viam os outros como pessoas. Eram alunos com dificuldades de aprendizagem ou seríamos nós que tínhamos dificuldades de ensinagem? Rui Canário desenvolveu bastante esse conceito. Procurei dentro da Ponte encontrar professores que ainda não tivessem desistido de fazer dos alunos seres mais sábios e mais felizes. É para isso que serve a escola. E encontrei. Tive o privilégio de encontrar, no início, duas professoras, depois, toda a escola. Um primeiro momento durou dez anos de quase solidão; um segundo tempo de vinte anos permitiu que a equipe fosse constituída e se consolidasse um projeto. Quase no fim de mais uma década, a Ponte é a única escola pública autônoma do país.

VM: Qual foi a primeira atitude que vocês conseguiram tomar?

JP: Buscamos aliados — os pais dos alunos. Foi neles que investimos totalmente nos primeiros tempos da escola, consideramos os pais não como alguém que se chama para repreender, porque os filhos não estudam, ou para pedir uma reparação urgente, porque a prefeitura não a faz. Fomos em busca dos pais para ter neles parceiros. O pai que coloca seu filho na Escola da Ponte assume maiores responsabilidades, porque a Ponte não é um depósito de alunos. Parafraseando Anísio Teixeira, não matriculamos filhos, matriculamos alunos. A missão de educar da família não cessa quando o aluno entra na escola. Explicamos aos pais que as mudanças em educação são lentas e que, para alcançar grandes metas, deveríamos dar pequenos passos. Quando nos sentimos preparados, por exemplo, para trabalhar outros modos de alfabetizar, para deixar de ter turmas isoladas das outras turmas, reuníamos os pais e explicávamos-lhes, por exemplo, o que era avaliação formativa, a diferença entre avaliação e classificação, o que era uma avaliação por portfólio, o que era uma avaliação de referencial construtivista, explicamos tudo aos pais. Pois ninguém pense que se pode avançar sem a participação das famílias dos alunos e sem teoria. Toda prática tem teoria. E, quando professores e pais conhecem e compreendem o porquê, acontecem mudanças. As aprendizagens melhoram, não apenas no domínio cognitivo, mas também, e sobretudo, no domínio afetivo, emocional, ao nível do desenvolvimento sociomoral. Os pais autorizam, apoiam e defendem. Tivemos nos pais os melhores aliados.

VM: Então o primeiro passo foi a formação dos pais, num processo de educação?

JP: Não diria "formação" dos pais, mas a transformação concomitante dos professores e da sociedade.

VM: Hoje ainda os pais participam ativamente, existe uma reunião semanal com eles?

JP: Não é semanal, porque a Escola da Ponte está numa pequena crise de transição e tem se fechado um pouco. Isso não é uma crítica. Mas é uma crise de idade, a relação com os pais passa por algumas dificuldades, mas tudo será resolvido. Devo acrescentar que a Escola da Ponte é uma escola da rede pública, mas é a única que eu saiba da rede pública no mundo que fez um contrato de autonomia com o Estado. E, nesse contrato de autonomia, o órgão de direção, no órgão máximo da escola, os pais são maioria. Repare bem: escola pública, ensino público, direção majoritária da comunidade. Preciso acrescentar que há alguns pais que foram alunos da Ponte; isso também ajuda, não é? É uma outra cultura.

VM: Mas é muito interessante, porque envolvendo os pais a escola envolve a comunidade.

JP: Exatamente. Tenho tido recentemente algumas provas de que houve mudanças profundas na comunidade, se bem que a comunidade esteja dividida. Quando uma escola muda, encontra obstáculos na escola mais próxima.

VM: Não sei se é real, mas as pessoas comentam que pessoas brilhantes e cultas passaram pela Escola da Ponte, quer dizer, pessoas que ficariam no entorno ali conseguiram se destacar. Isso é real?

JP: Sim. Temos músicos ex-alunos, arquitetos, médicos. E gostaria de sublinhar algo que se tem omitido em relação à Ponte: em estudos comparativos realizados por uma comissão nomeada pelo Ministério da Educação, verificou-se que os ex-alunos da Ponte obtiveram melhores classificações do que ex-alunos de outras escolas quando transitaram para escolas de outros segmentos do sistema. Sublinhe-se que a Ponte acolhe alunos que as outras escolas jogam fora, jovens que em outras escolas batiam em professor, fugiam da escola, passavam por processos disciplinares, eram expulsos. Outras crianças chegavam com diagnósticos que as colocariam na educação especial: paralisia cerebral, dislexia, autismo, síndrome de Down. Acolhemos jovens violadas, jovens sem família, residentes a 10, 20, 30 quilômetros de distância da Ponte. Jovem que não aprendesse era mandado para a Ponte. Quem pusesse um professor em estado de coma em outra escola só poderia ir para a Ponte. Esses jovens chegavam cheios de mazelas, destruídos. Mas chegavam de todas as origens, do filho da prostituta ao filho do médico e do advogado, provando ser possível, reconfigurando a escola pública, propiciar condições de acesso a todos e condições de sucesso a todos.

VM: Vocês têm retorno dos alunos que saíram?

JP: Temos ex-alunos com mais de 50 anos, que já têm netos. Talvez porque damos grande importância à arte, ao desenvolvimento estético, da sensibilidade, temos flautistas, atores. Um ator propiciou-nos um projeto fantástico, a vivência do julgamento de Sócrates, a discussão de valores, a dimensão ética. As crianças aprenderam os pré-socráticos, a origem da vida, do mundo, representaram, foi muito bonito. Existe vínculo afetivo muito grande entre os ex-alunos e a escola.

VM: O senhor estava dizendo da importância da arte na formação desses alunos, que desde o início, na Escola da Ponte, era considerada. No Brasil há aulas de arte nas escolas, mas uma aula engavetada, que, na verdade, não está ligada à escola. Queria entender como é para vocês a arte na escola sem ficar isolada, como acontece aqui.

JP: Nas escolas que, infelizmente, ainda temos, a grade curricular reserva às artes um cantinho insignificante e, pior ainda, em situação de aula. Os nossos jovens chegavam à escola com um gosto musical que me assustava. Escutavam lixo sonoro, que eu nem conseguia imaginar que alguém pudesse escutar. Mas era aquilo que, desde bebês, a rádio e a TV os ensinaram a consumir. Autênticos estupros intelectuais do tipo *crew*, funk carioca ou sertanejo. Sob o pretexto de dar às pessoas o que elas gostam, fomenta-se o subdesenvolvimento cultural e espiritual. Sabemos que o desenvolvimento emocional, ou o estético, anda a par do desenvolvimento cognitivo, são mutuamente influenciados. Investimos na ideia de que era preciso alguém, "especialista", que cuidasse do *re-ligare*, que ultrapassasse a visão disciplinar, mas que fosse tão "especialista" quanto o professor de português, ou de expressão dramática, na perspectiva da formação integral do ser humano.

VM: *Então, vocês consideraram que o ensino da língua portuguesa e o desenvolvimento estético, artístico do aluno têm a mesma importância?*

JP: Sim. Tanto na língua portuguesa como na educação musical, só se ama o que se conhece, e, quanto mais se conhece, mais se ama Na época, antes de a Emília Ferrero iniciar os seus estudos, já dávamos às crianças melhores oportunidades de alfabetização linguística. Por que não lhes dar oportunidades idênticas de compreensão do mundo por meio das artes? O modo como as crianças aprendiam a ler era inteligente, não recorríamos ao uso de frases idiotas como "oba-oba, é o papá", ou "o vovô viu a uva". No processo de aprendizagem da leitura as crianças tinham oportunidade de fruição cultural e de realização pessoal e social. Por meio de experiências musicais aliadas à leitura e à escrita, a criança chegava à compreensão, por exemplo, dos eruditos. Compreendiam que não gostavam de escutar Bach porque nunca antes o conheceram, porque os impediram de escutar outras músicas.

VM: *No Brasil, a discussão é anterior a isso. As pessoas ainda não perceberam, grande parte dos professores e das famílias também, a importância da formação estética na formação humana, a arte ainda é vista como entretenimento. Então, queria perguntar: nestes anos de experiência, o senhor realmente percebe, na prática, que o desenvolvimento do gosto artístico, do gosto estético, influencia na formação moral e intelectual do cidadão?*

JP: A resposta é afirmativa. Não é por acaso que os nossos alunos têm grandes desempenhos acadêmicos. Sem pragmatismo, direi que uma boa abordagem integradora das áreas ditas menores potencia o desenvolvimento das áreas ditas nobres. Porém, isso só é possível se o próprio professor também se desenvolver esteticamente e integralmente. Ninguém dá aquilo que não tem. Os professores não ensinam aquilo que dizem, transmitem aquilo que são. E aqueles de que a escola dispunha nunca tinham fruído uma suíte de Bach para violoncelo. E quem não se comove com uma suíte de Bach para violoncelo nunca viveu. A partir do momento em que os professores foram encarados como pessoas, foram aceitos como eram, nos foi dada a possibilidade de compreender que a formação humana do profissional da educação começa na poesia, na música. A transformação da pessoa, a partir do que a pessoa é, do sujeito, porque onde não há uma pessoa não existe algo onde colocar o profissional. Quando se propicia ao professor a possibilidade de se realizar enquanto pessoa, todo o resto acontece. Não há alunos autônomos de professores que não o são. Não há alunos criativos se o professor não for criativo. Quando o professor estabelece que todos devem fazer o mesmo palhacinho, pintado da mesma maneira, ou que a lua tem que ser de determinada cor, o desenvolvimento da criatividade fica comprometido.

VM: *Nós sofremos hoje uma fragmentação muito grande nos seres humanos, provavelmente em consequência da fragmentação dos saberes e do ensino. A arte chama o ser humano para uma totalidade. O senhor acha que o ensino da arte ajuda no desenvolvimento ético, por exemplo?*

JP: Não sei se disponho de elementos para a resposta. O que poderei dizer é que a Escola da Ponte investiu fortemente no desenvolvimento sociomoral das crianças. A assembleia, a comissão de ajuda, o tutor, a caixa dos segredos, o acho-bem, o acho-mal, o preciso de ajuda são dispositivos também usados na área artística. Aquilo que nessa área acontece reflete a essência do nosso projeto, um quadro axiológico, uma determinada postura ética. Jovens que chegavam à Ponte com 10, 12 anos, emocionalmente destruídos, eram deitados em pequenos colchões, no Espaço das Artes, e, numa onírica penumbra, realizavam a reconstrução do ser. Quando a professora sugeria que eles voltassem a levantar-se, frequentemente, em torno do lugar onde haviam repousado a cabeça, havia lágrimas de libertação, sinais de uma catarse por meio dos sons e do sonho. Por meio do sensível, acontecia uma reciclagem dos afetos. Não creio que uma clássica aula de artes seja lócus de desenvolvimento ético, nem que aula semanal de formação cívica contribua para gerar cidadãos éticos. Quando aqueles que visitam a Ponte deparam com o modo com que as crianças os recebem, como mostram a escola, os códigos que as crianças elaboram, a forma como se relacionam com o adulto, ficam espantados. Apercebem-se da gentileza no trato, a paciência da reinterpretação do vocabulário usado pelo visitante, que reflete as suas representações de escola, de modo que o visitante entenda que o projeto da Ponte recorre a outra linguagem. Também por meio das artes se pode ajudar a criança a realizar-se enquanto pessoa e cidadão, no exercício pleno da cidadania na escola, e não "preparando-se para a cidadania".

VM: O trabalho pedagógico, humano, desenvolvido na Escola da Ponte contagiou outras escolas?

JP: O balanço do contágio ainda é precoce, talvez conheçamos apenas uma pequena parcela dos efeitos. No Brasil, tenho notícia de mais de uma centena de escolas e de milhares de professores que se inspiraram na Ponte, para se melhorar e melhorar as suas práticas. Procuro avisar esses professores e as escolas dos obstáculos que poderão enfrentar. Aconselho a ir devagar, para que seja assegurada sustentabilidade. A Ponte encontrou muitos obstáculos pelo caminho. Obstáculos de ordem política, dado que o prefeito da cidade era um "coronel" local. Políticos sem escrúpulos tudo fizeram para destruir o projeto. Ameaçaram-nos, ameaçaram os pais dos alunos, enviaram à Ponte jagunços que mataram os animais do "hospital" cuidado pelas crianças e escreveram com sangue na parede da escola: "Morte aos professores." Tudo que é diferente perturba o instituído. O próprio Ministério da Educação tentou destruir o projeto. Valeu-nos, na circunstância, a universidade. Quando um ministro, instigado por políticos locais, tentou destruir a Ponte, as universidades portuguesas juntaram-se para a defender.

Creio ter sido a primeira vez que as universidades portuguesas se juntaram para fazer um manifesto em defesa de uma escola. Talvez fiquemos a dever a nossa sobrevivência, nessa época, a José Serralheiro, Rui Canário, António Nóvoa, Rui Trindade e outros companheiros. O projeto da Ponte provou qualidade e inclusão social. E se beneficiou dos contributos teóricos de amigos como aqueles a que me referi. Creio que poderá ser fonte de inspiração para os brasileiros, mas temo que o Brasil considere a Ponte como mais uma novidade a ser importada do norte, quando tem aqui dentro tudo o que precisa. Paulo Freire, por exemplo, que considero continuar ignorado pelas escolas. O que Anísio Teixeira, Darcy Ribeiro, Florestan Fernandes, Lauro de Oliveira Lima e tantos outros produziram ainda está por ser lido e compreendido. Espanta-me ainda haver praticistas, que creem poder prescindir dos seus teóricos, e que vão procurar no exterior modas que não levam a lugar algum. Paulo Freire influenciou imensamente a Escola da Ponte, sobretudo na década de 1970. Não me refiro apenas ao quanto a sua obra me ajudou no trabalho junto de crianças e adultos. O Brasil deveria dar mais atenção a Freire, fazendo releituras da sua obra, com olhos de quem procura, colocando a sua teoria nas práticas (práxis). Fazer jus a Freire é lê-lo a partir da realidade que se vive no Brasil, para compreender por que a escola pública acabou proletarizada, sucateada. Lauro de Oliveira Lima foi um dos maiores intérpretes de Piaget na América Latina. Estuda-se, e ainda bem que se estuda, por exemplo, Constance Kamii e os seus trabalhos em torno do conceito de autonomia em Piaget. Mas Lauro continua totalmente no ostracismo.

VM: E da mesma forma Darcy Ribeiro, que é totalmente ignorado no domínio da educação.

JP: Darcy Ribeiro é outro exemplo da síndrome do vira-lata, que afeta os educadores brasileiros. Quando vou às escolas, converso com os professores e escuto-os dizendo encontrar obstáculos na lei, pergunto se já leram o legado que Darcy Ribeiro nos deixou. Se já repararam no conteúdo dos artigos 12, 15 ou 23 da Lei de Diretrizes e Bases.

VM: O senhor considera importante que tenhamos um projeto de escola? Quero dizer, a escola é escola para quê e para quem? A sociedade está em falência, não só o sistema educacional, a organização mundial está em crise. O que fazer? Como o senhor vê esse caos todo que a gente vive, não só na escola, mas na sociedade?

JP: A escola é um lócus de reprodução social, de uma sociedade brasileira injusta e de desperdício. E produz 24 milhões de analfabetos funcionais. Apesar de dispor de excelentes professores, condena à ignorância e à infelicidade sucessivas gerações de jovens. Mas não se pense em modificar a sociedade por meio da escola, escola e sociedade caminham juntas. A mudança é concomitante e só pode acontecer num projeto comum. Um dos papéis da escola talvez deva ser o de educar no exercício da cidadania, no exercício de uma liberdade responsável, para que, quaisquer que sejam as origens sociais, econômicas ou culturais, os brasileiros ousem afastar a apatia e participar. Se a escola, realmente, for um espaço de educação na cidadania, poderá ser necessário decorrer duas, três décadas, mas alcançar-se-á consciência cívica que permita saber reivindicar, respeitar o outro. Em algumas escolas são dadas aulas de filosofia para crianças, na linha da Hannah Arendt. Mas está tão cartesianamente compartimentalizado que se obriga uma turma a trabalhar um dilema em cinquenta minutos. Até mesmo numa área na qual se poderia inovar, a velha escola reina: turma, série, cinquenta minutos de aula, inutilidades que ajudam a perpetuar um modelo de escola falido, corresponsável pela crise de que falas. O ensino ministrado num frontal anônimo para alunos alinhados pela nuca do companheiro da frente. Tudo normalizado, padronizado, a naturalização do absurdo. Talvez possamos emergir da crise adotando o discurso da possibilidade, usando de senso crítico, emancipatório, mediante a possibilidade que as escolas têm de se interrogar as suas práticas.

VM: *O problema é que a educação no Brasil se tornou assistencialismo. A criança vai à escola para comer a merenda, para ter uma blusa de frio ou um sapato. A impressão que temos é que as mazelas da sociedade devem ser cobertas pela educação ou a educação deve, além de ser um depósito de crianças, alimentá-las e cobri-las, menos educá-las.*

JP: Quando, bondosamente, alguns estados propõem a escola em turno integral, costumo dizer que é mais uma imposição. Não é uma reivindicação das escolas de turnos, as escolas-motel, como diria o Darcy. Não é uma necessidade sentida pelas escolas, e ainda bem: correríamos o risco de transformar o turno integral numa dose dupla de tédio. Nunca me conseguiram explicar por que há ano letivo ou por que as escolas fecham para férias. Os hospitais e as igrejas também fecham para férias? É evidente que não, porque "tempo integral" é todo dia e todo ano. É lamentável que as escolas se permitam ser guetos de infância, depósitos temporários de alunos, quando a lei permite e a ciência aconselha que se erradiquem tempos letivos, ponto, horário-padrão e outros vícios cartesianos. Não questiono a merenda dada às crianças; com estômago vazio não se aprende. Nem nego a desmoralização de professores com estatuto social na lama e salário indigno. Mas a sua precária situação não justifica que aceitem que o seu múnus profissional se constitua em paliativo para mazelas sociais. À escola é exigido que faça educação para a sexualidade, educação para prevenção da Aids, educação para o trânsito, educação para tudo, quando a escola nem sequer dá às crianças o básico. Sucessivas reformas são lançadas do centro para a periferia, e os professores reformam as reformas, sedimentando práticas fósseis. A maioria dos professores morre aos 20 anos e é enterrada aos 60. Agem comandados por burocratas da educação, andam ao sabor da última moda, cumprem as desastrosas políticas de uma qualquer prefeitura. E, quando o prefeito muda, lá vem mais uma nova e inútil moda, para destronar a anterior. O assistencialismo reina, como dizes, e as políticas públicas vão produzindo Idebs miseráveis, conspurcados por corrupção na merenda escolar, no transporte escolar. Em cada ano letivo, o sistema educativo brasileiro desperdiça cerca de 56 bilhões de reais! Penso que uma das grandes medidas para devolver à escola a dignidade e a autonomia, que lhe permitam seguir outros rumos, será extinguir o Ministério da Educação.

VM: Se não vamos tão longe como a extinção, pelo menos poderia diminuir a centralização desse poder do ministério, porque, se todas as coisas que acontecem na escola estão numa estrutura piramidal, a escola não tem autonomia, não tem a possibilidade de experimentar um modelo, mesmo porque temos um país enorme. Uma escola do Acre não pode ser como uma escola de São Paulo, as crianças do Acre vivem no meio da mata e as de São Paulo vivem no shopping. Então, como utilizar os mesmos critérios de um ministério para um país tão grande?

JP: Há muitos países dentro do país Brasil. E muitas escolas, todas diferentes. Assim como cada ser humano é único e irrepetível, uma escola é diferente das outras. E não se deve fazer macropolítica ignorando as idiossincrasias locais, a diversidade cultural em que o Brasil é prodígio. A mudança pode continuar a usar o sentido do centro para a periferia, as mudanças terão origem na periferia, em comunidades de aprendizagem detentoras de autonomia para a empreender, sem o controle de hierarquias e burocracias. Que sejam dadas condições de mudança aos que querem mudar. Na Escola da Ponte, um passo qualitativo, significativo no desmonte da burocracia e da estrutura piramidal, aconteceu quando abdicamos de ter diretor e cada professor assumiu autonomia. Será possível que um professor eduque uma criança na autonomia se ele não é autônomo?

VM: Mas vocês faziam isso em assembleia? Não tinha mais a centralidade do diretor?

JP: Não. Nem conseguimos pensar que uma escola possa ser dirigida por alguém que não está nos espaços onde se trabalha com criança. Os coordenadores do projeto não decidiam em gabinetes, nem permitimos que por nós decidisse alguém a mil quilômetros de distância. Os coordenadores são pessoas em contato direto com a realidade. E tudo é decidido por todos e por consenso.

VM: *Então é um professor que tem essa função de coordenador.*

JP: Sim. É escolhido pela equipe e pode ser destituído a qualquer momento. É alguém que representa a escola, porque é preciso um interlocutor perante outras instituições e perante o ministério.

VM: *O senhor está dizendo que é importante, além de discutir a sala de aula ou a não sala de aula, discutir a estrutura educacional. A escola também depende dessa estrutura, se essa estrutura não é bem colocada não adianta fazer uma transformação na ponta. É isso? O senhor está chamando atenção para isso?*

JP: É muito difícil acontecer mudança em escolas submetidas ao controle de um monstro burocrático. Repare: está na moda mostrar a Finlândia como exemplo, porque a Finlândia, até uns vinte anos atrás, era um dos países menos desenvolvidos da Europa e, hoje, alcança os melhores resultados no Pisa. Mas não se diz que as escolas finlandesas têm a autonomia que as do Brasil não têm. Enquanto o Ministério da Educação do Brasil alberga muitos milhares de funcionários, na Finlândia eles contam-se por poucas dezenas. Na Finlândia não há exames nem vestibular. Fazer prova é perder tempo e gerar situações deseducativas. Há formas mais rigorosas de avaliar. Os projetos das escolas finlandesas são locais, as escolas dispõem de recursos, porque se extinguiu o monstro controlador, uniformizador, tão caro quanto inútil. E a avaliação é feita por gente que sabe o que faz, por pedagogos.

VM: *São educadores.*

JP: São educadores com competência para avaliar. Não são meros teóricos ou técnicos administrativos.

VM: *Educadores com experiência. É muito comum, em época de eleição ou de alguma comoção por conta de violência, um grande crime ou alguma coisa grave, as pessoas se referirem à escola como sendo a única solução para esses problemas. Sabemos que não, mas será que nossa escola não tem sido causadora de uma parte dos nossos problemas sociais?*

JP: Os professores não são culpados, mas são responsáveis. A escola, até agora, tem argumentado que o insucesso e a violência que se vive têm origens socioeconômicas, socioculturais, quando não diz que a culpada pelo insucesso das crianças é a teoria dos dotes, não é? A criança é deficiente ou o pai é alcoólico. Não se trata de assumir responsabilidades que são de outros. Repito: a escola não é a única responsável. Mas, para além das explicações de ordem pessoal ou socioeconômica, ou sociocultural, o aluno não tem livros em casa, ou vive na favela, por exemplo, há razões da ordem socioinstitucional. Quando compreenderá a escola que, para além de reproduzir um modelo social injusto, ela própria, no modo como funciona, produz insucesso? Quando se interrogará? Por que há séries? Qual a fundamentação teórica da segmentação em séries? Por que há aprovação automática e não se faz progressão continuada? Por que razão milhares de crianças chegam à quarta série sem saber ler? Por que há aula? Por que há prova? Por que os professores trabalham sozinhos? Se as escolas se interrogarem, compreenderão que aula e série não têm qualquer sustentação científica, que são aberrações herdadas de uma escola que continua a atender a necessidades sociais do século XIX.

VM: Rui Canário fala como a nossa sociedade se escolarizou nos últimos anos, quase como uma imposição, uma obrigação, uma lei da escolaridade, e como a nossa sociedade, proporcionalmente, cresceu em desequilíbrios sociais, em desigualdade.

JP: É bem verdade. A escola, que deveria ser um berço de oportunidades, transformou-se num berço de desigualdades.

VM: Queria perguntar se tem alguma coisa que o senhor queira dizer que não foi dita.

JP: Quando falo dos professores, falo também em relação aos pais, à sociedade. Falta neste país uma rede de fraternidade. Quem está em São Paulo desconhece o que se passa no interior da Amazônia. Por que não criar uma rede na qual seja possível partilhar os pequenos grandes projetos que algumas escolas brasileiras vêm produzindo?

VM: Numa comunicação via internet, por exemplo, na qual todas as pessoas se encontrassem para discutir suas questões?

JP: Mas que não prescinde da presença da pessoa, do contato, do olhar o outro. É urgente a criação de redes de aprendizagem colaborativa. Encontrei nas universidades brasileiras excelentes teóricos. Acompanho escolas que desenvolvem um trabalho de excelente qualidade. O Brasil tem dentro de si tudo aquilo de que precisa para fazer uma educação de excelência. É também isso que me faz ficar no Brasil. Aqui, posso continuar a aprender.

Rui Canário: a educação não formal e os destinos da escola

Entrevistei o professor Rui Canário na Universidade de Lisboa, onde era diretor do Departamento de Ciência da Educação. Fui levada a ele por um livro que casualmente encontrei em uma livraria assim que comecei minha pesquisa em educação. *A escola tem futuro?* é o nome do livro mais provocador que pude encontrar, o mais corajoso. Rui Canário enfrenta, com argumentos muito bem estruturados, em um discurso denso e convincente, os impasses da escola no mundo contemporâneo. Conversamos animadamente; o professor Canário foi muito generoso e gentil e, ao vivo, aumentou muito a admiração que já tinha por ele. Rui Canário é uma referência essencial para repensarmos a escola com coragem e ousadia.

"O gosto por aprender está completamente ausente de muitas escolas. As pessoas estudam para ter diplomas e têm diplomas para sobreviver. Isso não é vida. Eu acho que o futuro da educação não é a escola. A escola que nós conhecemos reproduz o modelo da fábrica, da sociedade industrial e da linha de montagem. A educação escolar só se pode renovar se adotarem um ponto de vista externo, que é criticar a escola. A questão pedagógica da escola não pode ser isolada da questão organizacional da escola e da questão institucional. Eu estou convicto de que a escola já está sofrendo uma mutação profunda e passando por uma situação que não tem volta, quer dizer, a escola não tem retorno."

* * *

RUI CANÁRIO nasceu em 1948 em Lisboa. É licenciado em história pela Faculdade de Letras da Universidade de Lisboa e doutor em ciências da educação pela Universidade de Bordéus II. Foi professor da educação básica e da Escola Superior de Educação de Portalegre, na qual criou e dirigiu o Centro de Recursos e Animação Pedagógica (Crap), para dar apoio à formação inicial e contínua de professores e ao desenvolvimento de projetos de pesquisa e intervenção em educação. Em 1991, ingressou como professor na Faculdade de Psicologia e Ciências da Educação da Universidade de Lisboa. Dentre seus livros, destacam-se: *A escola tem futuro? Das promessas às incertezas* (Artmed, 2006) e *O que é a escola? Um olhar sociológico* (2005). É professor catedrático aposentado do Instituto de Educação da Universidade de Lisboa. É professor, pesquisador e responsável pelos cursos de pós-graduação em sociologia da educação e formação de adultos.

Entrevista

Viviane Mosé: Em seu livro A escola tem futuro? *o senhor é bastante crítico em relação à expectativa que as pessoas têm, idealizada e romântica, em relação à escola. O senhor pode falar um pouco sobre isso?*

Rui Canário: A retórica, em nome da qual são conduzidas as políticas de educação e de formação não só na União Europeia, mas, em geral, no mundo inteiro, é a ideia de que, se houver mais educação e mais formação, as pessoas terão uma vida melhor e mais emprego, e aquilo que a realidade nos mostra é precisamente o contrário, as escolas produzem diplomas, não criam empregos. O importante é que assistimos, nos últimos vinte anos, ao crescimento exponencial do desemprego enquanto fenômeno estrutural e, principalmente, ao surgimento de modalidades de trabalho precário, que criam uma sociedade totalmente marcada pela incerteza. Em países, mesmo como Portugal, para uma boa parte da juventude que não tem quaisquer perspectivas de futuro a escola funciona como uma espécie de parque de estacionamento, quando os jovens são mantidos até os 18, 20 anos, porque se fossem entrar no mercado de trabalho como entravam há trinta anos em Portugal, com 12 anos, iam aprender um ofício. Portanto, isso faz com que as escolas se transformem em instituições de guarda e adestramento e que são potenciais barris de pólvora. Aquilo que se passa em Portugal, ainda não de uma maneira muito declarada, mas em muitos países do mundo, e julgo que esse fenômeno exista no Brasil, é que há setores da população juvenil, notadamente das zonas urbanas mais degradadas, que têm uma atitude de autêntica sabotagem do trabalho escolar. As pessoas se revoltam contra a escola; embora essa revolta não seja no mundo inteiro, pode assumir variadas formas, pode assumir a forma do absenteísmo, da evasão, do desafio aos professores e à autoridade escolar, do desinteresse total pelo trabalho escolar. Portanto, uma das coisas que verificamos hoje, das atitudes que fazemos do ponto de vista sociológico, é que, muitas vezes, esses estudantes dizem que gostam da escola, mas não gostam das aulas. Porque a escola é o lugar de socialização dos jovens, mas o gosto por aprender está completamente ausente de muitas escolas.

VM: A que o senhor atribui a falência desse processo? À própria existência da escola ou a algumas características que a escola tem mantido?

RC: Eu acho que a escola é uma construção histórica que naturalizamos e, portanto, temos poucas atitudes críticas em relação a ela. De fato, a escola ter se tornado hegemônica em termos de educação fez perder de vista a riqueza dos processos de educação informais e que não são escolares, porque a escola é um lugar para ensinar as pessoas e a maior parte, nós sabemos, não é ensinada, é aprendida. Portanto, a escola de alguma maneira separa o momento de aprender do momento de viver, digamos assim. A escola é vista como uma preparação para a vida, quando a vida é ela própria o processo de aprendizagem, porque, se recuarmos a comunidades mais primitivas, ou mesmo comunidades rurais, ou onde existem fortes laços comunitários e sociedades pouco escolarizadas, verificamos que há uma grande unidade entre estas três dimensões, que são: viver, trabalhar e aprender. Nas nossas sociedades, as pessoas estudam para ter diplomas e têm diplomas para sobreviver. Isso não é vida e significa que, hoje em dia, a discussão sobre educação tem que ser feita num plano filosófico e político em termos de saber em que sociedade queremos viver. O aprender corresponde à satisfação, digamos, de uma condição básica da concretização da própria pessoa humana, que é conhecer; aliás, não poderíamos sobreviver sem aprender. Quer dizer, a educação é uma coisa que é importante em si mesma como forma de realização da pessoa humana. Imagina uma escola em que todos os professores e alunos pudessem ser artistas, porque o processo de aprender, estudar, conhecer, é um processo de criação. Ao que assistimos na escola atual, na escola de massas, com as características que tem, é que tanto os professores quanto os alunos realizam um trabalho alienado, que não tem sentido, que é semelhante àquele que os operários realizam na cadeia de montagem da fábrica, e isso é exatamente o contrário do que, em termos filosóficos de afirmação da pessoa humana e da expressão de si, pode corresponder ao ato de aprender, de estudar e de conhecer.

VM: A gente poderia dizer que isso tudo decorre da própria estrutura do pensamento, a forma como nos relacionamos com o próprio saber, que é esse saber fragmentado, especializado? A especialização dos saberes não teria produzido esse estado de coisas na escola?

RC: A especialização corresponde a um processo de fragmentação do saber que tem suas raízes no pensamento cartesiano e na tradição filosófica ocidental e das luzes, que conduz a que se perca de vista, digamos, os problemas que são os problemas sociais da humanidade. Portanto, quanto mais especializadas as pessoas são, mais ignorantes em relação aos problemas fundamentais da humanidade. Mas outro fator que me parece mais importante é que as sociedades em que vivemos, desde o século XVIII, portanto, as sociedades industriais modernas que estão em transformação e que alguns já dizem que são pós-industriais, são sociedades em que impera o valor do dinheiro e da mercadoria. Tudo é transformado e tudo é analisado e medido, o dinheiro é o padrão que serve para medir o valor de todas as coisas. Todas as coisas são vistas como mercadoria, isto é, pelo seu valor de troca, e, quanto mais importante for o valor de troca dos produtos, menos importante é o seu valor de uso. Por exemplo, o artesão não é um especialista, é um artista que faz coisas para a sua utilidade. Isso é completamente desincentivado pela nossa civilização de mercado, porque tudo que seja eu produzir coisas para me alimentar significa não contribuir para o aumento do PIB, é por isso que o mundo rural é visto como fator de atraso. Hoje, em Portugal, por exemplo, e na Europa, muitas das experiências educativas mais inovadoras e mais portadoras de futuro, que nos podem ajudar a repensar os problemas que as escolas têm, são experiências que se situam em zonas marginais, quer no mundo rural, quer experiências de intervenção comunitária em zonas degradadas do ponto de vista urbano, mas em que há situações educativas que se baseiam na autonomia e na capacidade de as pessoas agirem por si mesmas e poderem intervir. Conheço pouco o Brasil, mas editamos agora, recentemente, um livro que tem um texto de uma professora brasileira que escreve sobre o valor das aprendizagens coletivas no Movimento dos Sem-Terra. O Movimento dos Sem-Terra é um exemplo de movimento social que tem uma finalidade, que pretende resolver um problema. Esse movimento, que conduz as pessoas a fim de que possam recuperar a terra e produzir a sua própria subsistência, é acompanhado de modalidades de educação que interpelam as políticas oficiais e o modo como as escolas funcionam nas grandes metrópoles brasileiras, onde os professores vivem, praticamente, uma situação de pesadelo, de descaso. Portanto, acho que o futuro da educação não é a escola.

VM: *A gente poderia afirmar que existe, de fato, uma relação entre a escolarização e os problemas sociais?*

RC: Podemos, a bem da verdade, dizer que a escola que há cinquenta anos, na altura em que houve um grande crescimento da escola de massas, era vista como solução hoje é um problema, e julgo que há um autor de que gosto muito e que está um pouco esquecido, que, aliás, trabalhou diretamente com Paulo Freire. Ivan Illich introduziu o conceito de contraprodutividade, sobre o qual há determinados elementos que podem ser positivos e que podem ser uma fonte, digamos, de melhoramento das condições de vida das pessoas, mas que, a partir de um certo limite, se tornam contraprodutivos. Um dos exemplos que ele dá é o da indústria da saúde; o crescimento exponencial dos cuidados de saúde e a transformação da saúde numa indústria e num negócio fabricam milhões de doentes; quer dizer, quando as autoridades sanitárias decidem que o nível normal da pressão arterial já não é nove, mas é oito, se fabricam milhões de hipertensos, e isso serve aos interesses da indústria farmacêutica. Portanto, hoje em dia, as pessoas saudáveis têm que tomar tantas prevenções para não ficar doentes que se comportam como doentes. O ser saudável passa a ser uma situação de doença crônica, esse é o exemplo que o Illich dá em relação à saúde. Porque o mesmo acontece com a escola; isto é, neste momento, grande parte dos recursos financeiros que as autoridades aplicam na educação é para resolver problemas que o próprio crescimento exponencial dos sistemas escolares cria e, por outro lado, é para transformar a educação e a formação. A formação profissional, por exemplo, é muito usada na Europa como instrumento para servir de almofada a conflitos sociais e para mascarar o desemprego. Portanto, a educação e a formação transformaram-se em instrumentos da ortopedia social, digamos assim, quando a educação é exatamente o contrário disso. No sentido mais nobre do termo, educação é um processo de conhecer e intervir no mundo, quer dizer, é a realização plena do ser humano, que é uma realização que tem que estar completamente acabada, uma vez que o ser humano é, por definição, inacabado.

VM: *Uma coisa que tem passado por todos os educadores que estamos entrevistando é o sistema seriado, a fragmentação da escola, a relação entre essa fragmentação e a emergência de um sujeito incapaz da percepção da cidade, do país, do planeta; ou seja, temos o homem como pedaços colados que não formam um todo. O senhor acha que realmente é grave essa história da seriação e da fragmentação? Isso realmente interfere na produção desse cidadão?*

RC: Bom, no campo da investigação sociológica, e vi que, da minha experiência de professor, uma das ideias centrais, digamos assim, que tenho procurado afirmar a partir das minhas investigações e a partir da minha prática de educador é justamente crítica à organização escolar. Isto é, a escola é uma organização que não é natural, foi construída, mas, normalmente, as pessoas aceitam-na como natural e, portanto, esse processo de compartimentalizar o trabalho dos alunos em períodos curtos de cinquenta minutos ou de sessenta minutos ou noventa minutos, em que eles em uma manhã estudam cinco matérias diferentes, têm cinco professores diferentes e vão para cinco aulas diferentes, é um processo absolutamente artificial e que surgiu da necessidade, do ponto de vista pedagógico, de conseguir que um mesmo professor ensinasse muitos alunos ao mesmo tempo como se fossem apenas um, como se fossem todos iguais e como se soubessem todos o mesmo. Ou seja, a escola moderna, a escola que conhecemos, reproduz o modelo da fábrica, da sociedade industrial e da linha de montagem.

VM: *Essa fábrica que nem existe mais, que está em extinção.*

RC: Sim, exatamente. Portanto, é totalmente contraditório com a ideia de que a aprendizagem é um trabalho realizado pelo próprio sujeito que aprende, e é por isso que a escola se vê confortada com um conjunto de dilemas, porque, basicamente, a escola que temos hoje é igual à que tínhamos no princípio do século XX ou do século XIX, mas são feitas permanentemente pelos outros professores para que, do ponto de vista pedagógico, façam projetos, individualizem o ensino, tenham aí atenção às especificidades de cada aluno, tenham como ponto de partida as motivações do aluno. Isto é, há um conjunto de injunções de caráter pedagógico que é completamente contraditório com a organização escolar, que tem um conjunto de variantes da organização do espaço, do tempo, da própria divisão do trabalho dos professores que é o contrário do modo como aprendemos fora da escola. A minha hipótese é a de que a instituição escolar e a educação escolar só se podem renovar se adotarem um ponto de vista externo, que é criticar a escola, a partir daquilo que sabemos sobre os processos de educação não formal. É nesse sentido que a educação de adultos, o campo da educação de adultos, ganhou uma contribuição muito grande para isso. Não é por acaso que, historicamente, a grande contribuição que Paulo Freire deu para repensar a educação foi construir a partir da educação de adultos e com um trabalho de alfabetização que rompia com os cânones e com as regras da escola. O tempo posto em causa de uma maneira sistemática e sólida é um dos elementos que têm sido as invariantes dos sistemas escolares e que é uma das razões pelas quais os alunos não conseguem encontrar um sentido para o trabalho que realizam. Esse problema era menos grave quando havia consonância e quando a escola era uma escola de elite. Quando a escola se abre, se democratiza e entram na escola professores cada vez mais heterogêneos, é contradição entre o mundo da escola e aquilo que a escola pode oferecer, é contradição entre aquilo que a escola promete e aquilo que pode realmente dar. Por exemplo, os jovens das favelas das grandes cidades brasileiras terão certamente dificuldade de construir um sentido positivo para seu trabalho escolar, mas isso acontece na periferia de Lisboa, acontece na periferia de Paris; não é, portanto, um fenômeno de países do Terceiro Mundo.

VM: É como se quiséssemos colocar todos na escola, mas a escola não fosse feita para todos, então, na verdade, queremos colocar todas as crianças, mas a criança de periferia, por exemplo, não se vê refletida naquela escola.

RC: A escola está feita, está concebida historicamente para um público homogêneo, para ser ensinado por um professor. A educação é o contrário disso. Nosso ponto de partida tem que ser como é que as pessoas aprendem, e a escola, no seu funcionamento atual, é incapaz de responder à heterogeneidade dos públicos. Toda a educação é apresentada como tendo um valor instrumental para que as pessoas tenham diplomas e com esses diplomas tenham bons empregos e com esses empregos tenham dinheiro para consumir muitas coisas, mas, como a realidade não é essa, é o contrário disso, há pessoas a quem isso acontece, mas vivemos num mundo em que se produz mais riqueza, em que há mais acesso à escolarização, mas, ao mesmo tempo, em que as desigualdades são cada vez maiores em todos os níveis, então o resultado tem de ser uma frustração coletiva.

VM: *É interessante porque esse modelo industrial, de linha de produção, realmente marca a nossa escola, é completamente incompatível com essa sociedade em rede, que não é mais a linha de produção que determina. Então, nem para o mercado a nossa educação está servindo.*

RC: A escola é obsoleta em sua forma atual e, portanto, está perdendo o prazo de validade. Perdeu o prazo de validade.

VM: *Vivemos uma crise da educação, da escola, talvez a maior que a escola tenha vivido. O senhor concorda?*

RC: Acho que vivemos uma mutação da escola, porque, neste momento, se olharmos com atenção, começam a emergir políticas de educação e formação paralelas à escola. As fronteiras entre o que é educação escolar e o que é formação profissional são fluidas, portanto. Enquanto há umas décadas a escola era uma etapa inicial para preparar a pessoa para o mercado de trabalho, hoje, na perspectiva das políticas de aprendizagem ao longo da vida, essas fronteiras embatem-se. Portanto, já se estão construindo modalidades de oferta educativa que de alguma maneira superam a forma escolar, simplesmente num contexto em que a educação continua a ser vista de uma forma totalmente instrumental. Por exemplo, empresas multinacionais têm políticas de formação profissional que se afastam completamente do nível escolar e que integram e recuperam princípios pedagógicos de crítica à escola, simplesmente subordinando-os de uma maneira funcional às necessidades do mercado e a uma civilização de mercado. Aí é que se colocam as tais questões, que são éticas, filosóficas, políticas. A escola é várias coisas ao mesmo tempo, e, portanto, a questão pedagógica não pode ser isolada da questão organizacional e da questão institucional da escola.

VM: *Queria que o senhor falasse o que pensa a respeito do trabalho de Paulo Freire e do trabalho da Escola da Ponte.*

RC: Paulo Freire é o mais importante pedagogo de língua portuguesa e com maior projeção mundial. Do ponto de vista do mundo lusófono, é um patrimônio que consideramos também nosso, nós portugueses. Depois, é marcante do ponto de vista do pensamento e da ação educativa na segunda metade do século XX pelas contribuições que deu no campo da educação de adultos, notadamente no campo da alfabetização, e como, a partir daí, construiu um pensamento sobre a educação que influenciou as políticas educativas e a ação de muitos educadores. Agora, Paulo Freire não pode ser considerado um mito; isto é, ele é um homem que viveu num determinado tempo histórico, ele tem uma trajetória. Essa trajetória não é linear, e, portanto, o Paulo Freire dos anos 1950 não é igual ao Paulo Freire dos anos 1970 ou dos anos 1980. Num primeiro momento, Paulo Freire está muito ligado à escola como fator de crescimento e progresso, e isso é brilhantemente apresentado por um livro muito pouco conhecido no Brasil, de autoria de Ivanir de Paiva, sobre a relação entre o pensamento inicial de Paulo Freire e a ideologia desenvolvimentista no Brasil. O trabalho de produção teórica e conceitual de um grupo de intelectuais brasileiros que, nos anos 1950, estavam em consonância com a ideia de que a educação era um fator fundamental em termos de crescimento, de desenvolvimento econômico, progresso, essa visão otimista, Paulo Freire participa dela. Simplesmente, o grande valor de Paulo Freire é, a meu ver, a partir de sua intervenção concreta junto da população adulta, com as características da população. Portanto, a ideia da autonomia, da realização da pessoa humana, da centralidade do sujeito que aprende, da reversibilidade dos papéis educativos, da importância dos contextos em que as pessoas aprendem vai muito para além das paredes das escolas e das salas de aula. Tudo isso são contribuições fundamentais do Paulo Freire, e ele, com outros autores, como Ivan Illich, deu uma contribuição valiosa para que houvesse uma visão crítica da própria ideia de escola. Paulo Freire ganhou uma grande projeção devido ao fato de ter sido forçado a exilar-se, teve uma intervenção e uma influência muito grandes em países do Terceiro Mundo, notadamente as colônias portuguesas, na América Latina e em Portugal, que também visitou no período da ditadura. Acho que a contribuição de Paulo Freire deve ser complementada e de alguma maneira confrontada com a de Ivan Illich, que é de outra natureza; Ivan Illich é mais radical em sua crítica à escola.

VM: *Ele fala do fim da escola, não é?*

RC: Sim. É mais radical nesse sentido, essa crítica mais radical pode nos ajudar a ir mais longe na desconstrução dos problemas que a escola tem hoje, e Paulo Freire — isso é uma opinião pessoal, que não o diminui em nada, porque sou um admirador, um leitor e um aprendiz de Paulo Freire —, julgo que ainda tenha uma visão sobre o papel do Estado e das políticas públicas que não partilho. Isto é, penso que transformações sociais profundas, que são aquelas de que precisamos, só poderão resultar dos movimentos sociais autônomos e não podemos esperar da esfera do Estado, que seja ela promovendo a emancipação das pessoas e criando condições para que elas se possam realizar plenamente como seres humanos.

VM: *Acho que se Paulo Freire vivesse hoje ele não diria essas coisas, porque isso é muito próprio da época, essa visão histórica marxista.*

RC: Acho que Paulo Freire, justamente uma de suas grandes riquezas, das suas grandes contribuições, é que ele não é uma pessoa com uma doutrina, ele se integrou a múltiplas influências, de variadas naturezas, e construiu um pensamento original. E, o que é importante, e isso é uma coisa que aprendemos também com Paulo Freire, o importante não é que tenhamos verdades, nem respostas corretas, o que importa é que nos interroguemos permanentemente e saibamos — isso é uma ideia fundamental de Paulo Freire — que não estamos sujeitos, a humanidade não é refém de nenhum destino. Isto é, assim como muda a natureza, pode mudar a sua realização social. Nesse sentido, Paulo Freire construiu uma pedagogia da pergunta, e, nesse sentido, ele deu uma contribuição insuperável.

VM: *Como o senhor pensa a ligação ou complementação Paulo Freire e Ivan Illich?*

RC: Penso que em muitos aspectos eles são complementares. Ivan Illich é um europeu que foi viver nos Estados Unidos, depois se fixou na América Latina, onde criou um centro de estudos, uma escola, que é o Centro de Cuernavaca, que se tornou um polo de produção intelectual completamente alternativo em relação aos modos de produzir o saber e conceber a educação, e defendia a desescolarização, quer dizer, Ivan Illich é, sobretudo, um crítico das sociedades industriais, ele não versou apenas sobre o problema da escola, ele versou sobre três grandes problemas: o da escola, o da energia e o da saúde como exemplos de como o progresso técnico e científico, de acordo com a lógica inerente às sociedades industriais, que é encarar as pessoas como produtoras de bens de mercado e como consumidoras, conduz a efeitos perversos. Nesse sentido, ele viu muito longe e fez uma crítica muito radical às sociedades que naquela altura já eram as sociedades de bem-estar, digamos assim, em que antecipou muitos problemas que hoje existem. Nesse sentido, eu diria, esta é uma afirmação eventualmente bastante polêmica, que Paulo Freire tem uma visão ainda um pouco mais presa, digamos, à ideia da escola e mais ingênua relativamente às potencialidades do progresso técnico, econômico, científico, e, portanto, mais preso à tal da ideologia desenvolvimentista, que é a matriz inicial do seu pensamento, enquanto Ivan Illich é o precursor dos movimentos de ambientalistas e ecologistas. Isso significa que não sou nenhum seguidor, que não sigo nenhuma cartilha, como Paulo Freire nunca seguiu e Ivan Illich também nunca seguiu. Portanto, eles são, para mim, importantes, ambos.

VM: *Sei que o senhor pensa especificamente sobre esse tema, inclusive tem um livro no Brasil sobre isso, o futuro da escola. Qual o futuro da escola, dessa instituição escola?*

RC: Eu acho que a escola que temos hoje e que cresceu de uma maneira exponencial na segunda metade do século XX em todo o mundo, que é a escola herdada do século XIX, é uma escola que perdeu o prazo de validade, é obsoleta e não tem futuro. Não sou adivinho, não faço profecias, portanto não posso dizer como vai ser a educação daqui a cinquenta anos. Agora, o de que estou convicto é que a escola já está sofrendo uma mutação profunda e passando por uma situação que não tem volta, quer dizer, a escola não tem retorno, é uma suposta idade do ouro do passado em que funcionava bem, os atuais problemas que a escola tem, e que são muito graves, são inultrapassáveis com base na própria lógica da escola. O futuro, acho que em vez de nos interrogar sobre o futuro da escola, devemos nos interrogar sobre o futuro da educação, e o futuro da educação deve se procurar do lado da educação não escolar, onde existem hoje muitas experiências e muito conhecimento produzido. Esse ponto de vista é a visão de Ivan Illich da criação de redes de partilha do conhecimento, de difusão da informação, da apropriação da informação, de as pessoas poderem funcionar simultaneamente como "ensinantes" e como "aprendentes". Portanto, todas essas ideias, que estão contidas de uma forma embrionária em Ivan Illich, hoje temos os meios tecnológicos que permitem isso, simplesmente precisamos de outra organização social. Quando vou visitar, como já visitei, foi uma das experiências mais interessantes que tive, visitar acampamentos de sem-terra e sertanejos. Quando estou num acampamento dos sem-terra, estou num contexto educativo, em que a escola, que quase não tem existência material e que tem lugar, é um espectro, digamos, do contexto educativo global que é o acampamento, onde as pessoas aprendem a organizar-se autonomamente, onde aprendem a usar da palavra, onde aprendem a autodeterminar-se, onde todas as gerações estão em contato umas com as outras, e, portanto, têm um papel educativo umas sobre as outras, onde as pessoas aprendem a viver coletivamente e a fazer escolhas, que é o essencial da política no sentido amplo, ter capacidade de escolher. Nesse sentido, temos uma apreciação clara de que a escola ali existe, mas é diferente das outras escolas e é relativizada. Se olharmos para o movimento dos sem-terra, é um movimento social com grandes potencialidades, do ponto de vista educativo, em que a escola é apenas uma parte. Portanto, diria, para utilizar uma imagem de um pedagogo suíço, que a educação é como se fosse um iceberg, em que a escola e a educação escolar são a parte visível e o que temos é que pensar no conjunto do iceberg, e se pensarmos no conjunto do iceberg vamos encontrar outras maneiras de organizar aquilo que hoje chamamos de educação escolar, que é uma educação deliberada. Agora, as experiências que superam positivamente a forma escolar são experiências de margem que hoje são ignoradas pelos poderes públicos ou que são contrariadas, que são as escolas em contexto rural, experiências de trabalho com populações ciganas. Em Portugal há, nos últimos anos, um grande esforço para que toda a população cumpra a escola obrigatória, mas é uma violência aplicar em comunidades ciganas e querer subordiná-las a normas de uma escola que é totalmente contraditória com a sua cultura e com a sua visão de mundo e com sua maneira de viver em termos de organizar o tempo, o espaço, as relações entre gerações, em termos de sua relação com o saber. No Brasil existem também essas experiências, e é com elas que deveríamos aprender para podermos construir outras políticas educativas, outras práticas educativas. A solução de dar mais escola agrava os problemas, não resolve.

VM: Na verdade, exatamente por atribuirmos à escola esse papel, a sociedade passou a não se responsabilizar pelo processo educativo, que foi atribuído à escola. Será que estamos falando de reconstrução de relações sociais e a educação e a escola estão nesse processo?

RC: A sociedade é a transformação de tudo em mercadoria, incluindo a pessoa humana e o trabalho humano, que é transformado em mercadoria, e esse processo é acompanhado do crescimento da civilização urbana. Hoje, 80% das pessoas vivem em grandes metrópoles. Com essa injunção da criação de uma sociedade urbana e uma sociedade baseada no valor do dinheiro e das mercadorias, perderam-se laços de sociabilidade que eram característicos das comunidades pré-capitalistas, digamos assim. Não defendo isso, seria uma coisa pouco inteligente de se defender, o regresso ao pré-capitalismo, que é regressar ao tempo de Luís XVI, ao Antigo Regime. O que quero dizer é um conceito muito rico de Ivan Illich, que é a convivialidade. Esse conceito supõe uma teia de relações sociais rica, tensa, interativa entre várias gerações, assimétrica entre pessoas que sabem coisas diferentes e em que todos os saberes são valorizados. O contrário das nossas sociedades urbanas, que são aquilo que um sociólogo americano, num livro nos anos 1950, chamou de "a multidão solitária", e que é um mundo de grande violência. Como é sabido, as grandes metrópoles são, por disfunção, cada vez mais desumanizadas e mais violentas. Ora, a perspectiva de uma educação diferente supõe, de fato, a reconstrução de laços sociais diferentes. De alguma maneira, é a recuperação desses laços de convivialidade que ainda encontramos em comunidades rurais ou encontramos no acampamento sem-terra e corresponde à ideia de que uma criança não é para ser educada em uma escola, é para ser educada em uma aldeia, em uma comunidade. Portanto, a educação tem de ser parte integrante de toda a vida social, e não uma coisa à parte. As escolas estão se transformando em depósitos de jovens e de crianças. Por exemplo, o desenvolvimento da Educação Infantil e dos jardins da infância tem centrado muito numa coisa que é a profissionalização dos cuidados em relação à infância, como se os pais e as mães, como seres humanos, por definição, fossem incompetentes para tratar dos filhos e para cuidar dos filhos, e foi o que sempre fizeram de uma maneira bastante competente. Ao que assistimos é que o desenvolvimento da educação infantil, embora tenha aspectos positivos, tem outros aspectos, que são o de responder a uma função de guarda que tem a ver com a transformação total e a dissolução de relações sociais, de convivialidade, de solidariedade, de ajuda e de enriquecimento mútuo.

VM: O que o senhor tem a dizer a respeito da Escola da Ponte?

RC: Em relação à Escola da Ponte eu queria dizer, em primeiro lugar, que conheci o professor José Pacheco como aluno no curso de pós-graduação. Para mim é motivo de orgulho ter sido professor do José Pacheco, mas sou aluno dele na medida em que aprendi e continuo a aprender coisas com ele e com toda a atividade que ele desenvolveu ao longo destas dezenas de anos, e porque ele realizou um trabalho verdadeiramente quixotesco, que é num contexto completamente hostil, lutava com uma persistência e conseguiu construir uma equipe pedagógica, conseguiu construir uma organização escolar profundamente enraizada na comunidade, construindo inovações dentro da escola totalmente à margem e apesar das políticas oficiais. Ele conseguiu criar um coletivo de professores que abre pistas para se vislumbrarem as saídas para a crise do trabalho, porque os professores são hoje um grupo em vias de proletarização. E um dos aspectos mais importantes da Escola da Ponte, além dos aspectos a que já me referi, que são o de superar algumas das características mais negativas da escola e de instaurar processos de vivência democrática, foi fazer dos alunos produtores de sua própria aprendizagem e gerar crescimento da participação da comunidade na vida da escola e da articulação entre a escola e as famílias dos alunos.

VM: *A experiência do professor José Pacheco é muito diferente do contexto educacional em Portugal, porque pensei que essa escola tivesse realmente outros pontos, que tivesse sido disseminada nestes mais de trinta anos, mas não. A Escola da Ponte não virou moda em Portugal. A minha pergunta seria: como o senhor acha que o sistema educacional português vê a Escola da Ponte?*

RC: Acho que a Escola da Ponte foi durante muitos anos, e continua a ser, uma experiência marginal, e, a partir de certa altura, as autoridades não puderam ignorá-la; aliás, houve uma tentativa de asfixiar a Escola da Ponte e a experiência esteve em risco, como a maior parte das experiências pedagógicas de caráter inovador e alternativo que existiam em Portugal. Dentro de suas características, a experiência da Escola da Ponte é singular, única, no campo das escolas públicas, mas existem muitas outras experiências em Portugal, não com a mesma dimensão ou com a mesma consistência do ponto de vista da sua duração e das mudanças que foram introduzidas, mas existe um patrimônio de experiências que não é apropriado pelas políticas oficiais. Portanto, para sintetizar melhor a minha ideia, diria que as autoridades educativas e o Estado fazem reformas e os educadores e as escolas fazem inovações, quando nos deixam e quando têm condições propícias para isso, e essas duas coisas, por vezes, não se encontram. As inovações têm um caráter instituinte, portanto são uma criação, são uma produção original das pessoas que estão nos locais e que constroem formas novas de se relacionar com o saber. As reformas são medidas administrativas que são criadas de cima para baixo e não têm resolvido, em nenhuma parte do mundo, os problemas da escola. A única maneira possível de responder a alguns dos problemas que se vivem nas escolas de hoje é por meio da união de professores e alunos. Muitas vezes, para os professores, o problema principal são os alunos, e os alunos veem os professores como representantes da instituição. Ora, os problemas dos professores e os dos alunos são idênticos no essencial, ambos fazem um trabalho alienado e em condições cada vez mais difíceis. Portanto, eles vão ter que procurar caso a caso e encontrar maneiras criativas de transformar aquela situação numa situação interessante. Esse é o mérito da Escola da Ponte. A Escola da Ponte conseguiu isso e em outros lugares também se conseguiu, mas ela ganhou, por mérito próprio, uma dimensão midiática, mas não é para ser reproduzida, ainda bem que não se transformou em moda, nem o professor José Pacheco quer que se transforme em moda, nem a Escola da Ponte se pode transformar numa receita, da mesma maneira que não se pode transformar o pensamento de Paulo Freire numa cartilha.

VM: Tenho percebido que existem duas realidades paralelas e que de alguma forma tentam se encontrar. De um lado o sistema educativo oficial, com todas as suas mazelas, seus erros graves, se impondo, ainda, à maioria, mas em todos os lugares parece que proliferam experiências vivas, alegres, interessantes. Temos encontrado coisas incríveis no Brasil, em Portugal e em outros países também; então, é como se essas duas realidades estivessem se chocando. O senhor percebe isso?

RC: Exato. Isso é aquilo que chamo de contradição entre a lógica da reforma e a lógica da invenção. A lógica da invenção é esse trabalho instituinte, de criação de coisas novas e de soluções originais, de modalidades educativas que são portadoras de futuro. A lógica da reforma é uma lógica instituída que é a aplicação uniforme de uma política que, ao invés de resolver, cria problemas. Essas duas lógicas não têm se encontrado, e essa é a razão pela qual sou muito pouco otimista em relação à resolução dos problemas sociais ou dos problemas educativos a partir do Estado.

VM: *O professor José Pacheco diz uma coisa meio em tom de brincadeira, mas ele diz que é uma brincadeira séria, que se ele pudesse atuar para acabar com o maior mal da educação ele extinguiria o Ministério da Educação. O senhor concorda?*

RC: Estou absolutamente de acordo. Na minha trajetória profissional, também fui dirigente sindical, além de ser militante político, interveniente no plano político e sindical. Minha perspectiva como professor e como profissional é que a construção de minha atividade profissional faz-se, em primeiro lugar, com os meus alunos e com os meus colegas. Portanto, acho, de fato, que as escolas podem ignorar o Ministério. Acredito profundamente na importância da autonomia dos professores e dos educadores, aliás, era essa também a mensagem de Paulo Freire, de terem como recursos educativos fundamentais as pessoas com quem trabalham, que são portadoras de saber, de experiências, que são seres curiosos, em vez de terem dos alunos uma visão negativa e esperarem do Estado, e reclamarem ao Estado, os apoios para poderem lidar com os alunos.

VM: *Os professores ainda têm um discurso muito passivo em relação ao Ministério. Em geral, estão sempre reclamando da falta de verbas, da falta de formação, mas falta essa autonomia que a Escola da Ponte exerce com as crianças, essa autonomia falta também aos professores, essa coragem de abraçar uma causa nobre, desenvolver novas pedagogias.*

RC: Sim, mas não podemos ignorar que a esmagadora maioria dos professores é assalariada, vivem e trabalham, notadamente no Brasil, em condições inimagináveis em termos de ritmo de trabalho, de condições de trabalho, e que, portanto, a situação de trabalho em que eles vivem não é alterável só por sua vontade, na ausência de outras transformações em um nível político e social mais amplo. Simplesmente, a criação das condições para que essas políticas mudem só pode surgir se houver movimentos sociais que os suportem. Agora, o que acontece é que a escola pública foi criada como instrumento do Estado para educar o povo, e os professores veem a si próprios como funcionários do Estado para educar os alunos, em vez de se verem como aliados dos alunos para criar comunidades de aprendizagem. É essa que é a inversão. Isso não significa que se os professores forem autônomos e corajosos possam, com uma varinha mágica, resolver os problemas. Se em Portugal já há uma proletarização e uma desvalorização do trabalho dos professores, confronto-me com situações no Brasil que, para mim, eram inimagináveis em termos de carga horária. É um sistema de escravatura. Não vejo como é que em determinadas situações vividas por educadores brasileiros o professor pode ser um professor reflexivo, que estuda, que investiga. Agora, de fato, o professor é um trabalhador, os professores são uma massa enorme de trabalhadores que trabalham ajudando outros trabalhadores a formar-se. Talvez os professores devessem se colocar na perspectiva de exigir do Estado que resolva os problemas da escola ao mesmo tempo em que têm uma atitude de aliança com a esmagadora maioria da população.

VM: *Entendo perfeitamente, porque, hoje, existe uma guerra. O aluno atribui ao professor o problema e o professor atribui à violência do aluno, quando, na verdade, eles deveriam fazer parte de um único processo.*

RC: Deveriam ser aliados.

VM: *Deveriam ser aliados, e, realmente, o professor Pacheco disse uma coisa que a gente não tinha pensado, que é a burocratização da educação, ainda mais no Brasil, um país extremamente burocrático, com instâncias muito separadas. Não há acesso, não há comunicação direta entre o professor e o Ministério.*

RC: No caso da Escola da Ponte, não é por um mero simbolismo, nem é um pormenor que os visitantes que vão à Escola da Ponte são guiados por alunos. A escola é dos alunos. De fato, é apropriada por eles por estarem num projeto que é um projeto comum, e isso faz toda a diferença.

*O texto deste livro foi composto em Sabon,
desenho tipográfico de Jan Tschichold de 1964
baseado nos estudos de Claude Garamond e
Jacques Sabon no século XVI, em corpo 11/15,5.
Para títulos e destaques, foi utilizada a tipografia
Frutiger, desenhada por Adrian Frutiger em 1975.*

*A impressão se deu sobre papel off-white
pelo Sistema Cameron da Divisão Gráfica
da Distribuidora Record.*